Planen und Entscheiden in Beruf und Alltag

von
Prof. Dr. Steffen Fleßa

Oldenbourg Verlag München

Bibliografische Information der Deutschen Nationalbibliothek

Die Deutsche Nationalbibliothek verzeichnet diese Publikation in der Deutschen
Nationalbibliografie; detaillierte bibliografische Daten sind im Internet über
<http://dnb.d-nb.de> abrufbar.

© 2010 Oldenbourg Wissenschaftsverlag GmbH
Rosenheimer Straße 145, D-81671 München
Telefon: (089) 45051-0
oldenbourg.de

Lektorat: Wirtschafts- und Sozialwissenschaften, wiso@oldenbourg.de
Herstellung: Anna Grosser
Coverentwurf: Kochan & Partner, München
Cover-Bild: iStockphoto.de
Gedruckt auf säure- und chlorfreiem Papier
Gesamtherstellung: Grafik + Druck GmbH, München

ISBN 978-3-486-59764-6

Inhalt

Vorwort

Die Komplexität und Dynamik des beruflichen und privaten Alltags wird immer größer und schneller. Täglich müssen zahlreiche Entscheidungen getroffen werden. Einige sind von langfristiger und großer Bedeutung, wie z.B. eine Investitionsentscheidung oder die Wahl eines neuen Arbeitsplatzes. Andere erscheinen zuerst relativ irrelevant, summieren sich jedoch ebenfalls zu einer finanziellen oder persönlichen Belastung, wie z.B. die tägliche Entscheidung über die Wahl des Mittagessens. Entscheiden gehört zum menschlichen Leben, und das 21. Jahrhundert verlangt den meisten Individuen mehr Entscheidungen ab als jedes Zeitalter zuvor.

Die Betriebswirtschaftslehre (BWL) hat sich frühzeitig mit dem Planungs- und Entscheidungsproblem beschäftigt. Einige namhafte Vertreter gehen sogar davon aus, dass Planung und Entscheidung das originäre Wesen der BWL sei, da der betriebliche Alltag eine Folge von Entscheidungen darstellt, denen in der Regel Planungen vorausgehen. Infolgedessen wurden zahlreiche Methoden entwickelt, um Entscheidungen besser vorbereiten und treffen zu können. Die meisten dieser Verfahren sind relativ mathematisch. Dies dürfte ein Grund dafür sein, dass die Entscheidungstheorie bei Studierenden der Betriebswirtschaftslehre und angrenzender Wissenschaften häufig unbeliebt ist. Dieses Fach erscheint vielen (zukünftigen) Betriebswirten als ein unnötiger Ballast, der wenig mit ihrem Studienfach zu tun habe. Abschreckend können auch Lehrbücher wirken, die keinen Bezug zwischen Entscheidungstheorie und Allgemeiner Betriebswirtschaftslehre herstellen und insbesondere die praxisrelevanten Erkenntnisse der sozialwissenschaftlichen Entscheidungslehre völlig ausklammern. Häufig gelingt es weder Dozenten noch Lehrbüchern aufzuzeigen, dass die Planungs- und Entscheidungslehre einen Kern der Betriebswirtschaftslehre darstellt.

Das vorliegende Buch möchte einen Beitrag dazu leisten, dass Studierende die Freude an der Planungs- und Entscheidungslehre gewinnen, indem sie ihren Wert für ihre berufliche und private Zukunft entdecken. Bewusst wurde auf die Darstellung komplexer Methoden verzichtet, um den Gesamtzusammenhang von Betriebswirtschaftslehre und Entscheidungstheorie zu betonen. Das Buch versteht sich deshalb auch primär als ein Appetitanreger, der den Zugang zu diesem Themenkomplex erlauben soll. Auf weiterführende Literatur wird jeweils verwiesen, so dass die nötigen Vertiefungen möglich sind. Ich bin davon überzeugt, dass die Methoden der Entscheidungstheorie für den Studierenden nur dann von Wert sein werden, wenn sie an die Allgemeine Betriebswirtschaftslehre und auf diese Weise an die Praxis gekoppelt sind. Wenn diese Schrift diese Anbindung an das Kernfach ermöglicht und damit zum Türöffner für weitere, tiefer gehende Studien wird, hat sie ihren Zweck erfüllt.

Das vorliegende Buch entstand als Basislektüre für meine Studierenden in Greifswald. Mein erster Dank gehört deshalb ihnen. Sie haben mich gelehrt, dass nicht eine Liebe zur Mathematik im Vordergrund stehen darf, sondern der Mehrwert für die Betriebswirtschaftslehre. Großen Dank schulde ich auch meinen Mitarbeitern, die mehrere Versionen des Skripts Korrektur gelesen haben, sowie Karlheinz Küfer und Konrad Ott. Alle Fehler, die sich noch in diesem Buch finden, sind natürlich ausschließlich mir anzulasten. Im ersten Kapitel finden sich auch einige kurze Abschnitte, die ich in ähnlicher Form bereits in meinem Lehrbuch „Grundzüge der Krankenhausbetriebswirtschaftslehre" veröffentlicht habe. Ich danke dem Oldenbourg Verlag, der einer überarbeiteten, ergänzten und angepassten Form dieser Seiten zugestimmt hat.

Greifswald im Mai 2010   Steffen Fleßa

1 Grundlagen

Planen und Entscheiden sind essenziell für die erfolgreiche Betriebs- und eine effektive Lebensführung. In Beruf und Alltag müssen umfangreiche Planungsaufgaben gemeistert werden, die zu Entscheidungen führen. Das vorliegende Buch stellt eine Einführung in die Kunst der Planung und Entscheidung dar. Grundaussage ist hierbei, dass es sich beim Inhalt dieser Veröffentlichung um essenzielle Dimensionen des betriebswirtschaftlichen Denkens handelt. Eine Betriebswirtschaftslehre ohne eine Theorie der Planung und Entscheidung ist ebenso undenkbar wie eine plan- und entscheidungslose Betriebsführung in der Praxis.

Das erste Kapitel stellt deshalb den grundlegenden Zusammenhang von Planung und Entscheidung mit den anderen Teildisziplinen der Betriebswirtschaftslehre her. Zu den Grundlagen gehören auch einige fundamentale Aussagen zur Modellierung, die nicht nur auf den Schwerpunkt dieses Buches zutreffen, sondern auf alle betriebswirtschaftlichen Konzepte. Aus dem Modell der Planung und Entscheidung leitet sich die Notwendigkeit ab, transparente Werte- und Zielsysteme zu entwickeln und bei der Entscheidung zu Grunde zu legen. Das zweite Kapitel beschreibt deshalb die ethischen Grundlagen kommerzieller und nichtkommerzieller Betriebe. Das dritte Kapitel stellt den Schwerpunkt dar. Es beschreibt die Standardkonzepte für Entscheidungen Einzelner oder in Gruppen, in ein- oder mehrdimensionalen Zielsystemen sowie bei Sicherheit und Unsicherheit. Dem Umgang mit zukünftigen Ereignissen kommt hierbei eine besondere Rolle zu. Das Buch schließt mit einem Ausblick, der die Planungs- und Entscheidungstheorie in den Zusammenhang mit modernen Ansätzen der Führungslehre stellt.

1.1 Planung und Entscheidung im System der Betriebswirtschaftslehre

Im Folgenden soll die Theorie der Planung und Entscheidung als essenzielles Teilgebiet der Betriebswirtschaftslehre beschrieben werden. Hierzu ist es zuerst notwendig, Inhalt und Wesen der Betriebswirtschaftslehre zu bestimmen, um die Verortung des Erkenntnisobjektes dieser Schrift zu veranschaulichen. Hierbei kann es sich nur um einen sehr vereinfachenden Überblick handeln, der lediglich die Einbindung der Planung und Entscheidung in das Gesamtsystem Betrieb ermöglichen soll.

1.1.1   Grundzüge der Betriebswirtschaftslehre

Abb. 1.1 gibt ein allgemeines Modell eines Betriebes wieder.[1] Grundlegend ist hierbei die
Definition des Betriebes als offenes System, dessen ausschließlicher Existenzgrund[2] die
Erstellung von Outputs ist, die für sein Umsystem einen gewissen Nutzen darstellen. Der
Betrieb dient damit letztlich der Transformation von Inputs (Produktionsfaktoren) in Out-
puts. Konstituierend für einen Betrieb ist dabei lediglich, dass es sich um eine Organisations-
einheit handelt, die ihre Transformationsfunktion möglichst rational wahrnimmt, d.h. ohne
eine Verschwendung knapper Ressourcen. Das Zielsystem ist nicht konstituierend für den
Betrieb, d.h., sowohl gewinnorientierte als auch Nonprofit-Organisationen sind Betriebe im
Sinne der Betriebswirtschaftslehre.

Betriebe können in Haushalte und Unternehmen unterschieden werden. Erstere erzeugen die
Leistungen primär für ihren eigenen Konsum, während letztere Fremdleistungsbetriebe sind
und die Outputs an Systemexterne abgeben. In der Regel befasst sich die Betriebswirtschaftslehre mit Unternehmen. Es gibt jedoch keinen Grund, die fundamentalen Erkenntnisse der
BWL nicht auch auf den privaten oder öffentlichen Haushalt zu übertragen. In beiden Fällen
handelt es sich um arbeitsteilige Organisationseinheiten, die in möglichst effizienter Weise
eine Funktion wahrnehmen (z.B. Bereitstellung von Verwaltungsleistungen für Bürger in der
Stadtverwaltung; Hausbau in der Familie).

Es ist wichtig festzuhalten, dass der Output eines Unternehmens in Form von Sachgütern und
Dienstleistungen zwar seine Existenz kurzfristig rechtfertigt, jedoch nicht seine langfristige
Geschäftszukunft sichert. Nur wenn es gelingt, die Bedürfnisse der Kunden langfristig mit
den Outputs zu befriedigen, wird der Betrieb am Markt überleben. Hierzu muss die Leistung
des Unternehmens Sinn für den Kunden machen. Er muss die Inputs geringer schätzen als
den Output des Unternehmens. Aber selbst wenn es ausreichend Kunden gibt, deren Bedürfnisse befriedigt werden, so kann dies doch negative Folgen für die Gesellschaft haben. Der
Drogendealer mag mit seinen Produkten Bedürfnisse befriedigen, aber er verstößt gegen
fundamentale Werte der Gesellschaft. Nachhaltig erfolgreich sind Unternehmen, wenn sie
auch ihre Geschäftsverantwortung ernst nehmen und nach dem Impact ihrer Leistung fragen.

Die Bewertung der Bedürfnisse, des Sinn- und des Urgrundes einer Leistung ist das Ergebnis
komplexer gesellschaftlicher Prozesse. Die Einbeziehung des Umsystems ist deshalb für
Unternehmen von großer Bedeutung. Auf Dauer wird ein Unternehmen nur existieren, wenn
es nicht gegen gesellschaftliche Werte verstößt und eine Funktion für die Gesellschaft erfüllt.
Oberflächlich betrachtet äußert sich dies in der Einhaltung der gesetzlichen Rahmenbedingungen, wie sie von der Wirtschafts- und Rechtsordnung vorgegeben werden. Viel wichtiger
ist jedoch die innere Übereinstimmung. Ein Unternehmen muss für die Kunden als Teil der
Gesellschaft einen Mehrwert darstellen und für die restliche Gesellschaft keine Opportunitätskosten erzeugen, die den Mehrwert nicht rechtfertigen.

---

[1]   Zur Allgemeinen Betriebswirtschaftslehre siehe insbesondere Albach 2000; Wöhe 2002; Matschke &
       Schellhorn 2004; Domschke & Scholl 2008; Schmalen & Pechtl 2009.

[2]   Vgl. Rieckmann 2000; Rieckmann 2007.

Neben dem Transformationsprozess ist vor allem auch der Steuerungsprozess von großer Bedeutung in jedem Betrieb. Ausgehend von einem gegebenen Werte- und Zielsystem werden Mission und Vision festgelegt. Die Mission ist die langfristige Funktion eines Unternehmens, die es wahrnehmen möchte. So könnte z.B. die Daimler AG ihren Existenzgrund als „Wir sind der Mobilitätskonzern" definieren, d.h., das menschliche Bedürfnis nach Mobilität begründet die Mission des Unternehmens in sehr unterschiedlichen Bereichen (z.B. Personenkraftwagen, Busse, Lastkraftwagen). Eine Vision hingegen ist der langfristig angestrebte Zustand wichtiger Systemgrößen, den ein Unternehmen erreichen möchte. So könnte z.B. die Daimler AG eine ihrer Visionen mit „Wir sind der Garant für sicheres, verletzungsfreies Fahren" definieren.

Aus Mission und Vision leiten sich in mehreren Hierarchiestufen Oberziele, Strategien, Unterziele und operative Entscheidungen ab, die letztlich einer das gesamte Unternehmen umfassenden Ausrichtung auf die Mission und Vision dienen. Der eigentliche Produktionsprozess wird hierbei ebenso gesteuert wie die Beschaffung der Produktionsfaktoren und der Absatz.

Neben der leistungswirtschaftlichen Seite muss in einer Geldwirtschaft auch die finanzwirtschaftliche Seite betrachtet werden. Jede güterwirtschaftliche Realität äußert sich ebenfalls in der finanzwirtschaftlichen Sphäre. So führt z.B. der Absatz zu einem Zufluss von Finanzmitteln in das Unternehmen in Form des Kaufpreises. Dieser Zufluss wird als Finanzierung bezeichnet. Im Betrieb werden die Mittel für den Betriebszweck verwendet. Diese Mittelverwendung kann als Investition bezeichnet werden und stellt das finanzsphärische Gegenstück zur Produktion dar. Schließlich führt die Beschaffung von Produktionsfaktoren zu Abflüssen finanzieller Mittel, so dass der Zahlungsverkehr bzw. die Tilgung als drittes Element der Finanzwirtschaft zu nennen ist.

Aus diesem sehr vereinfachenden Modell eines Betriebes lässt sich bereits die Fülle von Entscheidungen erahnen, die Führungskräfte zu treffen haben. Als Beispiele können genannt werden:

- Welche Kundenbedürfnisse soll das Unternehmen befriedigen?
- Was wollen meine Kunden wirklich?
- Mit welchen Produkten soll dieses Geschäftsfeld abgedeckt werden?
- Welche Mitarbeiter werden hierfür benötigt?
- Welche Mitarbeiter wähle ich hierfür aus?
- An welchem Standort wird produziert?
- Welche Materialien werden verwendet?
- Welche Anlagen und Maschinen werden eingesetzt?
- In welcher Reihenfolge werden Aufträge abgearbeitet?
- Welche Produktionstechnologie setze ich ein?
- Welche Mengen werden eingekauft?
- Welche Lagertechnologie wird eingesetzt?
- Welches inner- und außerbetriebliche Transportmittel wird verwendet?
- Welche Produktionstiefe wird angestrebt? Make-or-Buy? In- oder Outsourcing?
- Welche Vorhalteleistungen stelle ich bereit?
- Welche Auslastung strebe ich an?

- Welche Gesetze versuche ich zu umgehen, z.B. durch Auslagerung ins Ausland?
- Welche Altersstruktur soll meine Belegschaft haben?
- Wie fördere ich die Gesundheit meiner Mitarbeiter?
- Wie bewerbe ich meine Produkte?
- Wie transportiere ich die Produkte zum Kunden?
- Welche Preise bzw. Konditionen lege ich fest?
- Welche Dienst- und Nebenleistungen sind erforderlich?
- Wie vermeide ich unerwünschte Outputs, z.B. Umweltschäden?
- Welchen Beitrag leiste ich zum Gemeinwohl? Corporate Social Responsibility?
- Welches Verhältnis von Eigen- und Fremdkapital strebe ich an?
- Welche Formen von Eigen- und Fremdkapital wähle ich?
- Welche alternativen Produktionsmittel wähle ich aus?
- Wann ist der optimale Ersatzzeitpunkt eines Betriebsmittels?
- Welche Formen des Zahlungsverkehrs sind für mich optimal?
- Wie bewerte ich meine Geschäftsergebnisse?
- Wie garantiere ich eine nachhaltige Geschäftszukunft?

Diese Liste ist nur ein kleiner Abriss der vielschichtigen und zahlreichen Entscheidungen, denen sich Führungskräfte unterschiedlicher Ebenen stellen müssen. Jeder Entscheidung geht hierbei eine Planung voraus, um überhaupt aus Alternativen auswählen, d.h. entscheiden zu können. Betriebswirtschaftslehre ohne Planung und Entscheidung ist inhaltsleer.

Obwohl diese Aussage naheliegend ist, spielten Planung und Entscheidung in der Geschichte der Betriebswirtschaftslehre unterschiedliche Rollen. Die Väter der Betriebswirtschaftslehre waren überwiegend deskriptiv ausgerichtet (z.B. ältere Handelslehre) und intendierten nicht primär eine Entscheidungsvorbereitung. Mit dem Beginn des 20. Jahrhunderts wurde jedoch allgemein anerkannt, dass die Betriebswirtschaftslehre eine Handlungswissenschaft ist. Die namhaften Vertreter unterscheiden sich höchstens noch in der Frage, ob die Ziele des Unternehmens als gegeben vorausgesetzt werden können (praktisch-normative BWL), oder ob sie ebenso Inhalt der betriebswirtschaftlichen Analyse sein können (idealistisch-normativ).

Die unterschiedlichen Konzepte sind in der Geschichte der BWL[3] immer wieder aufgetreten. Unter den Vätern der Betriebswirtschaftslehre sind drei besonders prominent. Eugen Schmalenbach (1872–1955) analysierte das Problem der Wirtschaftlichkeit und forderte, dass das wirtschaftliche Handeln nicht allein auf die Gewinnerzielung ausgerichtet sein sollte. Die Entwicklung eines Werte- und Zielsystems war für ihn unabdingbar. Heinrich Nicklisch (1876–1946) stellte die Mitarbeiter in den Vordergrund. Er entwickelte Organisationsgesetze, die es den Mitarbeitern ermöglichen sollten, ihre Bedürfnisse (Erhaltung, Gestaltung, Freiheit) zu befriedigen. Für Nicklisch war die Betriebswirtschaftslehre ohne grundlegende Ethik undenkbar. Abweichend davon konstruierte Wilhelm Rieger (1878–1971) eine realitätsnahe BWL kommerzieller Unternehmen. Für ihn waren der Gewinn bzw. die Rentabilität das Maß aller Dinge, über deren Rechtfertigung nicht mehr zu diskutieren sei. Nach ihm setzte sich diese praktisch-normative BWL durch.

---

[3] Vgl. Brockhoff 2002.

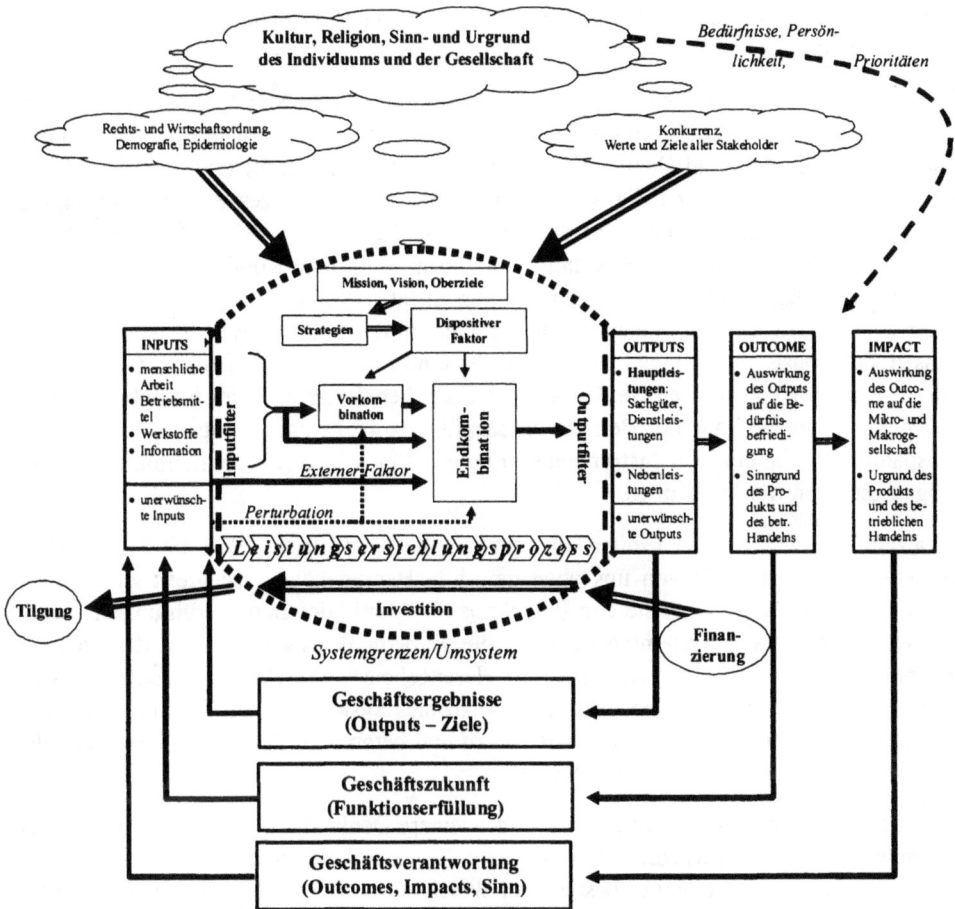

Abb. 1.1   Vollständiges Systemmodell[4]

Aus den Vorgängern und verschiedenen Denkschulen haben sich diverse Herangehensweisen der Betriebswirtschaftslehre entwickelt, die allgemein als faktortheoretischer, entscheidungstheoretischer, systemtheoretischer, arbeitsorientierter und verhaltensorientierter Ansatz bezeichnet werden. Als Begründer des faktortheoretischen Ansatzes gilt Erich Gutenberg (1897–1984). Die obige Darstellung des Betriebes als Transformationsprozess von Inputs in Outputs entspricht seinem Gedankengang. Die Produktion (bei Gutenberg vor allem die Sachgüterproduktion) steht im Vordergrund, der Mensch ist ein Produktionsfaktor. Der faktortheoretische Ansatz besticht durch seine Geschlossenheit und seine Konzentration auf die Wirtschaftlichkeit des Unternehmens. Er bildet deshalb bis heute die Hauptlinie der deutsch-

---

4   Quelle: Eigene Darstellung.

sprachigen Betriebswirtschaftslehre. Die meisten Lehrbücher folgen Gutenbergs Konzept, die meisten Seminare verwenden bewusst oder unbewusst seine Herangehensweise.

Betrachtet man das Betriebsgeschehen aus einem anderen Blickwinkel, so kann man den Betriebsalltag als eine große Fülle von Handlungen und vorausgehenden Entscheidungen ansehen. Der von Edmund Heinen (1919–1996) entwickelte entscheidungstheoretische Ansatz stellt aus diesem Grund die betrieblichen Entscheidungsprozesse in den Mittelpunkt. Wichtig ist dabei, dass Heinen klar die Mittel und Ziele unterscheidet. Der Betrieb muss zuerst definieren, welche Ziele er wählt. Sein Ansatz stellt eine Kombination des ethischen Ideals von Nicklisch und des faktortheoretischen Ansatzes von Gutenberg dar und ist gleichzeitig ein Vorgriff auf die moderne Unternehmensethik. Aus den Werten der Stakeholder müssen sich konsistent Ziele ableiten lassen. Ist eine Entscheidung über die Ziele gefallen, müssen Maßnahmen ergriffen werden, die das Erreichen dieser Ziele im Betrieb gewährleisten können. Hauptaufgabe der Betriebswirtschaftslehre ist es dabei, Entscheidungsprozesse transparent zu gestalten und Instrumente zu entwickeln, wie zielsystemkonforme Entscheidungen getroffen werden können.

Etwa zeitgleich während der 1960er Jahre entwickelte Hans Ulrich (1919–1997) den systemtheoretischen Ansatz. Die von uns oben gewählte Herangehensweise greift zum Teil auf diesen Ansatz zurück, indem sie den Regelkreis als Abbild der Betriebsführung verwendet. Tatsächlich stehen die Systemtheorie bzw. die Kybernetik (als Lehre von der Steuerung dynamischer Systeme) im Mittelpunkt dieser Herangehensweise. Ulrich betrachtet die Steuerung eines Unternehmens als produktives und soziales System. Er fügt folglich zu dem Gutenbergschen Ansatz soziale Sachverhalte hinzu und betont den Regelungsbedarf, der allerdings wiederum auf Entscheidungen beruht.

Neben diesen Hauptschulen gibt es noch zwei kleinere Denkhaltungen. Als Gegenpol zu den genannten Ansätzen entwickelte der Deutsche Gewerkschaftsbund den arbeitsorientierten Ansatz. Wie zu erwarten, legt er besonderen Wert auf die Arbeitsbedingungen und die Verhaltensweisen der Mitarbeiter. Ziel der BWL solle es sein, die Mitarbeiter zu fördern, ihren Arbeitsplatz zu erhalten, ihr Einkommen zu sichern und zu einer „Humanisierung der Arbeitswelt" beizutragen. Diesem Ansatz immanent ist die Forderung nach einer Veränderung der Wirtschaftsordnung. Seine Bedeutung blieb allerdings gering. Es gelang den Gewerkschaften nicht einmal in ihren eigenen Unternehmen (z.B. Wohnungsbaugenossenschaften, Konsumgenossenschaften), diese Gedanken umzusetzen. Ein wichtiges Ergebnis ist jedoch, dass der Mensch als soziales Wesen auch bei den Anhängern des faktortheoretischen Ansatzes stärker an Gewicht gewann.

Der verhaltensorientierte Ansatz schließlich greift dieses Motiv auf und untersucht das Verhalten des Menschen im Betrieb. Der Mitarbeiter ist nicht mehr der einfache Produktionsfaktor, der nur an seinem Lohn interessiert ist, sondern ein komplexer Bedürfnisbefriediger, der Freude daran hat, sich einzubringen, Ziele zu erreichen, einen Beitrag zu einem sinnvollen Ganzen zu leisten und in einer Gruppe eingebunden zu sein.

In allen Ansätzen spielt die Entscheidung eine wichtige Rolle, wenn auch die Schwerpunktsetzung unterschiedlich ist. Eine Entscheidungslehre als systematische Erkenntnis der Entscheidung, d.h. der zielsystemkonformen Auswahl einer Handlungsalternative bzw. einer

Menge von Handlungsalternativen aus einer Menge alternativer Strategien ist für jeden Ansatz der Betriebswirtschaftslehre unabdingbar. Allerdings sind auch innerhalb der Entscheidungslehre unterschiedliche Schulen zu erkennen. Zum einen gibt es die empirisch-realistische Entscheidungstheorie. Sie sieht ihre Funktion in der Beschreibung und Erklärung des Entscheidungsverhaltens von Menschen und ist folglich stärker sozial- und zum Teil sogar geisteswissenschaftlich ausgerichtet. Die „klassischen" BWLer hingegen folgen einer präskriptiven bzw. normativen Entscheidungstheorie, die ihre Aufgabe in der Entwicklung von Richtlinien zur rationalen Auswahl von Handlungsalternativen sieht. Hierbei überwiegt heute die praktisch-normative Entscheidungstheorie, die die Betriebsziele als gegeben ansieht. Die bekennend-normative Entscheidungstheorie hingegen sieht auch den Prozess der Entwicklung von Werten und der Ableitung von Zielen als Aufgabe der Entscheidungstheorie. Die Vertreter beider Formen der präskriptiven Entscheidungslehre sind hierüber in schwere Auseinandersetzungen geraten, die sich unter anderem an der Frage erhitzt, ob eine Unternehmensethik überhaupt notwendig sei, oder ob Betriebswirtschaftslehre als eine Lehre vom rationalen Handeln nicht per se ethisch sei.[5]

In diesem Buch wird der Standpunkt vertreten, dass zumindest die Kenntnis der Werte und die konsistente Ableitung der Betriebsziele unabdingbar für eine realistische Entscheidungslehre sind. Diese Konzeption leitet sich aus dem oben skizzierten Betriebsbegriff her, der eben nicht nur kommerzielle Unternehmen umfasst, sondern auch Nonprofit-Organisationen mit komplexen Zielbündeln und sogar Haushalte mit stark divergierenden Interessenlagen. Diese Konzeption wird sich insbesondere im zweiten Kapitel zeigen, während alle weiteren Ausführungen hiervon relativ unberührt sind.

1.1.2   Grundzüge des Managements

Planung und Entscheidung sind Teil des Steuerungsprozesses[6] des Betriebes, d.h., der Erkenntnisgegenstand dieses Buches kann nur als Teilgebiet des Managements verstanden werden. In der Praxis werden die Begriffe Steuerung (Kybernetik), Management und Führung oft synonym verwendet, obwohl sie unterschiedliche Dimensionen beschreiben. Deshalb soll zuerst eine Begriffsklärung erfolgen. Anschließend folgt ein stark vereinfachter Überblick über die Teilgebiete des Managements, indem die fünf Managementfunktionen Planung, Organisation, Personaleinsatz, Personalführung und Kontrolle diskutiert werden. Das Kapitel schließt mit einem kurzen Überblick über gängige Managementkonzeptionen und die jeweilige Bedeutung von Planung und Entscheidung bei diesen Herangehensweisen.

Das systemtheoretische Modell (Abb. 1.1) des Unternehmens ist eine quasifotografische Abbildung zu einem bestimmten Zeitpunkt, die keine Aussage über die Dynamik und die tatsächlichen Prozesse zulässt. In der Realität bedarf der Transformationsprozess nicht nur der Elemente und fester Relationen, sondern auch einer Systemsteuerung. Abb. 1.2 zeigt ein Regelkreismodell, das die Steuerung innerhalb gegebener Strukturen ermöglicht. Ausgehend

---

[5]   Vgl. Albach 2005; Küpper 2009.

[6]   Zum Management siehe insbesondere Schreyögg & Koch 2007.

von Zielen der Unternehmung muss die Unternehmensführung Entscheidungen treffen, damit am Ende des betrieblichen Prozesses die Outputgrößen den Zielvorgaben entsprechen. Die Systemsteuerung bzw. -lenkung darf dabei nicht nur auf die internen Prozesse achten, sondern muss das Gesamtsystem in seinem Umsystem sehen, Existenz- und Sinngrund des Unternehmens ständig bewerten und entsprechende Maßnahmen bei Abweichungen von den Führungsgrößen ergreifen.

Der Begriff Management beschreibt verschiedene Aspekte. Einerseits spricht man vom Management eines Unternehmens (seltener eines Haushalts!) und meint damit die Entscheidungsträger, Chefs oder Chief Executive Officers (CEO). Diese Führungskräfte bilden das Management aus der institutionellen Sicht. Nur in dieser Bedeutung ist es sinnvoll, vom Top-Management oder vom mittleren Management zu sprechen. Fragt man einen dieser Führungskräfte nach seinen Aufgaben, wird er vielleicht antworten: „Ich führe Bewerbungsgespräche, organisiere ein Meeting oder manage eine Krise". Management ist also das, was ein Manager tut, der Prozess des Steuerns innerhalb des Unternehmens (prozessorale Sicht). Auf etwas abstrakterer Ebene lassen sich hingegen fünf Funktionen unterscheiden, die jeder Manager wahrnehmen muss: Planung, Organisation, Personaleinsatz, Personalführung und Kontrolle. Diese funktionale Sichtweise des Managements liegt den folgenden Ausführungen zu Grunde.

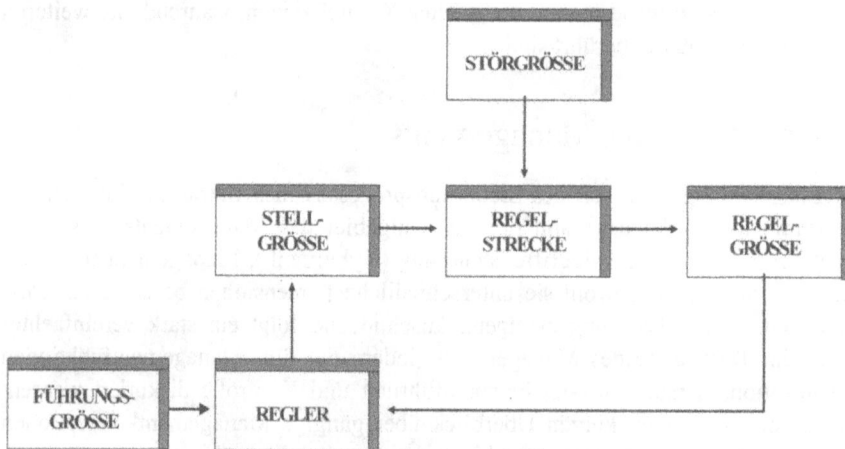

Abb. 1.2   Regelkreismodell[7]

Eine gewisse Sprachverwirrung ergibt sich aus der Unterscheidung zwischen Unternehmensführung und Personalführung, wobei in der Praxis beide Begriffe oft mit „Führung" abgekürzt werden. Die Unternehmensführung umfasst die komplette Steuerung des gesamten

---

[7]   Quelle: Olfert & Rahn 2008, S. 811.

Unternehmens, während die Personalführung eben nur die Mensch-Mensch-Interaktion im Managementprozess beinhaltet. In der US-amerikanischen Literatur unterscheidet man zwischen Leading und Directing, wobei ersteres die Unternehmensführung und letzteres die Personalführung ausdrücken soll.

Im Folgenden wird der funktionale Managementbegriff verwendet und die Personalführung als wichtiger, aber nicht alles umfassender Teilaspekt des Managements verstanden. Personalführung umschreibt die Aufgabe des Managers, Mitarbeiter zum systemkonformen Verhalten zu veranlassen. Sie wird immer mehr zur Kernaufgabe des Managers, denn ein Manager ohne Personalführungsqualitäten ist ein Bürokrat, der letztlich leere Positionen verwalten muss, die von keinen motivierten Mitarbeitern gefüllt werden. Auf der anderen Seite ist die ausschließliche Personenorientierung nicht zielführend, wenn die Vision und Mission des Unternehmens, die Organisationsstrukturen und die Kontrolle vergessen werden. Hard Facts und Soft Facts des Managements lassen sich nicht auseinanderdividieren.

Das Management legt einen Schwerpunkt auf die Steuerung innerhalb des Systems. Wie das Systemmodell (Abb. 1.1) jedoch nahe legt, verlangt eine zukunftsträchtige Systemlenkung die Einbeziehung des Umsystems, das Infragestellen des eigenen Systems, die Reflexion der eigenen Existenzgrundlage, der Funktionserfüllung und des Sinns der eigenen Arbeit. Für diesen erweiterten Horizont werden von unterschiedlichen Autoren abweichende Bezeichnungen gewählt, z.B. systemisches Management, Betriebskybernetik oder Unternehmenssteuerung. Eine vergleichbare Lehre der Haushaltssteuerung gibt es kaum, da die klassische Bürokratievorstellung nach Weber eher eine Innenperspektive in statischer Umwelt und mit klaren, unveränderbaren Regeln impliziert.

Kybernetik ist die Kunst des Steuerns komplexer Systeme. Der Begriff wird für die Tätigkeit des Steuermanns auf einem Schiff ebenso verwendet wie für die Steuerung der Abläufe in einem Computer. Die Betriebskybernetik beschreibt folglich alle Funktionen und Prozesse zur Steuerung eines Betriebes. Steuert ein Kapitän sein Schiff durch die Wellen, muss er die Technik und Führung der Mannschaft ebenso beherrschen wie die Winde, Wellen und Sandbänke. Gleichzeitig muss er auf die Bewegung anderer Schiffe achten und seinen Kurs mit ihnen koordinieren. So muss auch die Betriebskybernetik die Planung, Organisation, Personaleinsatz, Führung und Kontrolle ebenso umfassen wie die Analyse der Veränderungen des Umsystems, der Konkurrenz, des eigenen Wertesystems und der Kunden. Abb. 1.3 zeigt das Verhältnis von Unternehmenssteuerung, Management und Personalführung schematisch auf. Das Management impliziert in der Regel ein „Arbeiten im System", d.h. bei gegebenen Werten, Zielen, Märkten und sonstigen Umsystemen. Personalführung ist eine wichtige Teilfunktion des Managements. Die Unternehmenssteuerung hingegen verlangt auch ein „Arbeiten am System", was durch den äußeren Kranz angedeutet wird. Es muss allerdings noch einmal darauf hingewiesen werden, dass es durchaus auch andere Begriffsdefinitionen und Abgrenzungen gibt.

Der systemische Ansatz und die Vielfältigkeit der Aufgaben implizieren, dass die Managementlehre ihr Wissen aus zahlreichen Quellen schöpfen muss. So verwendet sie beispielsweise Motivationstheorien aus der Psychologie, Theorien über Gruppenprozesse aus der Soziologie und ergonomische Erkenntnisse der Medizin. Die Betriebswirtschaft nützt die Erkenntnisse dieser Wissenschaften und stellt sie in den Dienst für ihr eigenes Erkenntnisobjekt, die Effizienz. Sie fragt beispielsweise nicht nur danach, wie sich Menschen in Betrieben verhalten (wie es beispielsweise die Soziologie erforscht), sondern entwickelt Handlungsanweisungen, wie dieses Verhalten von der Unternehmensleitung beeinflusst werden kann, so dass keine materiellen und personellen Ressourcen verschwendet werden. Aus diesem Vorgehen ergibt sich allerdings auch, dass für reale Probleme stets ein umfassendes Denken erforderlich ist, das neben Grundlagen der Betriebswirtschaftslehre stets auch volkswirtschaftliche, psychologische, soziologische und weitere Erkenntnisse berücksichtigt.

Abb. 1.3   Steuerung, Management und Führung[8]

Die grundlegenden Teilfunktionen des Managements sind Planung, Organisation, Personaleinsatz, Personalführung und Kontrolle. Aus der Logik des Regelkreises ergibt es sich, dass die Führungsgröße am Anfang des Managementprozesses stehen muss. Die Definition von Vision und Mission sowie die Ableitung von konkreten Zielen ist die Voraussetzung für jede

---

[8]   Quelle: Fleßa 2008, S. 3.

Unternehmenssteuerung. In Kapitel 2 (Werte- und Zielsystem) werden diese Führungsgrößen für unterschiedliche Betriebstypen diskutiert. Die Darlegung folgt an dieser Stelle der Logik einer ethisch-normativen Betriebswirtschaftslehre.

Aus den Führungsgrößen leiten sich Pläne ab, wie diese erreicht werden können. Management ist eine Handlungswissenschaft, die betriebliche Führung nicht nur erklärt und bewertet, sondern vor allem gestaltet. Überall dort, wo es mindestens zwei Handlungsalternativen gibt, müssen Entscheidungen so getroffen werden, dass die betrieblichen Ziele bestmöglich erreicht werden. Planung ist deshalb die Grundlage jeder Entscheidung und der Ausgangspunkt des traditionellen Managements. Durch Planung wird zukünftiges Geschehen geistig vorweggenommen (prospektives Denkhandeln), um möglichst viele Alternativen analysieren und bewerten sowie die beste Alternative bestimmen zu können. Allein das betriebliche Werte- und Zielsystem bestimmt hierbei, was „die beste" Alternative ist. Durch intensive Planung können sich anbahnende Umweltveränderungen, Risiken und Chancen erkannt und die Zukunft aktiv gestaltet werden. Ziel des Managements ist es, die Planung derart zu optimieren, dass knappe jetzige und zukünftige Ressourcen bestmöglich eingesetzt werden.

Organisation als Teilfunktion des Managements wird nötig, da manche Aufgaben nicht von einer Person allein erledigt werden können. Vielmehr wird die große Gesamtaufgabe in viele kleine Teiltätigkeiten zerlegt (Arbeitsteilung) und einzelnen Aufgabenträgern (Stellen) zugeordnet (Arbeitssynthese). Nur durch die Arbeitsteilung ist es möglich, komplexe und umfangreiche Aufgaben zu erfüllen. In der Regel geht die Arbeitsteilung mit einer Spezialisierung (Artenteilung) einher, die erheblich zur Verbesserung der Fertigkeiten und damit der Effizienz beiträgt.

Der große Nachteil der Aufteilung einer großen Aufgabe auf viele Aufgabenträger besteht allerdings darin, dass es eine Institution geben muss, die dafür sorgt, dass die einzelnen Aufgabenträger tatsächlich die Gesamtaufgabe zusammen erfüllen. Arbeitsteilung verlangt folglich Koordination. Dadurch entsteht zusätzlich zur ausführenden Arbeit eine Gruppe von Mitarbeitern, die ausschließlich dafür verantwortlich ist, die operativ Tätigen zu koordinieren. Hieraus ergeben sich Weisungsbefugnisse, Vorgesetzte, Untergebene, Hierarchien und letztlich eine Aufbauorganisation. Arbeitsteilung, Arbeitssynthese und Koordination sind somit die Grundelemente der Organisation.

Sobald die durch die Arbeitsteilung entstandenen vielfältigen Teilaufgaben einzelnen Stellen zugeordnet wurden, müssen diese Stellen mit Mitarbeitern besetzt werden. Die Managementfunktion Personaleinsatz umfasst eine große Fülle von Aktivitäten, deren Ziel stets die quantitative und qualitative Deckung von Personalbedarf und Personalbestand ist: Personalgewinnung, Personalzuweisung am Arbeitsplatz, Personalbeurteilung, Weiterbildung und Entlohnung.

Die Gewinnung von qualifizierten Mitarbeitern ist eine notwendige, jedoch keine hinreichende Voraussetzung für eine gute Betriebsleistung. In einem kleinen Handwerksbetrieb, in dem der Meister alleine arbeitet, besteht eine Identität von persönlichen Zielen des Handwerkers und des Betriebes. In größeren Unternehmen hingegen kann nicht einfach davon ausgegangen werden, dass die Mitarbeiter die Ziele des Unternehmens selbstständig verfolgen. Sie werden vielmehr die Erfüllung ihrer eigenen, abweichenden Ziele anstreben. Es ist die Aufgabe des Managements, die Betriebs- und Individualziele zu synchronisieren. Ein Mitarbeiter, der die Betriebsziele erstrebt, soll damit auch gleichzeitig seine eigenen Ziele erreichen. In der Industrie hat man dieses Synchronisationsproblem traditionell durch den Akkordlohn zu lösen gesucht, was aber auch nur zum Teil gelang. Das Einkommen des Arbeitnehmers stieg proportional zu der Zahl der gefertigten Werkstücke. Je mehr er arbeitete, desto besser war es (in vielen Fällen) für das Unternehmen, da die Fixkosten auf viele Leistungseinheiten aufgeteilt wurden. Gleichzeitig erhielt er einen höheren Lohn. Interessen des Arbeitnehmers und des Arbeitgebers sind integriert. In vielen Unternehmen ist jedoch die Quantität der Leistungserstellung von geringerer Bedeutung als die Qualität, die sich darüber hinaus auch noch häufig schlecht messen lässt. Ein Extremfall ist beispielsweise eine Sterbebegleitung in einem Altenheim, die nicht im Akkordlohn zielführend zu entlohnen ist. Die Personalführung verlangt hier die Berücksichtigung der Individualität des Menschen, seine Motivationsfähigkeit und seine Interessenlage. Personalführung wird damit im 21. Jahrhundert viel schwieriger als dies früher der Fall war.

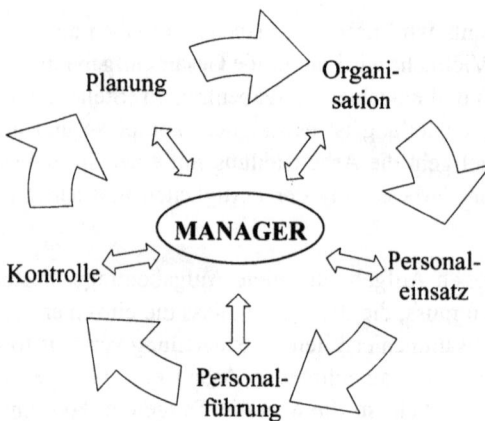

Abb. 1.4   Funktionale Sichtweise des Managements[9]

Die Führungsfunktion Kontrolle umfasst die Messung der Ergebnisse (Ist-Werte), den Vergleich mit den Plandaten (Soll-Ist-Vergleich) sowie die Analyse der Abweichungsursachen. Sie ist die Zwillingsfunktion der Planung. Kontrolle ohne Planung ist unmöglich, da der Soll-Ist-Vergleich die planerische Festlegung des Solls impliziert. Gleichzeitig ist die Planung ohne das Feedback aus der Kontrolle inhaltslos, denn der Planer muss für zukünftige Planungen wissen, ob er seine Ergebnisse bislang erreicht hat bzw. ob seine Planungen realitätsfremd waren.

---

[9]   Quelle: Steinmann & Schreyögg 1997, S. 11.

Die genannten Funktionen werden oftmals als Kreislauf bzw. Zyklus mit klar abgrenzbaren Schritten dargestellt und beschrieben. In diesem idealtypischen Managementprozess folgt der Planung die Implementierung mit den drei Teilbereichen Organisation, Personaleinsatz und Personalführung. Anschließend erfolgen Kontrolle und Feedback an die Planung. Erst danach beginnt ein neuer Zyklus mit neuer Planung. Für diesen Prozess finden sich Abkürzungen, wie z.B. PIKA (Planung, Implementierung, Kontrolle, Adaption) oder PORK (Planung, Organisation, Realisation, Kontrolle).

In der Realität laufen jedoch alle Managementfunktionen gleichzeitig ab und werden durch die Denkleistung des Managers koordiniert. Eine nachvollziehbare zeitliche Abfolge ist häufig nicht mehr auszumachen. Abb. 1.4 entspricht deshalb sehr viel stärker der Realität als Abb. 1.5. Die zeitgleiche Koordination aller fünf Managementfunktionen stellt jedoch auch eine deutlich höhere Anforderung an die Führungskraft: Sie muss alle Teilfunktionen wahrnehmen und koordinieren.

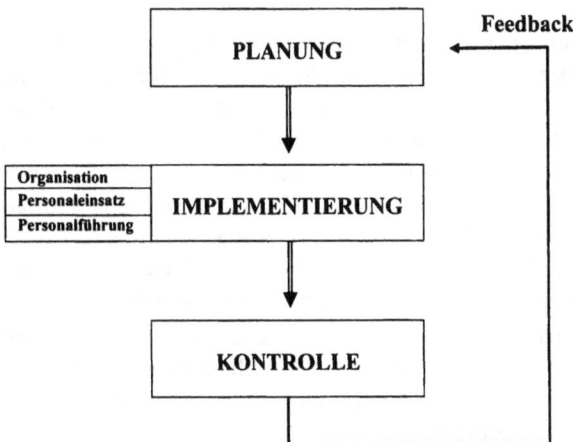

Abb. 1.5   Idealtypischer Managementzyklus[10]

Die fünf Managementfunktionen sind originäre Aufgaben jedes Managers. Keine Führungskraft kann die letztendliche Verantwortung für diese Funktionen delegieren, auch nicht an eine Personalabteilung. Allerdings haben sich innerhalb der Funktionen unterschiedliche Schwerpunkte herausgebildet, die es erlauben, von einer Determinierung zu sprechen. In der Regel dürfte es eine Überforderung sein, alle Funktionen absolut gleichberechtigt zu behandeln. Es ist zu überlegen, ob unser Denken und unsere Unternehmenssteuerung stärker von dem Plan, von der Organisation, von der Führung oder von der Kontrolle geprägt sein sollten.

---

[10]   Quelle: Koontz & Weihrich 1988, S. 56; Domschke & Scholl 2008, S. 350.

Die deutschsprachige Betriebswirtschaftslehre war in Theorie und Praxis überwiegend plan- bzw. kontrolldeterminiert. In dieser Konzeption der Unternehmensführung wird die Aufstellung und strickte Kontrolle von Plänen als die vordringlichste Aufgabe der Manager gesehen. Das System stammte ursprünglich aus der Staatsverwaltung bzw. dem Militärwesen und war bis vor wenigen Jahren sehr erfolgreich. In einem relativ statischen Umsystem sind die exakte Planung, die Auswahl der besten Alternative und die unabdingbare Verfolgung der einmal gewählten Strategie gute Voraussetzungen, um die Unternehmensziele zu erreichen. Die Dynamik auf den Weltmärkten hat in den letzten drei Jahrzehnten allerdings so stark zugenommen, dass Pläne häufig schon Makulatur sind, bevor sie überhaupt offiziell verabschiedet wurden. Die Zukunft gehört – so meinen zumindest sehr viele Ökonomen – den schnellen, spontanen und menschenorientierten Unternehmen. In einer komplexen und dynamischen Umwelt voller stochastischer Einflüsse dürfen Planung und Kontrolle nicht mehr die Betriebsführung dominieren. Vielmehr müssen wir lernen, schneller auf Umweltveränderungen und insbesondere auf Kundenbedürfnisse zu reagieren. Wenn dieser Lernprozess zu lange dauert, kann dies in einer Konkurrenzwirtschaft das Ausscheiden aus dem Markt implizieren.

Ständige Umweltveränderungen führten zunächst dazu, dass das Gewicht vom Plan mit klaren Anweisungen auf die Kontrolle der Ziele verlagert wurde, wobei die Maßnahmen der Zielerreichung, die traditionell in fixen Plänen vorgegeben wurden, den ausführenden Organen überlassen wurde. Gefragt waren die Zielerreichung bzw. Ergebnisse, nicht Maßnahmen (Management by Objectives; Management by Results). Als das Umsystem des Unternehmens jedoch noch komplexer und dynamischer wurde, wuchs dem Manager immer häufiger die primäre Aufgabe zu, flexible und reagible Organisationsstrukturen zu schaffen (organisationsorientierte Unternehmensführung). Auf besonders unbeständigen Märkten (z.B. in der Softwareproduktion) kann dies bis zur ständigen Auflösung der Organisationsstruktur gehen, die sich für jeden Auftrag neu bildet. Diese hohe Flexibilität ist im Grunde nur noch zu bewerkstelligen, wenn der Manager seine Hauptaufgabe darin sieht, Mitarbeiter in ihrer Leistung zu unterstützen (Unternehmensführung als Coaching). Diese Konzeption hatte Greenleaf in seinem bekannten Buch „Servant Leadership"[11] bereits in den 1970er Jahren propagiert. Seine Erkenntnisse über den dienenden, fördernden und befähigenden Leiter wurden jedoch erst im neuen Jahrtausend rezipiert.

---

[11]   Vgl. Greenleaf 2002.

Tab. 1.1   Managementkonzeptionen[12]

Steuerungstyp	Umweltmerkmale	Dominante Managementfunktion
Plandeterminierte Unternehmenssteuerung	Geringe Komplexität und Dynamik	Primat der Planung
Kontrolldeterminierte Unternehmenssteuerung	Steigende Komplexität und Dynamik	Planung und Kontrolle
Organisationsorientierte Unternehmenssteuerung	Hohe Komplexität und Dynamik	Organisation
Unternehmenssteuerung als Coaching	Extreme Komplexität und Dynamik	Personalführung

Abb. 1.6 zeigt abschließend, dass das Management eine Querschnittsfunktion hat. Planung, Organisation, Personaleinsatz, Personalführung und Kontrolle umfassen die leistungs- und finanzwirtschaftlichen Systemkreise vollständig. Es gibt keine Betriebswirtschaftslehre ohne Management, und eine Betriebsführung ohne Planung ist unmöglich. Die Konzeptionen aus Tab. 1.1 unterscheiden sich im Schwerpunkt, jedoch nicht in ihrer grundsätzlichen Notwendigkeit von Planung und Entscheidung.

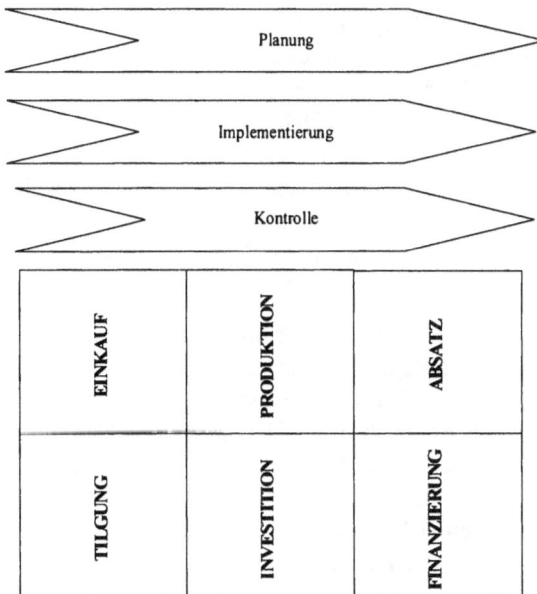

Abb. 1.6   Unternehmenssteuerung, Leistungs- und Finanzwirtschaft[13]

---

[12]   Quelle: Steinmann & Schreyögg 1997, S. 121-143; Tobler, Kalis & Kalenscher 2008, S. 390-401.

[13]   Quelle: Eigene Darstellung in Anlehnung an Schreyögg & Koch 2007, S. 8.

1.1.3   Wandel der Planungskonzeption

Der Übergang von einer plandeterminierten Unternehmensführung zu einer Betriebssteue-
rung als Coaching impliziert nicht die Abschaffung der Planung, sondern verlangt vielmehr
eine Neuorientierung und den Rückgriff auf andere Planungsinstrumente als in der Vergan-
genheit. Planung und Entscheidung bleiben essenziell, aber es handelt sich eben nicht mehr
um dieselbe Planungs- und Entscheidungsmethodik wie früher. Dabei erfolgt dieser Wandel
nicht aus individueller Veränderungsfreude der Manager, sondern sie reagieren auf die stark
veränderten Umweltbedingungen.

Die relevante Umwelt der Unternehmen und Haushalte hat sich in den letzten Jahrzehnten
stark verändert. Globalisierung, Liberalisierung, Individualisierung, Wertewandel, Käufer-
märkte, demografische Alterung, New Public Management, Finanzkrise und Public-Private-
Partnership sind nur einige Schlagwörter, die erhebliche Anforderungen an die Betriebsführung stellen. Strukturell kann man drei Dimensionen unterscheiden: Komplexität, Dynamik
und Stochastik.

Die Komplexität resultiert aus der Zahl der strukturverschiedenen Elemente in einem System, aus der Zahl der relevanten Umsysteme und der Zahl der tatsächlich existierenden Relationen zwischen den Elementen bzw. zwischen System und Umsystem. Beispielsweise war
für einen Einzelhändler, der in einer Kleinstadt das einzige Bekleidungsgeschäft führte, bis
vor wenigen Jahren die Welt außerhalb seines Städtchens praktisch irrelevant. Er hatte eine
Monopolstellung, belieferte nur seine direkten Kunden und wurde – als einzige Verbindung
„nach außen" – regelmäßig von einem Vertreter seines Großhändlers besucht. Sein Unternehmen war überschaubar und bestand primär aus ihm selbst (häufig ergänzt um seine Ehe-
frau und eine befreundete Verkäuferin). Er plante, organisierte und kontrollierte alles selbst.
Er konnte alle Zusammenhänge vollständig erfassen, durchschauen und bewerten. Und er
konnte bewusst die Welt außerhalb seines Ladens ausklammern, denn die Kunden kamen
wie selbstverständlich zu ihm.

Derselbe Einzelhändler wird heute mit einer globalisierten Welt konfrontiert, in der innerhalb weniger Jahre eine unendliche Zahl von Verknüpfungen aufgebaut wurden, die es dem
Unternehmer unmöglich macht, seine Umwelt auszublenden. Zuerst stieg die Mobilität der
Kunden, die in die größeren Städte fuhren, um dort aus dem reichhaltigeren und häufig auch
günstigeren Angebot wählen zu können. Durch den Versandhandel weitete sich sein relevan-
tes Umsystem auf ganz Deutschland. Schließlich führte das Internet dazu, dass seinen Kunden praktisch die ganze Welt zum Einkauf offen steht. Wie selbstverständlich kaufen Menschen, die vorher zu ihm gingen, heute ihre Jeans per Mausklick in Belgien oder Holland.
Andere Kunden reisen in ferne Länder und fragen nach Kleidermarken, die der Händler
selbst nicht kennt. Sein Großhändler kooperiert nun mit internationalen Discounterketten und
steigt selbst in den Internethandel ein. Als Reaktion überlegt der Einzelhändler, ob er eine
Filiale am anderen Ende der Stadt eröffnen und hierfür weiteres Personal einstellen soll. Er
muss sich mit Konkurrenten, verschiedenen Lieferanten, zahlreichen neuen Gesetzen, alternativen Absatzformen, neuen Mitarbeitern und den internationalen Preisentwicklungen bis
hin zu Reimporten beschäftigen. Die Komplexität des Lebens im 21. Jahrhundert hat – mit
wenigen Nischen – massiv zugenommen.

Die Dynamik ist Ausdruck für die Schnelligkeit des Entstehens neuer bzw. andersartiger Elemente, für die Schnelligkeit des Auftretens neuer Relationen sowie für die Vorhersagbarkeit der Veränderungen in der Zeit. Vor der industriellen Revolution konnte beispielsweise ein Handwerker als Jugendlicher seine Kunst erlernen und dann unverändert bis zum Lebensende ausführen, ohne dass er nennenswerte Innovationen wahrnehmen oder neue Verfahren adoptieren musste. Das System war fast statisch und Veränderungen fanden nur in langen Zeitläufen, meist im Generationenwechsel statt. Schrittweise hat sich die Geschwindigkeit, mit der Neuerungen das Bekannte herausfordern, erhöht. Ein Handwerker, der heute mit 15 Jahren eine Ausbildung beginnt, muss in Zyklen weniger Jahre grundlegend Neues lernen. Neue Maschinen, neue Verfahren, neue Anforderungen der Kunden oder sogar die vollständige Abschaffung seines Berufes sind heute möglich. Die Geschwindigkeit, mit der diese Innovationen auftreten, hat in den letzten Jahrzehnten stetig zugenommen und fordert das Management von kleinen und großen Unternehmen heraus.

Schließlich sind die Unsicherheit und damit der Einfluss der Stochastik gestiegen. Geringe Komplexität und Dynamik gingen stets einher mit einer relativ großen Vorhersagbarkeit des Systemverhaltens in der Zukunft. Prognosen waren entweder unnötig, weil sich ohnehin nichts Wesentliches verändert hat, oder sie waren durch entsprechende Techniken beherrschbar, weil auch die stochastischen Einflüsse bestimmten Gesetzen zu unterliegen schienen. Vollständige Strukturbrüche waren eher selten und meist durch externe Katastrophen (z.B. Kriege) bedingt, auf die kein Einfluss genommen werden konnte.

Die wirtschaftlichen Entwicklungen der letzten Jahrzehnte hingegen führten zu einer so starken Verdichtung der Systemzusammenhänge und Beschleunigung des Systemverhaltens (teilweise getragen durch eine enorme Beschleunigung der Kommunikationstechnik), dass aus deterministischen bzw. beherrschbaren Systemen chaotische Systeme wurden, deren Verhalten auch mit modernsten Methoden häufig nicht mehr vorhersagbar ist. Diese Systeme zeichnen sich gerade dadurch aus, dass aus scheinbar ganz normalen, einfachen und deterministischen Prozessen ein Systemverhalten resultiert, das in keiner Weise erwartet werden kann. Die weltweite Ernährungskrise 2007/08, die Finanzkrise 2008/09 und auch der Zusammenbruch mancher Unternehmen sind Ausdruck stochastischer Prozesse, die sich zwar ex post einer Analyse eröffnen, ex ante jedoch kaum prognostizierbar waren.

Die hohe Bedeutung der Dynamik und Komplexität in der Wirtschaft des 21. Jahrhunderts veranlasste Rieckmann dazu, das Kunstwort Dynaxity zu prägen.[14] Er sieht in der Dynaxity den Schlüssel zum Verständnis eines modernen Managements bzw. in der Fähigkeit, mit Dynaxity umzugehen („Dynaxability") die Schlüsselqualifikation von Managern. Abb. 1.7 zeigt vier Zonen der Dynaxity. In der ersten Zone sind Komplexität und Dynamik gering. Die überwiegende Organisationsform ist das Eigentümerunternehmen mit klaren Hierarchien. Der Eigentümer trifft alle Entscheidungen, kontrolliert alle Prozesse bzw. Ergebnisse persönlich und motiviert seine Mitarbeiter extrinsisch. Die Mitarbeiter sind als Untergebene lediglich Ausführende. Im privaten Haushalt herrschen in dieser Zone ebenso klare, einfache Strukturen (z.B. Patriarchat) vor.

---

[14]   Vgl. Rieckmann 2000; Rieckmann 2007.

Nehmen Komplexität und Dynamik zu, so kann diese Organisationsform nicht mehr genügen, um die entstehenden großen, multifunktionalen Unternehmen zu steuern. In der Zone II sind deshalb mehrgliedrige Organisationen anzutreffen, bei denen meist eine Trennung von Eigentum und Management erfolgt. Die Motivation erfolgt noch immer überwiegend vertikal und wird von starker Kontrolle begleitet. Delegation wird in großen Unternehmen notwendig, jedoch bleibt eine strenge Hierarchie bestehen. Öffentliche Haushalte bilden in dieser Phase häufig eine ausgeprägte Bürokratie aus.

Steigen Komplexität und Dynamik weiter, so sind die klassischen Organisationen mit ihren langen Befehlswegen, strengen Hierarchien und zentralisierten Entscheidungen nicht mehr in der Lage, Umweltveränderungen frühzeitig aufzunehmen und sich schnell genug anzupassen. Für derartige Umweltsituationen in Zone III werden Netzwerke benötigt, die ein institutionelles Gedächtnis entwickeln, um auf vorhandene Erfahrungen zurückgreifen zu können. Gleichzeitig müssen sie jedoch auf intrinsisch motivierte Mitarbeiter bauen, die als Sensoren für Dynamik und Komplexität tätig werden und selbstständig Systemanpassungen vornehmen. In diesen Netzwerken konstituieren sich selbstorganisierende Teams, in denen keine hierarchische Führung mehr möglich ist. Unternehmensführung wird zum Coaching, Personalführung zum unterstützenden Dienst.

Die Funktionsfähigkeit und insbesondere schnelle Reaktionsfähigkeit eines Netzwerkes setzt ein Sozialkapital in Form von hohem Vertrauen voraus.[15] Vertrauen erleichtert die Kommunikation, da die Signale des Partners positiv bewertet werden. Vertrauen ist die Basis für aufrichtige und transparente Beziehungen, so dass eine hohe interne Bindung der Netzwerkpartner entstehen kann. Damit schafft Vertrauen den Spielraum für Kreativität und Innovation. Das Vertrauenskapital erscheint als eine Bedingung für erfolgreiches Entscheiden in Beruf und Alltag in Dynaxity Zone III. Steigt die Dynaxity noch weiter an, sind jedoch auch derartige Netzwerke überfordert. Das System wird chaotisch (Zone IV).

Definiert man die Dynamik als Ableitung der Komplexität nach der Zeit, so lassen sich die Zonen auch als Entwicklungspfade von Systemregimen verstehen. In einem System der Zone I verändert sich das Systemregime nur sehr selten, d.h., die synchrone Phase dauert mindestens eine Generation. In der Zone II sind die synchronen Phasen kürzer als in Zone I, aber sie sind lange genug, um eine vollständige Stabilisierung (Freezing)[16] zu erlauben. Stabile Metastrukturen können aufgebaut werden, feste Organisationsformen, Regeln und Hierarchien sind sinnvoll, da die Anforderungen des Umsystems über Jahre oder Jahrzehnte konstant sind. In der Zone III sind die synchronen Phasen so kurz, dass kein Einschwingen in einen Steady State möglich ist. Statt einem Freezing der Organisationsstruktur erfolgt am Ende eines diachronischen Systems eine neue Perturbation. Somit sind keine festen Regeln möglich, vielmehr werden Ad-hoc-Entscheidungen und Strukturen nötig. Entscheidungen müssen auf der Mikrostruktur basisnah getroffen werden, benötigen allerdings auch eine extrem hohe Informationsdichte, so dass die Netzwerke der Mikrostrukturen ohne Hierarchien an Bedeutung gewinnen. Steigen Dynamik und Komplexität weiter, entwickelt sich ein chaotisches

---

[15]   Vgl. Covey & Merril 2009.

[16]   Zu den Grundbegriffen der Organisationsentwicklung vgl. z.B. Doppler & Lauterburg 2005.

System, bei dem weder die Phasen noch die Entwicklungsrichtung mehr erkenntlich sind. Neue Perturbationen erschüttern das System, bevor eine Metastruktur aufgebaut werden kann.

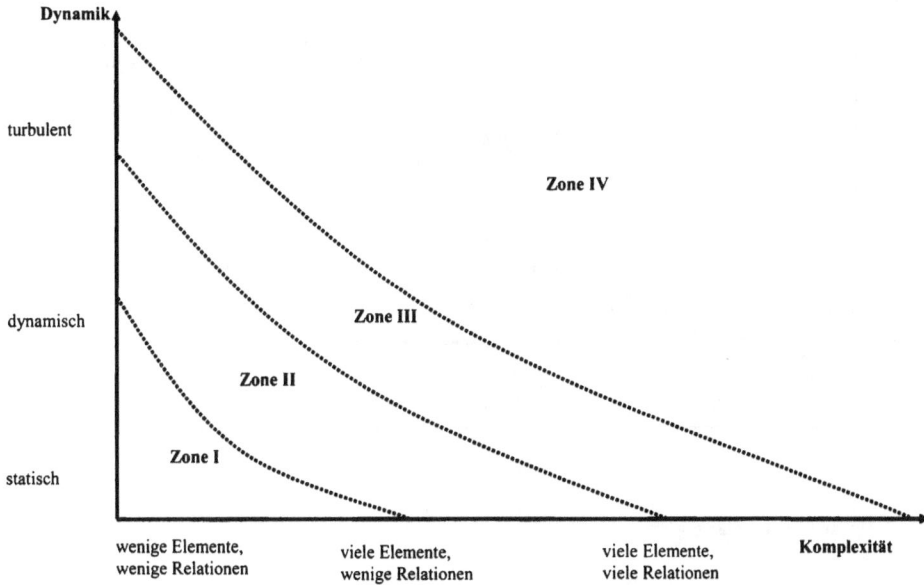

Abb. 1.7   Dynaxity-Zonen[17]

Die Bedeutung und die Verfahren der Planung hängen stark von der jeweiligen Phase bzw. Zone ab. In der Zone I besteht eine vollständige Planbarkeit, wobei die Zahl der Alternativen sehr gering ist. Entscheidungen bleiben über lange Zeiträume gültig, da alle Alternativen vollständig beschreibbar und alle Systemzusammenhänge beherrschbar sind. In der Zone II besteht immer noch eine relativ hohe Erkenntnis über die relevanten Systemparameter. Allerdings streuen diese bekannten Variablen mit konstanten Streuungen. Autokorrelation, selbstverstärkende Regelkreise oder Systemsprünge sind unbekannt. Die Zone II ist das große Zeitalter der Planungsmethoden, z.B. des Operations Research.[18]

In der Zone III nimmt die Planbarkeit im klassischen Sinne weiter ab und Entscheidungen sind für immer kürzere Zeiträume relevant. Dementsprechend nimmt die Häufigkeit der Entscheidungsfindung massiv zu. Noch immer sind die systemrelevanten Parameter von Bedeutung, aber sie streuen mit hohen Varianzen entlang einem Trend. Die Gefahr der

---

[17]   Vgl. Rieckmann 2007, S. 27.

[18]   Siehe hierzu insbesondere Meyer 1996; Domschke & Drexl 2005.

Strukturbrüche nimmt zu, teilweise beeinflussen sich Parameter so sehr, dass Autokorrelation auftritt.

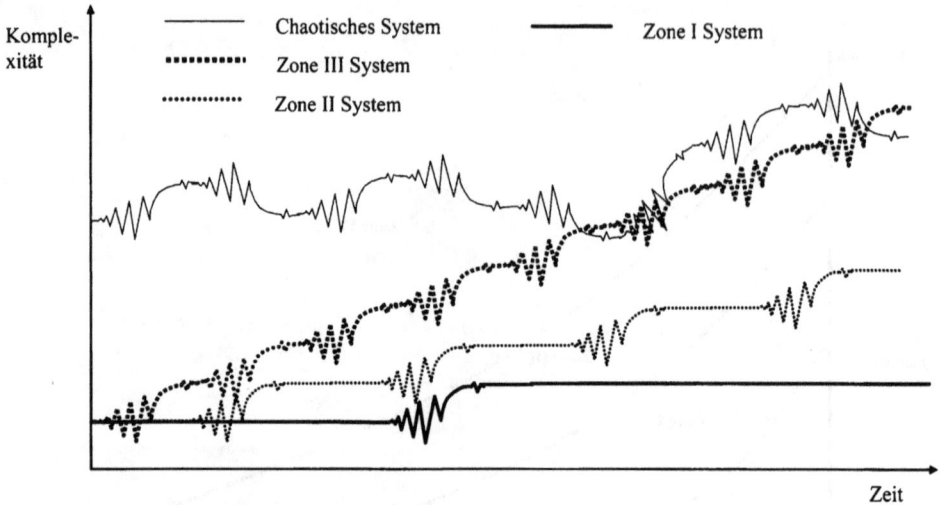

Abb. 1.8   Dynaxity und Systemregime[19]

Der Schwerpunkt der Planungsmethoden verlagert sich im Übergang von Zone II zu Zone III von den deterministischen Methoden zu den stochastischen Verfahren. Teilweise wird nicht einmal mehr die Ausarbeitung einer klaren Lösung erstrebt, sondern eine Einsicht in die Systemzusammenhänge. Von besonderer Bedeutung sind die Neben-, Rück- und Folgewirkungen. Eine Aktion führt zu einer Primärwirkung, d.h., zu einer intendierten Wirkung auf einen Parameter A zum beabsichtigten Zeitpunkt. Zeitgleich ergibt sich eine Nebenwirkung auf einen anderen Parameter B, die in der Regel nicht intendiert ist. Die Veränderung des Parameters B hat eine erneute Veränderung des Parameters A zur Folge. Diese Rückwirkung kann zeitlich verzögert, verstärkend und schwächend eintreten und macht die langfristige Prognose schwierig. Planung ist nicht unmöglich, aber deutlich komplexer. Die Veränderung des Parameters B kann weiterhin zur Folge haben, dass Parameter C sich verändert, was wiederum zu Neben-, Rück- und Folgewirkungen führen kann. Es entsteht eine Kettenreaktion, die kaum planbar ist. Einfache, kurzfristige Systeme (z.B. Produktionsablaufplanung) sind hiervon kaum betroffen, komplette Unternehmen in Zone III leben jedoch in der Realität kaum vorhersehbarer Folgen ihrer Interventionen. Dies kann bis zur vollständigen Unmöglichkeit einer Vorhersage gehen. Im Chaos sind die Systeme extrem interdependent und die Regelkreise derart dicht, dass selbst kleinste Auslöser bzw. geringe Unterschiede in der Ausgangslage größte Folgen haben können (Butterfly-Effekt).

---

[19]   Quelle: Fleßa 2008, S. 222.

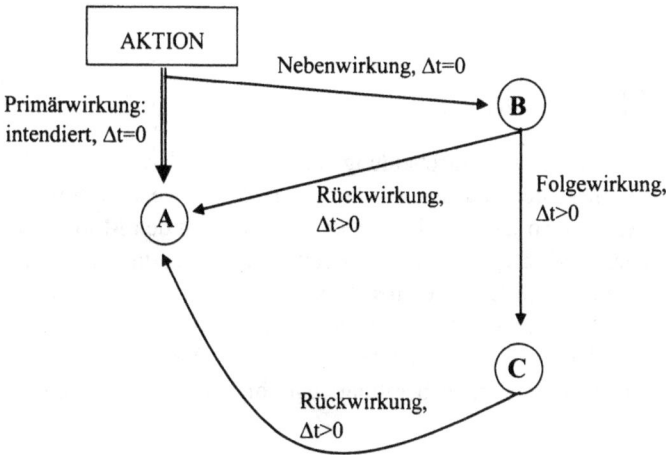

Abb. 1.9   Neben-, Rück- und Folgewirkungen[20]

Zusammenfassend kann man festhalten, dass die Bedeutung und Methodik der Planung sich an die jeweilige Situation anpassen müssen. In Zone I ist die Bedeutung der Planung und Entscheidung zwar groß, aber die Notwendigkeit tritt in dem statischen Umsystem relativ selten auf. Das klassische Zeitalter der Planung und Entscheidung ist die Dynaxity Zone II. Große Betriebe erfordern systematische Planung und Entscheidungsfindung, und das relativ vorhersagbare Umsystem erlaubt eben diese Planungssicherheit. In Zone III hingegen gilt es, Menschen als Entscheidungsträger zu fördern, die auch unter Unsicherheit sinnvolle, zielsystemkonforme Entscheidungen treffen, wobei sie auf ihre Beziehungen und die gute Zusammenarbeit mit ihren Netzwerkpartnern zurückgreifen. Das Entscheiden in Gruppen wird hierbei immer wichtiger. Teilprobleme können auch in einem System, das sich in Zone III befindet, mit den Methoden der Zone II bearbeitet werden, so dass die klassische Entscheidungstheorie ihren Wert behält. Es wäre aber fatal, ein Unternehmen in Zone III ausschließlich mit den Methoden von Zone II steuern zu wollen. Albert Einstein meinte hierzu treffend: „Wir können die Probleme nicht mit der gleichen Denkweise lösen, mit der wir sie geschaffen haben".

Im Folgenden werden Modelle und Methoden der Planungs- und Entscheidungstheorie vorgestellt, die überwiegend aus der Zone II stammen. Sie sind vollständig anwendbar für operative Entscheidungen, bei denen Teile der Dynamik und Komplexität sowie Strukturbrüche ausgeblendet werden können. Eine umfassende Theorie der Planung und Entscheidung in hoch dynamischen und komplexen Systemen erfordert einen deutlich höheren Abstraktionsgrad, so dass auch nur Elemente davon (z.B. Entscheidung in Gruppen) in dieser Einführung dargestellt werden können. Zuvor sollen jedoch einige Grundbegriffe der Planungs- und Entscheidungstheorie diskutiert werden.

---

[20]   Quelle: Eigene Darstellung.

1.2   Grundbegriffe

1.2.1   Planung und Entscheidung

Als Einstieg in die Theorie der Planung und Entscheidung sei folgendes stark vereinfachte Beispiel gegeben: Die Cafeteria eines Möbelhauses wurde bislang als notwendige Serviceeinrichtung für die Kunden angesehen, so dass die jährlichen Verluste von den Möbelabteilungen getragen wurden. Ein neuer Geschäftsführer des Möbelhauses verlangt nun, dass auch die Cafeteria kostendeckend arbeitet. Eine Unternehmensberatung kommt zu dem Schluss, dass unter anderem die Kosten für die Tischwäsche reduziert werden müssen. Bislang hat die Cafeteria eine Waschmaschine und übernimmt diese Arbeit selbst, wobei ein Mitarbeiter hierfür halbtags angestellt ist. Die Unternehmensberatung legt folgende Alternativen zur Entscheidung vor:

- Alternative A: alles bleibt so, wie es ist.
- Alternative B: eine Fremdfirma wäscht.
- Alternative C: die Frau des Küchenleiters übernimmt die Wäscherei ehrenamtlich.

Alternative A wird von den Mitarbeitern bevorzugt, da sie der Halbtagskraft einen Arbeitsplatz verschafft. Auf der anderen Seite betragen die jährlichen Kosten 22.500 Euro, und die Qualität der Waschleistung ist relativ schlecht. Alternative B kostet nur 17.500 Euro und man erwartet eine professionelle Leistung. Alternative C erscheint auf den ersten Blick ungewöhnlich, aber die Frau des Küchenleiters möchte mit diesem Dienst den Erhalt der Cafeteria sichern helfen. Alternative C ist mit 7.500 Euro reinen Materialkosten am billigsten, jedoch gibt es hier erheblichen Unmut der Belegschaft, weil die ehrenamtliche Arbeit als „Selbstausbeutung" und als Konkurrenz zur bezahlten Arbeit gesehen wird. Außerdem sind Qualität und Zuverlässigkeit angezweifelt worden. Welche Alternative sollte man wählen?

Zuerst ist festzuhalten, dass es sich bei dem vorliegenden Problem um eine echte Entscheidungssituation handelt, da eine Auswahl aus mehreren Alternativen gegeben ist. Der obigen Beschreibung geht ein intensiver Planungsprozess voraus, der Alternativen und Ziele ermittelt und die jeweilige Zielerreichung der Alternativen zumindest verbal bewertet hat. Diese Planungssituation kann nun in einem ersten Schritt als Entscheidungsmatrix dargestellt werden (Tab. 1.2), wobei die einzelnen Alternativen bezüglich jedes Zieles in eine Rangordnung gebracht werden. So sind beispielsweise die Kosten bei Alternative A am höchsten, so dass diese Alternative bezüglich des Kostenzieles als schlecht einzustufen ist. die Kosten von Alternative C sind hingegen am niedrigsten, so dass C bezüglich des Kostenzieles als gut einzustufen ist, während Alternative B in ihrer Zielerreichung zwischen beiden Zielen liegt und entsprechend als mittel bewertet wird. Dasselbe Verfahren wird für die beiden anderen Ziele angewendet.

Tab. 1.2   Entscheidungsmatrix: Cafeteria

Kriterium	Alternative A	Alternative B	Alternative C
Kosten	schlecht	mittel	gut
Personalzufriedenheit	gut	mittel	schlecht
Reinlichkeit und Zuverlässigkeit	schlecht	gut	mittel

Die transparente Darstellung der Entscheidungssituation ist für alle weiteren Schritte des Entscheidungsprozesses von großer Bedeutung. Als Verfahren zur Auswahl bieten sich zahlreiche Varianten an. Je nach Führungsstil kann der Geschäftsführer alleine entscheiden, oder die Situation wird solange diskutiert, bis sich alle auf eine Lösung einigen und hinter dieser Entscheidung stehen. Es kann aber auch ein eher formales Verfahren zur Auffindung der besten Alternative gewählt werden. Hierzu wird die verbale Darstellung von Tab. 1.2 in eine numerische Ergebnismatrix (Tab. 1.3) übertragen, indem der jeweils besten Alternative die Note eins, der zweitbesten die Note zwei und der schlechtesten die Note drei zugewiesen wird.

Tab. 1.3   Ergebnismatrix: Cafeteria

Kriterium	Alternative A	Alternative B	Alternative C
Kosten	3	2	1
Personalzufriedenheit	1	2	3
Reinlichkeit und Zuverlässigkeit	3	1	2

Im dritten Schritt erfolgt eine Nutzenfusion, wobei häufig vereinfachend vorausgesetzt wird, dass diese Nutzenwerte einfach addierbar seien. Tab. 1.4 zeigt, dass eine ungewichtete Nutzenfusion zu dem Ergebnis führt, dass Alternative B optimal ist, während Alternative A das schlechteste Ergebnis liefert. Gewichtet man allerdings die einzelnen Ziele unterschiedlich, so kann sich das Ergebnis verändern. Wenn man z.B. annimmt, dass in dem Servicebereich Cafeteria die Personalzufriedenheit als besonders wichtig erachtet wird und deshalb mit dem Faktor fünf bewertet wird, wird Alternative A die beste Wahl darstellen.

Tab. 1.4   Nutzenfusion (ungewichtet): Cafeteria

Kriterium	Alternative A	Alternative B	Alternative C
Kosten	3	2	1
Personalzufriedenheit	1	2	3
Reinlichkeit und Zuverlässigkeit	3	1	2
Summe	7	5	6

Tab. 1.5   Nutzenfusion (starke Gewichtung der Personalzufriedenheit): Cafeteria

Kriterium	Alternative A	Alternative B	Alternative C
Kosten	3	2	1
Personalzufriedenheit • 5	5	10	15
Reinlichkeit und Zuverlässigkeit	3	1	2
Summe	11	13	18

Wenn man dieses sehr einfache Beispiel abstrahiert, kann man folgende grundlegende Aussagen über ein Planungs- und Entscheidungsproblem treffen:

1. Auslöser: Ein Planungs- und Entscheidungsprozess wird durch eine Abweichung der tatsächlichen von den gewünschten Größen (Soll und Ist) ausgelöst. Diese Abweichung kann sich sowohl auf einen gegenwärtigen als auch auf einen zukünftigen Zustand beziehen. Wichtig ist dabei, dass die Divergenz nur dann zu einem Planungs- und Entscheidungsprozess führt, wenn sie subjektiv als Problem empfunden und beschrieben wird.

2. Alternativen: Eine Planung und Entscheidung ist nur sinnvoll, wenn überhaupt Alternativen zur Auswahl stehen. Ohne Alternativen ist die Planung lediglich eine Prognose der notwendigen Organisationsschritte, während die Entscheidung vollständig entfällt.

3. Ziele: Eine Entscheidung erfordert die Existenz und klare Definition von Zielen. Die Gewinnung von Alternativen ist zwar auch ohne Zielsystem denkbar, eine Entscheidung kann jedoch ohne die Normvorgabe nicht erreicht werden.

4. Prioritäten: Häufig sind Ziele nicht gleichwertig. Die Entscheidungssituation verlangt deshalb regelmäßig, dass die Ziele bezüglich ihrer Bedeutung für den Entscheider gewichtet werden. Der Entscheider muss wissen, was er bevorzugt. Diesen Vorzug bzw. diese Vorliebe wird als Präferenz bezeichnet, aus der sich ein Vorrang bzw. eine höhere Priorität ergibt (lat. prior = der Vordere).

5. Zielerreichungsgrade: Für Alternativen muss ermittelt werden, wie gut sie jedes einzelne Ziel erreichen können. Dies wird in der Regel zuerst verbal beschrieben werden. In komplexen Entscheidungssituationen ist es jedoch hilfreich, die Zielerreichungsgrade zu sortieren und zu quantifizieren.

6. Unsicherheit: Unter Umständen müssen Unsicherheiten beachtet werden. Sie können sich auf die Alternativen, die Ziele, die Zielgewichte und die Zielerreichungsgrade beziehen.

7. Entscheidung: Am Ende des Planungs- und Entscheidungsprozesses steht die Wahl der besten Alternative oder des besten Alternativenbündels.

Im Folgenden sollen einige dieser konstitutiven Merkmale des Planungs- und Entscheidungsprozesses genauer diskutiert werden. Kosiol, einer der Gründerväter der deutschen Managementlehre, bestimmt sie als „prospektives Denkhandeln", d.h. als eine Form geistiger Vorwegnahme zukünftigen Tathandelns.[21] Im Prinzip ist damit jedes Vorausdenken und vorhersehendes Erleben zukünftiger Ereignisse Planung. Da die Betriebswirtschaftslehre

---

[21] Kosiol 1967; Schweitzer 2005, S. 17.

jedoch eine Handlungswissenschaft ist und nicht nur antizipieren, sondern gestalten möchte, tritt zur Prospektion meist noch die Auswahl aus Alternativen, d.h. die bewusste Entscheidung. Die Planung dient folglich unmittelbar der Entscheidungsvorbereitung. Domschke definiert deshalb: „Planung ist ein von Planungsträgern auf der Grundlage unvollkommener Informationen durchgeführter, grundsätzlich systematischer und rationaler Prozess zur Lösung von Entscheidungsproblemen unter Beachtung subjektiver Ziele".[22]

Planung hat demzufolge grundsätzlich folgende Merkmale: Erstens ist sie zukunftsorientiert. Damit unterliegt sie in der Regel einer Unsicherheit. Sie ist zweitens gestaltungsorientiert, d.h., sie setzt die Auswahl von Alternativen voraus. Eine reine Vorausschau nicht zu verändernder Ereignisse ist keine Planung im Sinne dieses Buches. Die Entscheidung als bewusste Auswahl einer Handlungsalternative oder eines Bündels von Alternativen ist der Zielpunkt der Planung. Drittens ist die Planung ein subjektiver Prozess, da die Zielsetzung und die Bewertung der Alternativen von persönlichen Präferenzen abhängig sind. Es gibt keine objektive, wohl aber eine transparente Planung, bei der die Individuen sich selbst und den anderen Planungsbeteiligten gegenüber ihre Prioritäten offenlegen. Planung ist, viertens, ein Informationsprozess, da sie die Sammlung von Informationen voraussetzt. Dies impliziert nicht, dass alle Informationen zu Ausgangslage, Zielen, Alternativen, Prognosen und Wirkungszusammenhängen stets vollständig bekannt sind. Planung und Entscheidung geschehen in der Regel unter unvollkommener Information. Sie sind aber ohne jegliche Information nicht möglich. Planung ist nicht raten und würfeln.

Schließlich ist die Planung ein systematischer Prozess, der rationale Entscheidung und intuitives Handeln vereint. Hierbei ist wichtig zu betonen, dass Systematik und Intuition kein Widerspruch sind. Der Planungsablauf, die Datengewinnung etc. müssen systematisch durchgeführt werden, während die Generierung von Alternativen, die Überwindung von Unsicherheit etc. stark intuitive Elemente haben. Die Kunst der Planung ist gerade die Verknüpfung von Intuition und Systematik.

1.2.2   Phasen der Planung

Ein systematischer Planungsprozess verläuft in der Regel in drei Phasen (Abb. 1.10). In der Problemstellungsphase erfolgt die Feststellung und Definition des Entscheidungsproblems auf Grundlage von Anregungsinformationen. Dies sind Soll-Ist-Abweichungen (z.B. Verfehlung des Rentabilitätszieles), Änderungen der Menge der Handlungsalternativen (z.B. Produktinnovation als neue Alternative), Änderung von (Rahmen)Daten (z.B. neue Umweltschutzauflagen, die eine bestimmte Technologie verbieten), Änderungen von Zielvorstellungen (z.B. neue Prioritäten des Eigentümers) und Folgeprobleme (z. B. Kauf einer bestimmten Anlage führt zur Notwendigkeit der Anlagennutzungsplanung). Die Problemstellungsphase besteht wiederum aus drei Teilphasen. In der Teilphase der Problemerkenntnis erfolgt die Erfassung der Symptome des Problems, ihrer Dringlichkeit sowie ihrer Relevanz für den Betrieb („Schmerzgrenze"). In der Teilphase der Problemanalyse entwickelt man ein Ver-

---

[22] Domschke & Scholl 2008, S. 25.

ständnis für die Problemursachen sowie für grundsätzliche Wirkungszusammenhänge. Schließlich folgt die Teilphase der Problemformulierung, d.h., eine genaue Beschreibung des angestrebten Zustandes und der Restriktionen sowie eine Definition der relevanten Ziele. Ergebnis der Problemstellungsphase ist eine möglichst genaue Erkenntnis des Problems sowie eine grundsätzliche Aussage, wie das System nach einer Problemlösung funktionieren soll.

In der Phase der Alternativenentwicklung erfolgt die Suche nach geeigneten Maßnahmen zur Problemlösung. Sie besteht wiederum aus drei Teilphasen. Zuerst erfolgt die Suche nach möglichen Alternativen, wobei diese durch Intuition und Systematik generiert werden müssen. In dieser Phase ist es sehr wichtig, dass eine möglichst große Breite an Alternativen erzeugt wird, ohne dass diese bereits durch Killerphrasen („So etwas haben wir noch nie gemacht", „Das kann doch gar nicht gehen!") verhindert werden.

Es schließt sich die umfangreiche Teilphase der Alternativenanalyse an, in der jede Alternative auf ihre Wirksamkeit und Durchsetzbarkeit, ihre Wirkungssicherheit bei Unsicherheit sowie die Auswirkungen auf andere Planungen untersucht wird. Hierzu erfolgt zuerst eine Wertsystemanalyse. Planung ist unmöglich, wenn das Werte- und Zielsystem nicht bekannt ist. Vor jeder Planung müssen deshalb Ziele, Prioritäten, Posterioritäten und Entscheidungsregeln bei Zielkonflikten genau definiert sein. Es muss für jede der möglichen Alternativen ermittelt werden, inwieweit sie die Betriebsziele positiv oder negativ beeinflusst. Vor weiteren Analysen müssen diejenigen Alternativen ausgeschlossen werden, die den gewählten Werten widersprechen. Mögen sie noch so erfolgversprechend sein, sie können den Filter der Wertsystemanalyse nicht passieren.

Entscheidungsalternativen müssen jedoch nicht nur wertsystemgerecht sein, sondern auch sachgerecht. Deshalb erfolgt als nächster Schritt die Umweltanalyse. Sie beinhaltet eine Bestandsaufnahme und Prognose der relevanten Umweltdaten zur Ermittlung der sich einem Unternehmen eröffnenden Chancen und Risiken in seiner Umwelt. Für jede Alternative wird gefragt, ob sie technisch realisierbar ist, ob sie rechtlich erlaubt ist, ob die Märkte, die Konjunktur und viele ähnliche Parameter des betrieblichen Umsystems diese Entscheidung erlauben. Als Ergebnis erhalten wir die Summe der wertsystem- und umweltkonformen Alternativen. Wahrscheinlich wird ihre Zahl bereits deutlich geringer sein als die ursprüngliche Menge der Alternativen.

Abschließend folgt der Kapazitätsabgleich, d.h. die Bestandsaufnahme und Prognose der Stärken und Schwächen der Unternehmung relativ zur Konkurrenz. Mit ihrer Hilfe wird ermittelt, ob die wertsystem- und umweltkonformen Alternativen für das Unternehmen überhaupt durchführbar sind. Haben wir ausreichend Personal, Investitionsgüter, Materialien, Absatzwege, Managementkapazität? Im Ergebnis bleiben nur wenige Entscheidungsvarianten übrig, aus denen dann diejenige ausgewählt wird, die dem Zielsystem am meisten entspricht.

Als dritte Teilphase der Alternativenentwicklung schließt sich eine Alternativenfestlegung an, in der die als problemlösungsadäquat identifizierten Alternativen weiter spezifiziert werden. Das Ergebnis ist eine transparente Menge von Handlungsalternativen, deren Voraussetzungen (z.B. Ressourcen), Zielerreichungsgrade, Chancen und Risiken klar beschrieben werden, so dass eine Bewertung möglich wird.

Schließlich folgt die Phase der Bewertung und Entscheidung, d.h., der bewussten Auswahl einer Handlungsalternative oder eines Bündels von Alternativen. Wiederum können drei Teilphasen unterschieden werden. Zuerst erfolgt eine Nutzenbestimmung. Da in der Regel die unterschiedlichen Alternativen subjektiv bewertet werden, müssen die Ergebnisse in subjektive Nutzengrößen transferiert werden. Anschließend erfolgt die Auflösung von Zielkonflikten, z.B. durch eine Gewichtung von Zielen. Zuletzt folgt die Entscheidung, d.h. die Festlegung der dem Zielsystem am besten entsprechenden Alternative (bzw. des besten Alternativenbündels).

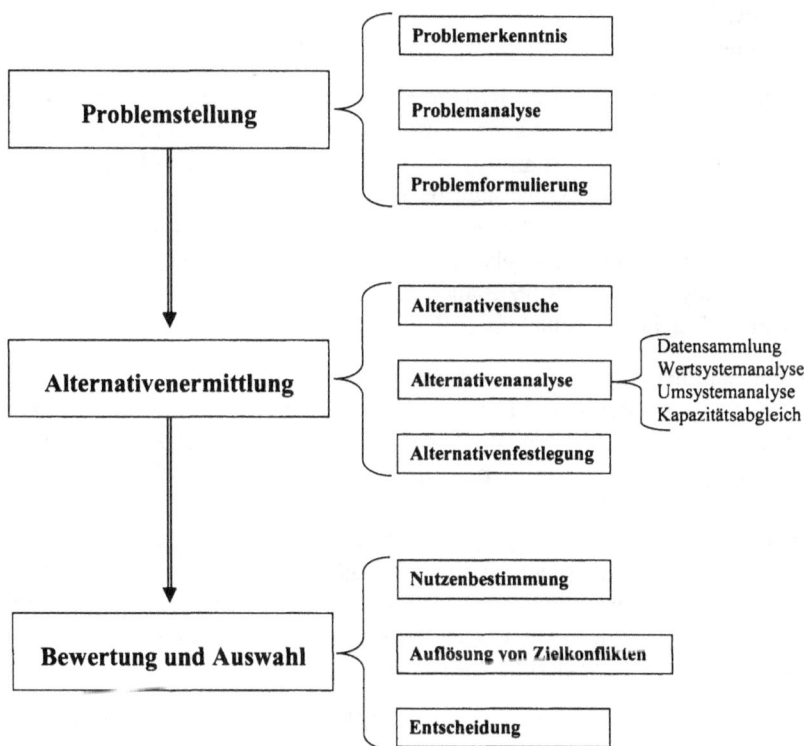

Abb. 1.10   Phasen der Planung[23]

Da es sich bei der Planung um eine zukunftsgerichtete Aktivität handelt, begleiten verschiedene Prognosen die ersten beiden Phasen. In der Problemstellungsphase handelt es sich um

---

[23]   Eigene Darstellung in Anlehnung an Klein & Scholl 2004, S. 12-13.

Prognosen des Umsystems, während in der Phase der Alternativenermittlung vor allem Prognosen der Wirkungszusammenhänge aufgestellt werden müssen. Da Prognosen aber grundsätzlich unsicher sind, kann auch von einer Unsicherheit der Umweltveränderungen und einer Unsicherheit der Wirkungszusammenhänge gesprochen werden.

1.2.3   Planungsreichweite

Die Menge von Handlungsalternativen, über die zu einem bestimmten Zeitpunkt entschieden werden soll, wird als Entscheidungsfeld bezeichnet. Es hat eine zeitliche (kurz-, mittel- und langfristige Planung) und eine sachliche Dimension (z.B. Personalplanung, Absatzplanung, Einkaufsplanung). Von langfristiger Planung spricht man, wenn sich der Planungszeitraum so weit in die Zukunft erstreckt, wie überhaupt noch Aussagen getroffen werden können. In der Regel sind dies bei Unternehmen mehr als zwei Jahre, manchmal bis zu fünfzig Jahre. Kurzfristige Pläne umfassen meist einen Zeitraum von weniger als sechs Monaten.

Je länger der Planungszeitraum, desto größer ist die Unsicherheit. Sie bezeichnet die Tatsache, dass zukünftige Umweltzustände entweder nicht bekannt sind oder ihre Eintrittswahrscheinlichkeiten nur geschätzt werden können. Eine Sicherheitssituation liegt hingegen vor, wenn alle eintretenden Situationen bekannt sind. In diesem Fall kann ein deterministisches Entscheidungsmodell verwendet werden. Im Normalfall hingegen sind die möglicherweise eintretenden Situationen nicht vollständig bekannt, da entweder bestimmte Umweltzustände nicht bekannt sind oder bestimmte Umweltzustände nur mit Wahrscheinlichkeiten eintreten. Es handelt sich um eine Unsicherheitssituation.

In der Planungs- und Entscheidungstheorie unterscheidet man verschiedene Arten von Unsicherheit, wobei verschiedene Autoren und Denkschulen unterschiedliche Kategorisierungen vornehmen. In Deutschland gebräuchlich ist die Unterscheidung in Risikosituationen, Ungewissheitssituationen und Spielsituationen. Erstere liegt vor, wenn die Eintrittswahrscheinlichkeiten für Umweltzustände bekannt sind. Häufig können dann stochastische Entscheidungsmodelle verwendet werden. Eine Ungewissheitssituation besteht hingegen, wenn die Umweltzustände zwar bekannt sind, jedoch keine verlässlichen Aussagen über die Eintrittswahrscheinlichkeiten gemacht werden können. Eine Spielsituation wiederum entsteht durch das Handeln eines rational handelnden Gegenspielers, z.B. in der Konkurrenz. Hierzu wurden entsprechende Spielmodelle entwickelt.

Die in Kapitel 1.1.3 diskutierten Dynaxity-Zonen spiegeln auch Zonen unterschiedlicher Gewissheit über das Umsystem und den Eintritt zukünftiger Ereignisse wider. In der Zone I kann von Sicherheit ausgegangen werden. Alle Alternativen sind bekannt und Umweltzustände treten mit absoluter Sicherheit ein. In der Zone II sind die Alternativen zwar bekannt, aber die Umweltzustände treten mit gewissen Wahrscheinlichkeiten auf. Man kann der Zone II die Risikosituation zuordnen. In Zone III steigt die Stochastik erheblich an. Teilweise sind überhaupt keine Wahrscheinlichkeiten mehr bekannt, so dass von einer Ungewissheitssituation ausgegangen werden kann. Die Zahl der Alternativen steigt sprunghaft an, teilweise treten Strukturbrüche auf. In Zone IV schließlich können überhaupt keine Aussagen mehr über zukünftige Entwicklungen getroffen werden. Selbst kleinste Änderungen der Ausgangslage haben erhebliche Auswirkungen auf die Entwicklung, d.h., das System reagiert chao-tisch.

Abweichend von der in Deutschland üblichen Unterscheidung findet sich in der anglophonen Literatur häufig die Einteilung nach Risk, Uncertainty, Ambiguity und Complete Ignorance. Risk beschreibt dabei eine Risikosituation im Sinne der deutschsprachigen BWL, bei der objektive Wahrscheinlichkeiten für den Eintritt zukünftiger Umweltzustände bekannt sind. Uncertainty hingegen liegt vor, wenn nur subjektive Wahrscheinlichkeiten angegeben wer-den können. Von Ambiguity sprechen diese Autoren, wenn lediglich ordinale Wahrschein-lichkeiten bekannt sind, z.B. $p(s1)>p(s2)$ bzw. Ober- und Untergrenzen für Wahrscheinlich-keiten angegeben werden können. Ist überhaupt keine Aussage über Wahrscheinlichkeiten möglich, bezeichnen die anglophonen Autoren dies als Complete Ignorance.

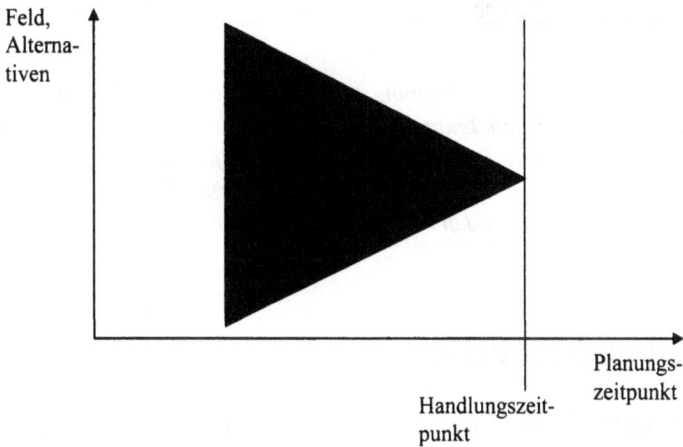

Abb. 1.11   Entscheidungsfeld[24]

Die Unsicherheit langfristiger Entscheidungen ist maßgeblich für die Entstehung des so genannten Planungsdilemmas verantwortlich. Einerseits sollten Pläne möglichst langfristig sein, so dass möglichst viele Alternativen ausgenutzt werden können. Wie Abb. 1.11 zeigt, reduziert sich das Entscheidungsfeld in der Regel erheblich, wenn der Entscheidungszeit-punkt nahe an den Handlungszeitpunkt heranrückt. Gleichzeitig bedeutet eine langfristige Planung jedoch eine große Unsicherheit sowie eine langfristige Ressourcenbindung und damit Inflexibilität. Soll man nun kurzfristig oder langfristig planen? Die Antwort kann nur lauten: beides. Wir entwickeln strategische Pläne und nutzen damit so viele Handlungsalter-nativen wie möglich. Diese Pläne müssen grob und vage bleiben. Anschließend setzen wir sie in kurzfristige Detailplanungen um. Da die langfristigen Pläne in der Regel das Gesamt-unternehmen betreffen und von der obersten Leitung verantwortet werden, bezeichnet man

---

[24] Quelle: Fleßa 2008, S. 9.

sie manchmal auch als strategische Pläne, während die kurzfristigen, auch auf unterste Hierarchiestufen delegierbaren Pläne operative Pläne genannt werden. Tab. 1.6 stellt die Pläne in ihrem Zeithorizont einander gegenüber.

Tab. 1.6   Kurz-, mittel- und langfristige Pläne[25]

	Kurzfristig	**Mittelfristig**	**Langfristig**
Zeitraum	< 6 Monate	0,5–2 Jahre	> 2 Jahre
Präzisionsgrad	sehr hoch	mittel	niedrig
Störungen	kaum	mittel	hoch
Alternativenzahl	gering	mittel	hoch
Anforderungen	gering	mittel	hoch
Bedeutung für Zielerreichung	gering	mittel	hoch
Gewissheit	hoch	mittel	gering
Tragweite	gering	mittel	hoch

Zusammenfassend kann man festhalten, dass Planung und Entscheidung im Zentrum der Betriebswirtschaftslehre stehen. Die Entscheidungsfindung wird dabei insbesondere durch die Komplexität und Dynamik des Umsystems sowie der daraus resultierenden Unsicherheit beeinflusst. Insbesondere die längerfristige Planung erfordert hierbei häufig eine modellgestützte Planung, deren Grundlagen im Folgenden kurz umrissen werden.

1.3   Modelle und Modellierung

Vereinfacht gesagt ist ein Modell die Abbildung der Wirklichkeit durch ein anderes Medium. Die meisten Wissenschaften setzen Modelle ein. Architekten bilden ein Steinhaus durch ein Papiermodell nach, Physiker arbeiten mit Stromkreismodellen als Ersatz für Luftströmungen, Mediziner verwenden Tiermodelle, Bioinformatiker ersetzen Tiermodelle durch Simulationsprogramme. Die Planungs- und Entscheidungstheorie verwendet in großem Umfang mathematische Modelle, die für viele Studierende zunächst abschreckend wirken. Es wird deshalb notwendig, grundsätzlich die Vorteile modellgestützter Planung und Entscheidung zu diskutieren und das prinzipielle Vorgehen bei einer Modellentwicklung darzulegen.

1.3.1   Vorteile modellgestützter Planung und Entscheidung

Die Fähigkeit des Menschen, intuitiv komplexe und dynamische Zusammenhänge zu verstehen und Entscheidungen rational auf diese Wahrnehmung zu basieren, ist begrenzt. Nach Dörner sind die Komplexität und die Dynamik eines Systems sowie die Unvollständigkeit der Information für Fehleinschätzungen verantwortlich, die sich in Selbstüberschätzung,

---

[25]   Quelle: Fleßa 2008, S. 9.

Kontrollillusion und Fehlkalibrierung von Systemen äußern.[26] Die Komplexität entsteht durch die große Zahl von Systemelementen sowie die hohe Vernetztheit der Elemente und des Systems mit seiner Umwelt. Die wenigsten Menschen haben es gelernt, in Systemen zu denken und nehmen komplexe Entscheidungssituationen als intransparent oder chaotisch wahr. Die zahlreichen Interdependenzen in Dynaxity Zone III können nicht mehr vollständig mit dem menschlichen Gehirn erfasst werden.

Die Problematik der Dynamik entsteht unter anderem dadurch, dass zahlreiche Veränderungen in der Zeit nicht linear, nicht monoton oder nicht stetig auftreten, während das menschliche Gehirn darauf geprägt ist, tendenziell linear zu denken. Die Unvollständigkeit der Information führt zu Unsicherheit bezüglich der Umweltsituationen und die Bildung falscher Hypothesen über Wirkungszusammenhänge.

In Experimenten und durch die Analyse von Fehlentscheidungen konnte gezeigt werden, dass Dynamik, Komplexität und unvollständige Information häufig für Fehlsteuerungen verantwortlich sind. Darüber hinaus gibt es individuelle Kriterien, die bei einzelnen Entscheidungen oder Entscheidungsträgern verstärkend hinzukommen. Erstens führt wahrgenommener Zeitdruck zu suboptimalen Entscheidungen, wobei irrelevant ist, ob der Zeitdruck objektiv ist oder nur subjektiv perzeptiert wird. Zweitens besteht eine gewisse Tendenz zur Sturheit, so dass keine Bereitschaft besteht, falsche Hypothese zu verwerfen und die eigenen Grundannahmen über Parameter (z.B. Umweltzustände, Eintrittswahrscheinlichkeiten, Wirkungsmechanismen) zu hinterfragen. Diese Sturheit ist ein grundlegendes Problem bei allen Planungen, wobei das Verhalten wahrscheinlich teilweise erlernt ist. Drittens neigen viele Entscheidungsträger zu einer Übersteuerung des Systems, d.h. zu starken Gegenmaßnahmen bei unerwünschten Ergebnissen. Sie steuern von einem Extrem zum anderen und bringen damit das System aus dem Gleichgewicht.

Abb. 1.12 zeigt das Beispiel von Tanaland, einem fiktiven Ökosystem in Ostafrika. Dörner entwickelte ein computergestütztes Planspiel und analysierte das Entscheidungsverhalten der Spieler, die überwiegend Experten mit hohem akademischem Abschluss waren. Obwohl nur vier Entscheidungsparameter (medizinische Versorgung der Menschen, medizinische Versorgung der Tiere, Brunnenbohrprogramm, Jagd auf Nagetiere) beeinflusst werden konnten, gelang es praktisch keiner Spielgruppe, eine nachhaltig positive Entwicklung für die Menschen von Tanaland zu steuern. Häufig endeten die wohlwollenden Aktivitäten in Hungersnöten. Die Dynamik einer mehrjährigen Planung sowie die hohe Dichte an Regelkreisen mit Rückkopplungseffekten führten dazu, dass das System für das menschliche Gehirn nicht mehr durchschaubar war.

---

[26] Vgl. Dörner 2008.

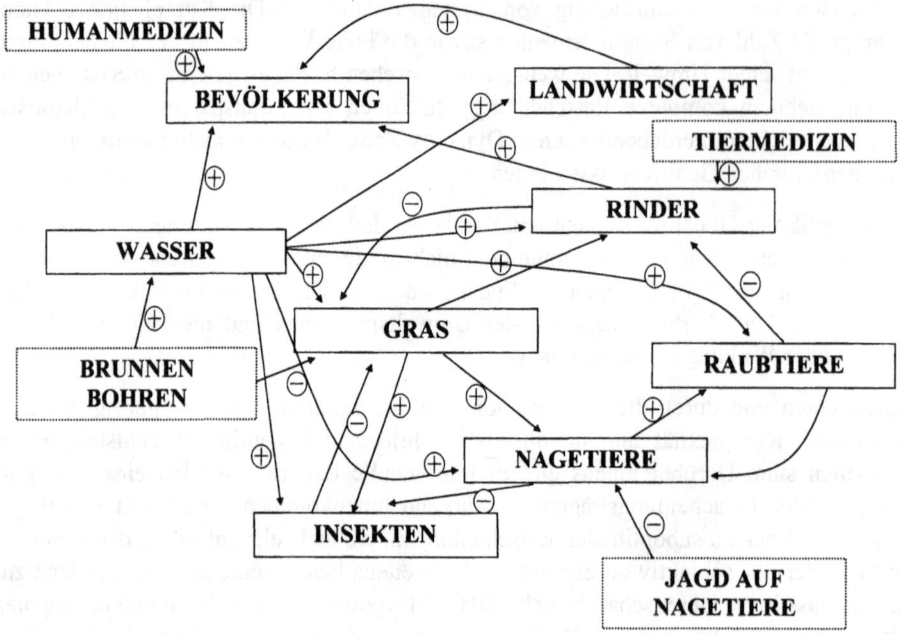

Abb. 1.12   Systembeispiel: Tanaland[27]

Modellgestützte Planung hat hingegen den Vorteil, dass eine große Zahl von Elementen, eine unüberschaubare Fülle von Interdependenzen, jegliche Dynamik und häufig sogar Unsicherheit berücksichtigt werden können. Das Modell ist darüber hinaus schneller, billiger sowie weniger gefährlich als die Realität, erhöht die Transparenz und schafft Entscheidbarkeit. Besonders gut geeignet für die Entscheidungsunterstützung sind mathematische Modelle, da sie besonders schnell, billig und ungefährlich sind und trotzdem beliebig erweitert werden können. Darüber hinaus haben sie den großen Vorteil, dass das Lösungsverhalten unabhängig vom Anwendungsfall studiert werden kann.

1.3.2   Modellbegriff

Ein Modell ist eine Abbildung der Wirklichkeit in einem anderen Medium, wobei sich Modell und Wirklichkeit in drei grundsätzlichen Eigenschaften unterscheiden. Erstens stellt das Modell eine Abstraktion von der Wirklichkeit dar, bei der bestimmte Eigenschaften bewusst vernachlässigt werden. Zweitens fügt das Modell Eigenschaften hinzu, die in der Realität nicht vorhanden sind. Dies führt, drittens, zur Entscheidbarkeit im Modell, die so in der Realität nicht vorhanden war.

---

[27]   Quelle: Eigene Abbildung in Anlehnung an Dörner 2008, S. 28.

Der Übergang von der Realität zum Modell soll anhand eines anschaulich-ikonischen Modells dargestellt werden. Die Realität ist die Landschaft, die Wanderkarte das Modell. Es entsteht in drei Schritten. Zuerst wird von einem Flugzeug aus ein Bild der Landschaft aufgenommen. Das Bild ist nicht identisch mit der Landschaft, denn im Bild werden bestimmte Details vernachlässigt. Beispielsweise sieht man die einzelnen Ackerfurchen nicht mehr, sondern nur noch eine braune Fläche. Weiterhin werden Details bewusst vernachlässigt und aus der Karte gestrichen, obwohl sie in der fotografischen Abbildung noch sichtbar sind. Beispielsweise werden einzelne Bäume zu einer grünen Fläche, während Häuser unabhängig von ihrer Dachfarbe als graue Kästen dargestellt werden. Im zweiten Schritt fügt der Kartograf Details hinzu, die so in der Realität nicht vorhanden waren. Beispielsweise fügt er Höhenlinien in die Karte ein, die es in der Natur nicht gibt. Im dritten Schritt hebt er Details hervor, um eine Entscheidbarkeit herbeizuführen. Beispielsweise zeichnet er den Wanderweg nicht maßstabgetreu ein, sondern malt eine dicke, rote Linie auf das Papier, um dem Wanderer die Entscheidung über seine Wanderroute zu ermöglichen.

Jeder Modellbauer muss sich exakt diese Fragen stellen: Welche Details können vernachlässigt werden? Welche Details sollen hinzugefügt werden? Welche Details müssen überzeichnet werden? Die jeweilige Antwort kann nur der Modellzweck geben, d.h., das Ziel des Modells determiniert, welche Details vernachlässigt, übertrieben oder vollständig neu hinzugefügt werden. So wird eine Wanderkarte vom einzelnen Haus abstrahieren, während eine militärische Karte gerade dieses Detail klar herausstellen muss, selbst wenn sie im gleichen Maßstab ist. Die Wanderkarte und die Militärkarte dienen unterschiedlichen Aufgaben, und so muss auch dieselbe Realität durch unterschiedliche Modelle abgebildet werden.

Das Beispiel zeigt, dass ein Modell niemals nur die Verkleinerung der Realität darstellt. Der Modellzweck entscheidet über Modelltyp und Vorgehen, und ein Modell ist nie die „Wahrheit", sondern stets ein für einen ganz spezifischen Zweck entwickeltes Teilhilfsmittel. Zwei Modelle, die dieselbe Realität abbilden, müssen in der Regel unterschiedlich sein, wenn sie unterschiedliche Zwecke erfüllen sollen. Es zeugt deshalb nicht von Intelligenz, wenn man einem Modell vorwirft, es würde nicht vollständig der Realität entsprechen. Das Modell kann und darf niemals vollständig die Realität abbilden, denn sonst fehlt ihm die wichtigste Eigenschaft und sein eigentlicher Existenzgrund: die Entscheidbarkeit. Modelle werden mit dem Ziel entwickelt, Systeme zu verstehen und letztlich Entscheidungen über die Systemgestaltung zu treffen, die so in der Realität mit ihrer unendlichen Komplexität nicht möglich sind.

Die Qualität eines Modells kann deshalb nur daran gemessen werden, ob es mit Hilfe dieses Modells möglich ist, Entscheidungen zu treffen, die eine Systemgestaltung erlauben. Ein Modell hat keinen Wert per se, aber es ist ein Hilfsmittel zur Bewältigung komplexer Entscheidungssituationen.

1.3.3   Modelltypologie

Wie Tab. 1.7 zeigt, können Modelle nach verschiedenen Kriterien gegliedert werden.[28] Nach der Funktion können Beschreibungs-, Erklärungs-, Prognose-, Simulations-, Entscheidungs- und Optimierungsmodelle unterschieden werden, wobei die konkrete Abtrennung in der Praxis nicht immer einfach ist.

Tab. 1.7 Modelltypologie[29]

Merkmal	Modellarten
Funktion	Beschreibungs-, Erklärungs-, Prognose-, Simulations-, Entscheidungs-, Optimierungsmodelle
Skalen	Qualitative und quantitative Modelle
Darstellungsform	Physische, formale, grafische, verbale Modelle
Informationssicherheit	Deterministische und stochastische Modelle
Zeitbezug	Statische und dynamische Modelle
Umfang	Total- und Partialmodelle

Ein Beschreibungsmodell ist auf der ersten Stufe der Modellentwicklung stehen geblieben und damit lediglich eine Darstellung der Elemente und ihrer Beziehungen in realen Systemen mit Hilfe eines anderen Mediums. Es werden keine Hypothesen über Wirkungszusammen-hänge, keine Erklärung und keine Prognosen abgegeben. Dem Modell fehlt die Entscheid-barkeit. Ein typisches deskriptives Modell ist die Finanzbuchhaltung, die lediglich reale Geldflüsse aufzeichnet.

Ein Erklärungs- oder Kausalmodell erweitert das zu beschreibenden Modell um die Ursache-Wirkungszusammenhänge zwischen exogenen (unabhängigen) und endogenen (abhängigen) Variablen. In der Regel sind die Kausalmodelle sehr vereinfachend und dienen mehr dem Verständniszuwachs als der Entscheidungsfindung. Produktionsfunktionen, beispielsweise, werden in der Praxis kaum mit realen Zahlen ausgestattet und für konkrete Entscheidungen verwendet, aber sie dienen dem Aufbau eines grundsätzlichen Verständnisses des Zusam-menhangs von Input- und Outputfaktoren.

Prognosemodelle sollen zukünftige Umweltentwicklungen voraussagen und die Auswirkun-gen von Handlungsalternativen abschätzen. Sie sind damit entscheidungsvorbereitend. Eine Absatzschätzung, beispielsweise, stellt noch keine Entscheidung dar, enthält jedoch wichtige Zukunftsinformationen für den Entscheider.

Ein Simulationsmodell „spielt" Alternativen durch, um einen Einblick in das Systemverhal-ten bei unterschiedlichen Parametern („What-If-Simulation") zu gewinnen oder eine be-stimmte Parameterkonstellation herauszufinden, die ein vorgegebenes Ziel erreichen lässt („How-To-Achieve-Simulation"). Die Suche nach einer möglichst guten Problemlösung erfolgt dabei entweder rein zufällig oder sie wird durch so genannte Heuristiken gesteuert.

---

[28]   Vgl. Meyer 1996, S. 16; Klein & Scholl 2004, S. 29-64.

[29]   Quelle: Klein & Scholl 2004, S. 31.

Eine Heuristik ist ein nicht-willkürliches Verfahren, das sich mit Hilfe bestimmter Regeln iterativ einer möglichst guten Lösung nähert. Eine Optimumsgarantie ist nicht gegeben, wohl aber eine sehr hohe Verbesserungswahrscheinlichkeit. Typische Heuristiken sind der Zweiertausch, evolutorische Algorithmen und Simulated Annealing.

Entscheidungs- und Optimierungsmodelle dienen der Auswahl von bestmöglichen Handlungsalternativen. Man spricht von einem Entscheidungsmodell, wenn eine explizite Auswahl einer optimalen Lösung aus einer endlichen und begrenzten Menge von Alternativen erfolgt. Bei einem Optimierungsmodell hingegen erfolgt die implizite Vorgabe der Menge der Handlungsalternativen durch Restriktionen bzw. Nebenbedingungen, so dass die Menge begrenzt, jedoch in der Regel unendlich ist. Die Menge der natürlichen Zahlen kleiner-gleich zehn ($x \leq 10; x \in N$) ist begrenzt und endlich, während die Menge der realen Zahlen kleiner-gleich 10 ($x \leq 10; x \in R$) begrenzt und unendlich ist.

Ein weiteres Merkmal zur Unterscheidung von Modellen ist das Messniveau. Man spricht von quantitativen Modellen, wenn sämtliche im Modell abgebildete Aspekte durch Kardinalskalen beschrieben werden können. Eine Kardinalskala liegt vor, wenn die Differenz zwischen zwei Ausprägungen erfasst werden kann und Aufschluss über die Abstufung gibt. So impliziert der Unterschied zwischen 10° C und 20° C eben nicht nur, dass 10° C kälter sind als 20° C, sondern sie gibt eine genau zu definierende Größenordnung des Temperaturunterschiedes an. Das Beispiel der Temperatur kann auch verwendet werden, um zwei unterschiedliche Arten von Kardinalskalen zu illustrieren. Bei Grad Celsius verschwindet das zu messende Phänomen nicht im Nullpunkt, man spricht von einer Intervallskala. Bei Grad Kelvin hingegen wird die Bewegungsenergie eines Stoffes zu Grunde gelegt. Im absoluten Nullpunkt (0 Grad Kelvin oder -273,15 Grad Celsius) erlischt alle Bewegung. Eine Skala, bei der das Phänomen im Nullpunkt verschwindet, wird als Verhältnisskala bezeichnet, während eine Skala, bei der das Phänomen im Nullpunkt persistiert, als Intervallskala bezeichnet wird.

Qualitative Modelle dagegen beschreiben mindestens einen Aspekt durch eine Nominal- oder Ordinalskala. Eine Nominalskala liegt vor, wenn die Ausprägungen zwar unterscheidbar sind, jedoch keine Rangfolge möglich ist. Ja-Nein, groß-klein, rot-grün-schwarz sind typische Ausprägungen nomineller Skalen. Bei einer Ordinalskala hingegen ist eine Rangfolge der Ausprägungen möglich, aber die Differenzen zwischen den Ausprägungen sind ohne Bedeutung. So ist die Schulnote 1 sicherlich besser als 2 und die Note 2 besser als die Note 3, aber es ist damit nicht impliziert, dass die Verbesserung von Note 3 auf Note 2 dieselbe Leistung darstellt wie die Verbesserung von Note 2 auf Note 1.

Qualitative Modelle sind komplex und dienen selten einer Entscheidungsfindung. Ordinalskalen verleiten zur Addition und Durchschnittsbildung, obwohl dies eigentlich nicht korrekt ist. Nominalskalen sind überhaupt nicht mathematischen Operationen zugänglich. Es muss deshalb das Ziel sein, qualitative Modelle möglichst zu quantifizieren. Allerdings muss dies mit großer Vorsicht angegangen werden. Häufig führt eine Entscheidung über die Quantifizierung (z.B. grün=1, blau=2) unabdingbar zu einem bestimmten Ergebnis, während eine andere Quantifizierung (z.B. grün=2, blau=5) zu einem abweichenden Resultat führen kann.

Ein weiteres Kriterium zur Unterscheidung von Modellen ist die Darstellungsform. Die häufigsten Modelle sind textuelle Beschreibungen (verbale Modelle). Diese verbalen Modelle sind die gängigste Kommunikationsform, wobei die Symbolik in Form der Sprache erlernt werden muss.

Physische Modelle sind in der Regel eine Abbildung einer physikalischen Realität durch eine andere physikalische Wirklichkeit. Beispielsweise wurde bis zur Einführung der Computersimulation der Luftstrom in einem Bergwerk durch parallele und serielle Stromkreise abgebildet, wobei Glühbirnen jeweils anzeigten, wie viel Strom noch floss. Ungenügende Bewetterung zeigte sich durch erlöschende Lämpchen.

Häufiger werden in der Betriebswirtschaftslehre grafische Modelle angewendet, die reale Phänomene in zwei oder drei Dimensionen visualisieren. Beispielsweise wird eine Produktionsfunktion meist nicht nur als mathematische Zuordnungsvorschrift dargestellt, sondern auch als Grafik.

Bei formalen Modellen müssen spezielle Symbole vereinbart werden, z.B. Musiknoten, Variablen und Funktionen. Mathematische Modelle sind die für die Betriebswirtschaftslehre wichtigsten formalen Modelle.

Nach der Sicherheit kann zwischen deterministischen und stochastischen Modellen unterschieden werden. Deterministische Modelle abstrahieren von der Unsicherheit der Daten, d.h., sie tun so, als ob alle Umweltsituationen und Wirkungsmechanismen vollständig bekannt wären. Stochastische Modelle hingegen bilden die Unsicherheit explizit im Modell ab, z.B. durch eine Zufallsvariable.

Grundsätzlich ist die Realität immer unsicher. Trotzdem werden in der Praxis überwiegend deterministische Modelle eingesetzt und die Unsicherheit vernachlässigt. Dies ist zulässig, wenn entweder die Unsicherheit gering ist oder andere Maßnahmen getroffen werden, um sie zu berücksichtigen. Ersteres liegt beispielsweise vor, wenn ein relativ kurzer Planungshorizont gewählt wurde, so dass die Unsicherheit zwar besteht, jedoch bewusst ignoriert werden kann, da sie kaum Auswirkungen auf die Entscheidung haben wird. Kurzfristige Planung basiert deshalb häufig auf deterministischen Modellen, während langfristige Planung tendenziell stochastische Modelle verwenden sollte.

Wenn die Unsicherheit nicht ignoriert werden kann, dürften deterministische Modelle nur verwendet werden, wenn die Unsicherheit auf anderem Wege berücksichtigt wird. Eine Möglichkeit ist die rollende Planung (Abb. 1.13). Hierbei wird zuerst ein Plan für n Zeiteinheiten erstellt. Nach a Zeiteinheiten (a<n) wird die Planung erneut aufgerufen und ein neuer Plan für n Zeiteinheiten erstellt. Der neue und der alte Plan haben folglich eine Überlappungszeit von n-a Zeiteinheiten (häufig ist a=1). Der Vorteil der rollenden Planung ist, dass jeweils auf dem aktuellen Stand geplant wird und nicht erst der komplette Zeitraum abgearbeitet werden muss, bevor wieder neu geplant wird.

Plan i

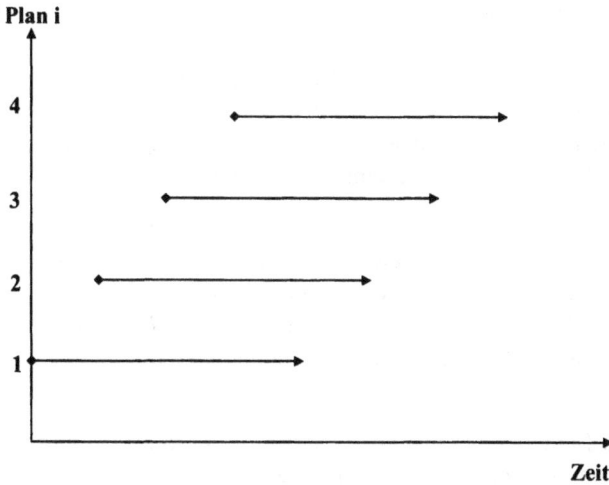

Abb. 1.13   Rollende Planung[30]

Im Gegensatz dazu entwickelt die Szenarientechnik von Anfang an Alternativpläne. Sie geben einerseits Aufschluss über die Auswirkungen unterschiedlicher Entwicklungen, andererseits sind sie als „Schubladenpläne" verwendbar, wenn sich Rahmendaten verändert haben und die ehemals gewählte Alternative nicht mehr optimal ist. Das Modell, das jeder Planung zu Grunde liegt, ist jeweils deterministisch, aber die Unsicherheit wird durch alternative Pläne berücksichtigt.

Nach dem Zeitbezug kann man statische und dynamische Modelle unterscheiden. Statische Modelle abstrahieren vom zeitlichen Verlauf, indem sie das zeitliche Auseinanderfallen von Ereignissen entweder ignorieren oder Einperiodenmodelle aufstellen. Dynamische Modelle hingegen berücksichtigen zeitlicher Verläufe im Modell. Sie sind grundsätzlich Mehrperiodenmodelle, wobei die Zeiteinteilung diskret oder kontinuierlich sein kann.

Schließlich können nach dem Umfang Total- und Partialmodelle unterschieden werden. Wird die Gesamtheit eines Systems abgebildet, handelt es sich um ein Totalmodell. Sie sind meist sehr umfangreich, so dass teilweise eine Entscheidungsvorbereitung nicht mehr möglich ist. Deshalb beschränken sich Partialmodelle bewusst auf einen bestimmten Abschnitt des Systems oder auf eine geringere zeitliche Reichweite. Ein Unternehmensgesamtmodell wäre der Traum des Betriebswirtes, doch – mit wenigen Ausnahmen sehr kleiner Betriebe – übersteigen die Komplexität und Dynamik dieses Systems die Grenzen des Modellierers. Häufig gibt es deshalb eine Dekomposition in Einzelmodelle, z.B. Reihenfolge-, Absatz-, Lagerhaltungs-, Beschaffungs- und Personaleinsatzmodelle.

---

[30] In Anlehnung an Schreyögg & Koch 2007, S. 142.

1.3.4   Modellgestützte Planung

Den Schwerpunkt dieses Buches bilden mathematische Entscheidungsmodelle. Sie können statisch und dynamisch, deterministisch und stochastisch sowie Total- und Partialmodelle sein. Prognosemodelle und Simulationsmodelle spielen in der Entscheidungsvorbereitung eine große Rolle, genügen jedoch alleine noch nicht für eine Entscheidung.[31]

Die Entwicklung mathematischer Modelle erfordert ein strukturiertes Vorgehen in mehreren Schritten, wobei jeweils spezifische Probleme überwunden werden müssen. Abb. 1.14 zeigt eine lineare Abfolge dieser Schritte oder Phasen von der ersten Anregungsinformation bis zur fertigen Problemlösung. In der Realität hingegen handelt es sich um Regelkreise der Modellentwicklung und Problemlösung, die aus zahlreichen Schleifen und Wiederholungen von Schritten bestehen.

Ausgangspunkt jeder betrieblichen Modellbildung ist ein Problem, das nach einer Entscheidung verlangt. Zuerst gilt es zu untersuchen, ob das Problem ausreichend strukturiert ist, damit überhaupt ein Modell entwickelt werden kann. Sind die Art und Zahl der Variablen nicht bekannt, so ist eine Abgrenzung des Modells nicht möglich (Abgrenzungsdefekt). Tatsächlich gibt es insbesondere im Bereich des strategischen Managements von Makroinnovationen häufig Realitäten, die sich einer Modellbildung entziehen. Die Innovation selbst ist noch nicht ausgereift, die betroffenen Teilsysteme sind nicht bekannt, die Gesetzeslage ist ungenügend und die möglichen Anwendungen und Abnehmer noch nicht beschreibbar. Ein Entscheidungsmodell ist in dieser Situation kaum erstellbar. Vielmehr muss der Entscheidungsträger zuerst betriebswirtschaftliche Instrumente zur Informationsgewinnung einsetzen, z.B. Expertenschätzungen.

Ein abgrenzungsdefiniertes Entscheidungsproblem kann auf das Problem treffen, dass Daten und Wirkungszusammenhänge nicht bekannt sind. Das Problem ist wirkungsdefekt und entzieht sich einer Modellierung, bis der Defekt durch Informationssammlung und Prognose beseitigt ist. Reift beispielsweise eine Makroinnovation in einer Nische zu einem Innovationspotenzial heran, so sind die relevanten Parameter (Produkteigenschaften, potenzielle Käufergruppen, gesetzlicher Rahmen etc.) zwar bekannt, es ist jedoch durchaus möglich, dass zuerst die Interdependenzen nicht erfassbar sind. So besteht bei neuen Produkten immer das Problem der Preisfestsetzung. Eine Hochpreispolitik kann bei den Kunden eine hohe Wertschätzung der vermeintlichen Qualität oder eine Kaufenthaltung auslösen. Erst wenn die grundlegenden Wirkungsmechanismen bekannt sind, ist das Problem wirkungsdefiniert und kann einer Modellierung zugeführt werden.

Weiterhin müssen für die Problemlösung Alternativen vorliegen, die bewertbar sind, ansonsten gilt das Problem als bewertungsdefekt und verlangt – soweit möglich – nach weiterer Informationssammlung. Die Alternativen müssen so detailliert beschreibbar sein, dass sie klar voneinander abgegrenzt, die Ressourcenverbräuche definiert und die Neben-, Rück- und Folgewirkungen beschrieben werden können. Gerade bei großen Modellen stellt die Bereitstellung der notwendigen Koeffizienten (z.B. Ressourcenverbrauch pro Stück) ein großes

---

[31]   Vgl. insbesondere Klein & Scholl 2004.

Problem dar, insbesondere wenn die automatische Generierung aus bereits vorhandenen Daten notwendig wird. So stellt beispielsweise die optimale Produktionsprogrammplanung in der chemischen Industrie mit Hilfe der linearen Programmierung ein Standardproblem dar, das heute weniger den Lösungsalgorithmus als vielmehr die Datengenerierung an ihre Grenzen bringt.

Bewertungsdefinierte Probleme müssen weiterhin auch eine klare und operationalisierbare Zielfunktion aufweisen, um sie einer Lösung zuführen zu können. Entscheidungsprobleme ohne eindeutige Zielfunktion sind zielsetzungsdefekt. In der Praxis tritt dieses Problem insbesondere auf, wenn Ziele miteinander konkurrieren und keine Anweisungen für den Umgang mit diesen Zielkonflikten existieren (z.B. Gewichtung der Ziele). So stehen beispielsweise die Ziele der Konstrukteure und der Verkäufer eines Fertigungsbetriebes häufig einander unversöhnlich gegenüber. Der Konstrukteur möchte ein möglichst langlebiges Produkt mit höchstem Qualitätsmaßstab entwerfen, das seinen professionellen Anforderungen entspricht. Der Verkäufer möchte ein Produkt, das dem Kunden gefällt und hohen Umsatz erzielt. Häufig führen jedoch Produkte, die den Ingenieur restlos befriedigen, zu sehr hohen Produktionskosten und damit Verkaufspreisen, während Fabrikate, die der Kunde sich wünscht, den Konstrukteur nicht satisfizieren. Solange dieser Zielkonflikt nicht gelöst ist, lässt sich kein Modell entwickeln, das die Beteiligten gleichermaßen berücksichtigt. Es ist in diesem Fall die Aufgabe der Geschäftsführung, klare und operationalisierbare Zielfunktionen zu entwickeln, die die Konflikte steuerbar machen.

Abschließend passiert es in der Praxis der Modellbildung relativ häufig, dass hoch wohlstrukturierte Entscheidungsprobleme vorliegen, für die ein sehr gutes Modell entwickelt wurde, das sich aber nicht lösen lässt. Das Modell ist lösungsdefekt. Obwohl die Verfahren der Entscheidungstheorie und des Operations Research schon weit vorangekommen sind, gibt es noch immer zahlreiche Probleme, insbesondere der nicht-linearen ganzzahligen Optimierung, die mit keinem Verfahren lösbar sind.

Der Lösungsdefekt zeigt ein häufiges Problem der Modellentwicklung auf. Einerseits benötigen wir Lösungsalgorithmen, um mathematische Modelle einer Lösung zuzuführen, andererseits besteht die Gefahr, dass wir die Modelle so „trimmen", dass sie genau dem Algorithmus entsprechen. Der im Management häufig zitierte Satz „Für den Mann mit dem Hammer schaut alles wie ein Nagel aus" könnte in der Modellbildung lauten: „Für den LP-Experten schaut alles nach einem Linearen Programm aus". Und so werden Realitäten in mathematische Modelle gedrückt, auch wenn die Ergebnisse ohne Relevanz für die Wirklichkeit sind, nur weil man einen schönen Lösungsmechanismus mit entsprechender Software besitzt. Andererseits nützen die schönsten Modelle nichts, wenn man sie anschließend nicht lösen kann.

An dieser Stelle sei darauf hingewiesen, dass sich die Bandbreite lösbarer Modelle in den letzten Jahren stark verbreitert hat, wobei die mathematischen Anforderungen teilweise so hoch sind, dass sie von den wenigsten Betriebswirten noch beherrscht werden. Der Betriebswirt muss erkennen, wo er seine Grenzen hat und den Mathematiker braucht. Und der Mathematiker muss den Betriebswirt in die Modellentwicklung einbeziehen, damit eben nicht ein lösbares Modell ohne Wirklichkeitsbezug entsteht. Meyer weist darauf hin, dass ein großer Teil der Modelle des Operations Research ohne praktische Relevanz geblieben sind, weil sie den Anforderungen der Anwender nicht entsprechen.[32] Will man die Vorteile modellgestützter Planung und Entscheidung überwinden, muss man vor allem eine interdisziplinäre Zusammenarbeit in der Modellentwicklung und -lösung wagen.

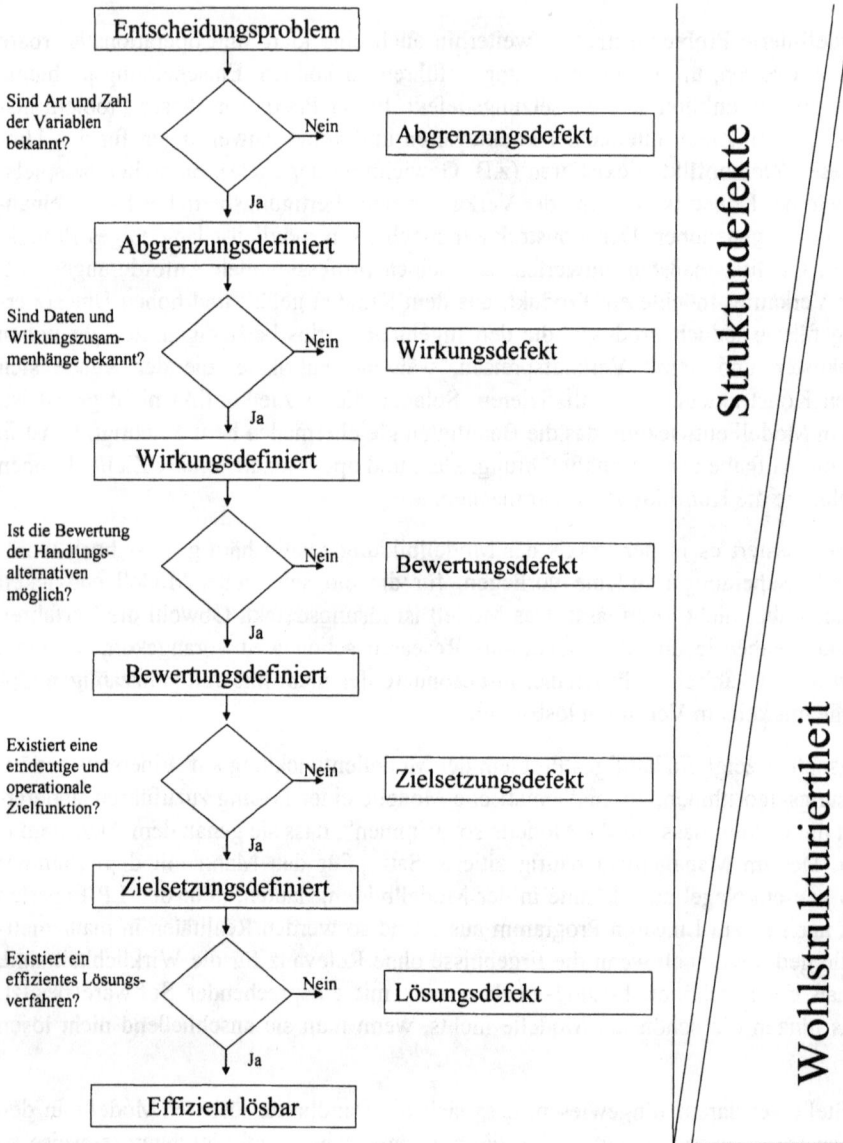

Abb. 1.14 Struktureigenschaften und -defekte[33]

---

[32] Vgl. Meyer 1996, S. 182-195.

Einfache, wohlstrukturierte Modelle lassen sich entlang der Phasen von Abb. 1.14 entwickeln. Dies soll anhand eines einfachen Modells der Produktionsprogrammplanung dargestellt werden. Ausgangspunkt ist ein Produktionsprozess mit n verschiedenen Produkten, die auf m Maschinen gefertigt werden. Ein Produkt vom Typ j benötigt c_{ij} Kapazitätseinheiten von Maschine i und erzielt einen Deckungsbeitrag von d_j. Damit ergeben sich parallel zu Abb. 1.14 folgende Schritte:

1. Variablendefinition

x_j Anzahl der produzierten Einheiten von Produkt j, j=1,..,n; ganzzahlig

2. Definition der Nebenbedingungen

$$\sum_{j=1}^{n} c_{ij} x_j \leq K_i \quad \textit{für} \quad i = 1,..,m$$

3. Konstantendefinition

K_i Kapazität pro Einheit der Ressource i, i=1,..,m

c_{ij} Verbrauch der Ressource i einer Einheit der DRG j, j=1,..,n; i=1,..,m

d_j Entgelt für DRG j; j=1,..,n

4. Zielfunktion:

$$Z = \sum_{j=1}^{n} d_j \cdot x_j \rightarrow Max!$$

5. Lösung über Simplexalgorithmus

In diesem Fall war das Problem in jeder Hinsicht hinreichend bekannt, es handelt sich um ein Standardvorgehen. In der Realität der betrieblichen Planung und Entscheidung hingegen müssen häufig verschiedenste Modelle für jeden Schritt aus Abb. 1.14 entwickelt werden, wobei die unterschiedlichen Modelltypen oftmals nur schwerlich ineinander überführt werden können. Es gibt von der originären Anregungsinformation, dass ein Entscheidungsproblem vorliegen könnte, bis zur endgültigen Lösung zahlreiche Modelle, Schleifen, Feedbacks und sogar Feedforwards.

Das reale Entscheidungsproblem wird zuerst meist als verbales oder einfaches grafisches Modell dargestellt. Die Generierung und Vorauswahl von Handlungsalternativen ist in der Regel wenig modellgebunden. Die Datenprognose und die Ermittlung der Wirkungszusammenhänge dagegen greifen auf Erklärungs-, Prognose- und Simulationsmodelle zurück.[34] Beispielsweise dienen ökonometrische Modelle primär dem Messen von Zusammenhängen

---

[33]   Quelle: Klein & Scholl 2004, S. 51.

[34]   Vgl. Krelle 1991; Meyer 1996.

zwischen exogenen und endogenen Variablen. Die somit gewonnenen Parameter können in alle weiteren Modelle einbezogen werden.

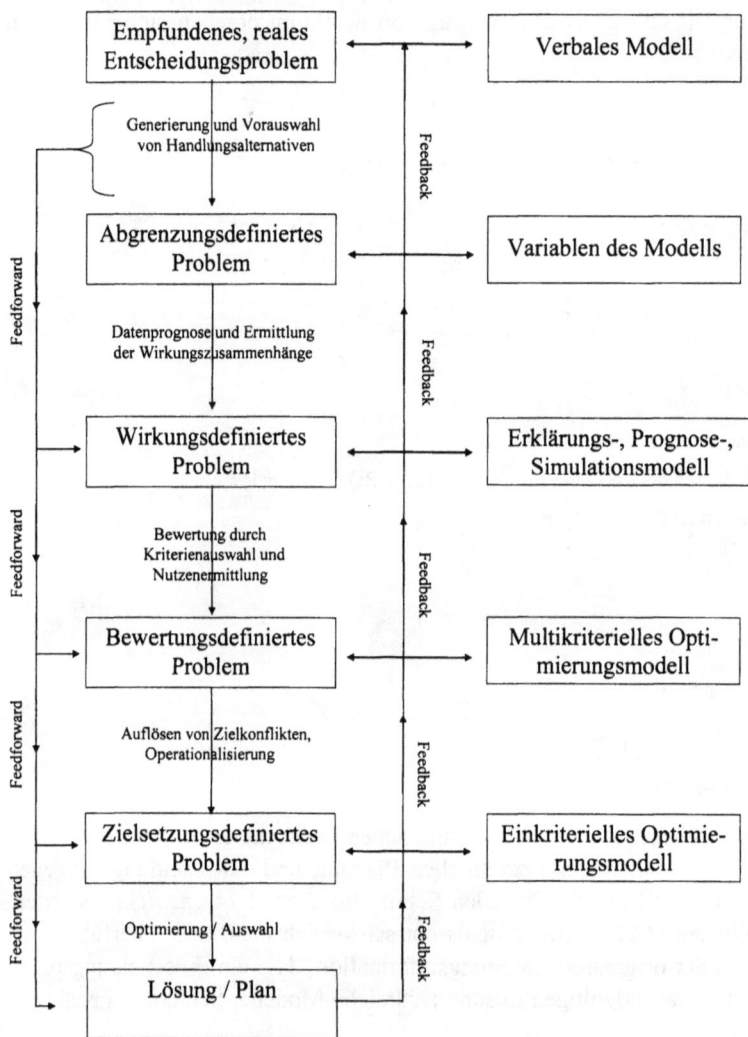

Empfundenes, reales Entscheidungsproblem ←→ Verbales Modell

Generierung und Vorauswahl von Handlungsalternativen

Feedback

Abgrenzungsdefiniertes Problem ←→ Variablen des Modells

Datenprognose und Ermittlung der Wirkungszusammenhänge

Feedback

Feedforward

Wirkungsdefiniertes Problem ←→ Erklärungs-, Prognose-, Simulationsmodell

Bewertung durch Kriterienauswahl und Nutzenermittlung

Feedback

Feedforward

Bewertungsdefiniertes Problem ←→ Multikriterielles Optimierungsmodell

Auflösen von Zielkonflikten, Operationalisierung

Feedback

Feedforward

Zielsetzungsdefiniertes Problem ←→ Einkriterielles Optimierungsmodell

Optimierung / Auswahl

Feedback

Feedforward

Lösung / Plan

Abb. 1.15 Strukturierung von Entscheidungsproblemen[35]

Häufig ist der nächste Schritt die Aufstellung eines Modells mit multikriterieller Zielfunktion, d.h., unterschiedliche Stakeholder werden mit ihren unterschiedlichen Interessen berück-

---

[35] Quelle: Klein & Scholl 2004, S. 54.

sichtigt. Hierzu gibt es zahlreiche Modelle,[36] die jedoch in der Praxis der betrieblichen Entscheidung eine relativ untergeordnete Rolle spielen. Meist wird versucht, ein einkriterielles Modell zu entwickeln (Kapitel 3.2), das viel einfacher lösbar ist.

Im kompletten Modellbildungs- und -lösungsprozess von der Anregungsinformation bis hin zur fertigen Lösung können unterschiedlichste Modelle entworfen werden. Eine neue Phase kann den Modellentwickler zwingen, wieder nach vorne zu springen und seine früheren Modellstrukturen oder -parameter zu verändern. Beispielsweise kann das Ergebnis des Prognosemodells sein, dass ganz andere Variablen einbezogen und quantifiziert werden müssen, die man vorher als irrelevant vernachlässigt hatte. Gleichzeitig zeigte das Beispiel der Produktionsprogrammplanung, dass wohlstrukturierte Probleme auf die meisten Schritte verzichten können. In diesem Fall gab es einen direkten Sprung vom Entscheidungsproblem zum zielsetzungsdefinierten Problem bzw. zur Lösung.

1.3.5   Methoden im Überblick

Die Betriebswirtschaftslehre ist eine eigenständige Wissenschaft mit Erkenntnis- und Erfahrungsobjekt. Sie untersucht das wirtschaftliche Handeln in Organisationen und entwickelt Handlungsvorschläge für eine optimale Zielerreichung. Hierzu entwickelt sie Methoden, die von Fachfremden häufig wie ein Werkzeugkasten fehlinterpretiert werden, aus dem man sich einfach bedienen kann. Tatsächlich sind jedoch die Instrumente der BWL an die grundlegende Konzeption gebunden und lassen sich nur dann sinnvoll einsetzen, wenn man ihre Zielrichtung reflektiert. So ist beispielsweise die Rentabilitätsrechnung ein Instrument der BWL kommerzieller Unternehmen, die nicht unreflektiert auf Nonprofit-Organisationen (NPO) übertragen werden darf. Die Kostenrechnung ist ein wichtiges Instrument des operativen Managements, das jedoch nur eine sehr geringe Rolle in der strategischen Planung spielt.

Auch die Planungs- und Entscheidungsmethoden, die im Folgenden diskutiert werden, haben ihre spezifischen Anwendungsbereiche und können nicht ohne Gefahren auf andere Domänen übertragen werden. Dieses Buch wird sich hierbei auf die quantitativen Verfahren beschränken, wobei offensichtlich ist, dass die Lehre vom Management bzw. von der Unternehmenssteuerung (Management Science) auch qualitative Aspekte (z.B. Organisational Behaviour) umfasst. Zumindest in der operativen Planung überwiegt der Vorteil der mathematischen Methoden, dass sie zu eindeutigen Lösungen führen. Im strategischen Management und außerhalb der Planung bzw. Entscheidung (z.B. Motivation von Mitarbeitern) sind jedoch ganz andere Managementtechniken gefragt, auf die in dieser Schrift nicht eingegangen werden kann.

Anregungsinformationen kann der Modellbauer durch Analysetechniken erhalten. Hierzu führt er eine System- und Problemanalyse durch, z.B. die SWOT-Analyse, die Portfolio-Analyse, die Umsatzanalyse oder das Benchmarking. Die entsprechenden Verfahren sind aus der Allgemeinen Betriebswirtschaftslehre hinlänglich bekannt und sollen hier nicht darge-

---

[36] Vgl. z.B. Domschke 2005; Domschke & Drexl 2005.

stellt werden. Es muss allerdings betont werden, dass auch eine BCG-Matrix ein Instrument der Planungslehre darstellt.

Für die Zielentwicklung und Alternativengenerierung sind verschiedene Kreativitätstechniken von großer Bedeutung. Je komplexer und neuartiger eine Entscheidungssituation ist, desto wichtiger ist der Rückgriff auf die Schöpfungskraft eines großen Pools von Stakeholdern. Moderatoren beherrschen verschiedenste Techniken hierzu, z.B. Brainstorming, Brainwriting, morphologischer Kasten, Synektik.

Der Begriff Kreativität wird häufig als „Kuss der Muse" missverstanden, der einen während der Phase des Nichtstuns ereilt. Realität ist hingegen, dass Kreativität häufig harte Arbeit bedeutet und wohlstrukturiert sein muss. Der sprichwörtliche Musenkuss in der Freizeit basiert meist auf einer Phase intensiver Auseinandersetzung mit dem Problem. Das Gehirn arbeitet unbewusst weiter an der Problemlösung. Ohne die vorherige Arbeitsphase gäbe es auch keinen „spontanen" Einfall.

Diese Einführung wird sich nicht mit den Kreativitätstechniken beschäftigen. Es ist den Lesern jedoch dringend empfohlen, entsprechende berufspraktische Kurse (z.B. Moderation) zu besuchen, um sich in diesem für die Planung und Entscheidung so wichtigen Bereich fortzubilden.

Der Abschätzung der Umweltentwicklung sowie der Wirkungszusammenhänge dienen die Prognosetechniken. Hierzu zählen sowohl quantitative (z.B. Ökonometrie, Netzplantechniken, Simulation) als auch qualitative Prognosen (z. B. Beobachtung, Expertenschätzungen, Befragungen). Wie oben beschrieben, sind die Prognosen per se keine Entscheidungsinstrumente, sie dienen jedoch als wichtige Instrumente der Modellentwicklung hin zu einer Problemlösung.

Durch Bewertungstechniken sollen Handlungsalternativen einer Einschätzung zugeführt werden, die sich aus den Prioritäten der Entscheidungsträger ableitet. Hierzu zählen die Auflösung von Zielkonflikten, die Operationalisierung von Zielen sowie die Bestimmung von Nutzengrößen. Die Nutzentheorie (Kapitel 3.4) versucht beispielsweise, mit Hilfe geeigneter Methoden zu messen, welchen Nutzen die Entscheider einem bestimmten Ergebnis beimessen, um eine Entscheidung vorzubereiten. Es handelt sich um einen Bereich, der in der Volkswirtschaftslehre und in der theoretischeren Betriebswirtschaftslehre von großer Bedeutung ist, jedoch in der Praxis der Unternehmen und Haushalte kaum eine explizite Rolle spielt. Abweichend von anderen Lehrbüchern wird er deshalb hier nur relativ kurz dargestellt.

Aus der Bewertung ergibt sich häufig die Entscheidung. Wie oben dargestellt, spricht man von einem Entscheidungsproblem, wenn die Auswahl aus einer begrenzten, endlichen Menge erfolgt. Ist das Entscheidungsfeld begrenzt und unendlich, handelt es sich um ein Optimierungsproblem, für das entsprechende Optimierungsmethoden entwickelt wurden. Dies ist der Bereich des Operations Research (OR), wobei verschiedene Autoren dem OR neben den Optimierungsmethoden auch die Prognoseverfahren zuordnen. Andere Autoren sehen den Begriff OR sehr weit und verwenden ihn für alle quantitativen Verfahren der Betriebswirtschaftslehre. Typische Verfahren der Optimierungsmethoden sind die Lineare Programmierung, die Infinitesimalrechnung, die Spieltheorie und die Entscheidungsbaumverfahren.

Neben diesen Kernverfahren der Planungs- und Entscheidungstheorie gibt es noch eine Reihe von Techniken, die man grundlegend beherrschen sollte, wenn man sich an konkrete Entscheidungsprobleme wagt. Hierzu gehören die Erhebungstechniken zur Datenerhebung (z.B. Fragebogen-, Interview- und Stichprobentechnik), mit deren Hilfe unter anderem Anregungs-, Bewertungs- und Zielinformationen gesammelt werden können. Die Methoden der qualitativen empirischen Sozialforschung sind von großer Relevanz für die Betriebswirtschaftslehre.

Weiterhin sollte ein Planer und Entscheider bestimmte Darstellungstechniken beherrschen, um für sich selbst und andere eine transparente Entscheidungsfindung zu erlauben bzw. seine Ergebnisse „verkaufen" zu können. Die gängigen Verfahren zur grafischen Darstellung von Problemen (z.B. Mindmapping), Organisationsstrukturen (z.B. Organigrammen), Prozessen (z.B. Netzplantechnik, Ablaufdiagramme) und Lösungen (z.B. Ganttdiagramm) sollten zum Handwerkszeug jedes Betriebswirtes gehören.

Schließlich erfordert das praktische Management, dass der Planer und Entscheider grundlegende Argumentations- und Verhandlungstechniken beherrscht. Er muss Modellansätze und Bewertungen argumentativ verteidigen, seinen eigenen Standpunkt relativieren und aus anderen Lösungsansätzen Anregungen aufnehmen können. Schließlich muss er das Ergebnis verteidigen und die Umsetzer gewinnen. Hierzu benötigt er Kenntnisse der Moderation, der Präsentation sowie zur Durchführung von Verhandlungen.

Zusammenfassend kann man festhalten, dass die Planung- und Entscheidungstheorie im Kern der Betriebswirtschaft steht. Leben heißt Planen und Entscheiden, im Unternehmen wie im Haushalt. Wer seine Lebens- und Unternehmensziele erreichen möchte, muss vor allen Dingen rechtzeitig planen, ausreichend Informationen berücksichtigen, Neben-, Rück- und Folgewirkungen beachten und die gefundenen Lösungen hinterfragen. Hierzu gehört Erfahrung und ein großes Wissen über Planungs- und Entscheidungsmethoden. Grundlegend ist jedoch, dass keine Entscheidung ohne eine klare Zielfunktion möglich ist. Nur wer weiß, was ihm wirklich wichtig ist, kann die beste Alternative auswählen. Deshalb folgt hier ein kurzer Rückgriff auf die idealistisch-normative Betriebswirtschaftslehre und eine Diskussion des Werte- und Zielsystems.

2 Werte- und Zielsystem

Die betriebliche Planungs- und Entscheidungstheorie betrachtet das Planungs- und Entscheidungsverhalten von Menschen und hat damit – unabhängig von ihrer formalen Ausgestaltung – stets eine sozialwissenschaftliche Dimension. Die Entscheider sind durch die Kultur geprägt, in der sie aufgewachsen sind und leben, d.h. durch die mentale Programmierung, die das (Entscheidungs-)Verhalten intensiv prägt. Menschen haben Werte, die ihre täglichen Handlungen bestimmen, selbst wenn sie sich dessen nicht immer bewusst sind. Das Wertemuster einer Bevölkerung determiniert, welche Alternativen erkannt und als erstrebenswert empfunden werden. Aus diesen grundlegenden Werten leiten sich konkretere Ziele ab, die die Entscheidungen determinieren.

Das Regelkreismodell (Abb. 1.2) zeigt deutlich, dass eine Unternehmensführung ohne ein Werte- und Zielsystem unmöglich ist. Der Regler ist nur in der Lage, seine Aufgabe zu erfüllen und die Stellgröße sinnvoll einzustellen, wenn er mit einer eindeutigen Führungsgröße konfrontiert wird. Ohne Führungsgröße ist auch das Feedback der Regelgröße irrelevant. Diese grundsätzliche Aussage zeigt sich in der Betriebswirtschaft an vielen Stellen. Beispielsweise stellen Plan- und Istkostenrechnung sowie Zielfunktionen und Nebenbedingungen letztlich Ausprägungen der Führungsgrößen dar. Strittig ist lediglich (siehe Kapitel 1.1), ob diese Vorgaben als gegeben angenommen oder abgeleitet werden. Deformiert man die Betriebswirtschaftslehre auf eine Unternehmensführung für kommerzielle, emissionsfähige Großunternehmen in der Rechtsform der Aktiengesellschaft, so genügt allein das Gewinnmotiv (in unterschiedlichen Ausprägungen, z.B. als Shareholder Value). Betrachtet man hingegen die Fülle möglicher Betriebstypen, Lebensphasen, Größen und Eigentumsvarianten, muss man zumindest ansatzweise die grundlegenden Werte diskutieren. Eine Rückführung auf eine einzelne Zielgröße ist dann realitätsfremd.

2.1 Entwicklung eines Wertesystems

2.1.1 Gesellschaftliches Wertesystem

Ein Betrieb existiert als offenes System immer in seinem gesellschaftlichen Umsystem. Keine Organisation kann deshalb auf Dauer überleben, wenn sie nicht grundlegend im Einklang mit den gesellschaftlichen Werten steht. Darüber hinaus sind die Entscheidungsträger in den Betrieben selbst Teil der Gesellschaft und von ihrem Wertesystem geprägt. Es ist deshalb notwendig, dieses Wertesystem kurz zu beschreiben.

Das Wertesystem unserer Gesellschaft basiert auf einer alten Tradition christlicher und humanitärer Werte. Die Kardinaltugenden des Aristoteles (Weisheit, Mäßigung, Gerechtigkeit, Tapferkeit) sowie die christlichen Tugenden (Glaube, Hoffnung, Liebe) prägten unsere Weltvorstellung. Die Aufklärung und die Französische Revolution propagierten insbesondere die Werte der Freiheit, Gleichheit und Brüderlichkeit, die sich in Abwandlungen in den Verfassungen der Staaten und der Allgemeinen Erklärung der Menschenrechte wiederfinden.

Die Allgemeine Erklärung der Menschenrechte (UN-Resolution 217 A (III) vom 10.12.1948) definiert in ihrer Präambel Freiheit, Gerechtigkeit und Frieden als Grundrechte: „Da die Anerkennung der angeborenen Würde und der gleichen und unveräußerlichen Rechte aller Mitglieder der Gemeinschaft der Menschen die Grundlage von Freiheit, Gerechtigkeit und Frieden in der Welt bildet, ...". In Artikel 1 betont sie die Gleichheit und Brüderlichkeit („Alle Menschen sind frei und gleich an Würde und Rechten geboren. Sie sind mit Vernunft und Gewissen begabt und sollen einander im Geist der Brüderlichkeit begegnen." Art. 1), in Artikel 2 die Gleichheit und Freiheit („Jeder hat Anspruch auf die in dieser Erklärung verkündeten Rechte und Freiheiten ohne irgendeinen Unterschied, etwa nach Rasse, Hautfarbe, Geschlecht, Sprache, Religion, politischer oder sonstiger Überzeugung, nationaler oder sozialer Herkunft, Vermögen, Geburt oder sonstigem Stand. ..." Art. 2). In Artikel 3 kommt auch die Sicherheit noch hinzu („Jeder hat das Recht auf Leben, Freiheit und Sicherheit der Person." Art. 3).

Auch das Grundgesetz (GG) der Bundesrepublik Deutschland basiert auf den Werten Freiheit, Gleichheit bzw. Gerechtigkeit, Sicherheit und Solidarität, durch die sich die Menschenwürde verwirklichen soll. Art. 2 GG begründet die Freiheit der Person: „(1) Jeder hat das Recht auf die freie Entfaltung seiner Persönlichkeit, soweit er nicht die Rechte anderer verletzt und nicht gegen die verfassungsmäßige Ordnung oder das Sittengesetz verstößt. (2) Jeder hat das Recht auf Leben und körperliche Unversehrtheit. Die Freiheit der Person ist unverletzlich. In diese Rechte darf nur auf Grund eines Gesetzes eingegriffen werden." Dies ist von grundlegender Bedeutung für das wirtschaftliche Handeln des Menschen. Die Verfassung der Bundesrepublik Deutschland gesteht dem Menschen eine hohe Entscheidungsfreiheit und das Recht auf betriebliche Planung und Entscheidung zu. Die Freiheit zur Knappheitsüberwindung ist damit nicht nur ein schöner Usus, sondern das unveräußerbare Grundrecht, ein Wert per se in unserem Staat.

Weitere Grundwerte unserer Verfassung konkretisieren Art. 2 für bestimmte Lebensbereiche. Hierzu gehören die Glaubensfreiheit (Art. 4), die Meinungsfreiheit (Art. 5) und die Versammlungsfreiheit (Art. 8). Von großer wirtschaftlicher Bedeutung sind die Vereinigungsfreiheit (Art. 9), die Berufsfreiheit (Art. 12) und die Eigentumsfreiheit (Art. 14). Art. 9 Abs. 3 GG schützt das Recht der Arbeitnehmer, sich zu Gewerkschaften zusammenzuschließen, und das Recht der Arbeitgeber, Berufsverbände zu bilden. Das Recht wird hierbei immer aktiv und passiv verstanden, d.h., niemand darf vom Staat gehindert werden, einen Verband zu bilden, es darf aber auch niemand vom Staat gezwungen werden, in einen Verband einzutreten. Die Berufsfreiheit (Art. 12) gibt jedermann das Recht, seinen von ihm gewünschten Beruf auszuüben. An der Berufsfreiheit lässt sich jedoch gut darlegen, dass das Freiheitsrecht des Einzelnen dort eingeschränkt werden muss, wo im Zusammenleben (auch in der Knappheitsüberwindung) die Grundrechte eines anderen gefährdet oder eingeschränkt werden. So greift der Staat beispielsweise in das Grundrecht der Berufsfreiheit ein und lässt nur Personen als Bäcker, Metzger, Köche etc. zu, die über entsprechende Kenntnisse im Umgang mit Lebensmitteln verfügen und regelmäßig nachweisen, dass sie keine Krankheitserreger ausscheiden. Ziel dieser Eingriffe ist die körperliche Unversehrtheit seiner Bürger. Die Ausübung des Berufes ohne entsprechende Kenntnisse und ohne regelmäßige Untersuchung würde zwar dem Freiheitswert entsprechen, jedoch sehr wahrscheinlich das Leben und die Würde der Kunden gefährden, die in Art. 1 geschützt sind. Der Staat hat deshalb das Recht, die Freiheit des Einzelnen zum Wohle Einzelner oder der Gemeinschaft einzuschränken.

Eine andere wichtige Frage ist, ob der Staat verpflichtet ist, dem Bürger bei der Umsetzung seiner Freiheitsrechte zu helfen. Das Ideal des Liberalismus im 19. Jahrhunderts war das Grundrecht als Staatsabwehrrecht. Der Staat sollte allein die Rolle des Nachtwächters ausüben, der die Einhaltung der öffentlichen Ordnung garantierte, aber ansonsten den Bürgern jede Freiheit ließ. Der Staat sollte die Bürger nicht hindern – und ihnen nicht helfen. Spätestens gegen Ende des 19. Jahrhunderts wurde dieses Freiheitsideal aber von zahlreichen Ordnungen, wie z.B. der Handwerkerordnung, eingeschränkt. Ein Teil der „Väter des Grundgesetzes" war von dieser Liberalismushaltung geprägt, ein anderer Teil stellte höhere Anforderungen an das Eingreifen des Staates. Das Grundgesetz ist folglich von Anfang an durch die Spannung von Freiheit und Staatseingriff geprägt.

In der zweiten Hälfte des 20. Jahrhunderts etablierte sich die Vorstellung, dass der Staat die Verpflichtung hätte, den Bürgern bei der Umsetzung ihrer Rechte zu helfen. Wurde die Berufsfreiheit vorher als „Staat, du darfst mich nicht hindern, meinen Beruf zu erlernen" interpretiert, so wurde nun daraus „Staat, du musst mir helfen, meinen Beruf zu erlernen". Aus Staatsabwehrrechten wurden Leistungsrechte. Viele Verfassungsrechtler lehnen diese originären Leistungsrechte zwar ab (im Gegensatz zu so genannten derogativen Rechten, wie z.B. dem Recht auf Teilhaben an bestehenden staatlichen Angeboten), in der Praxis ist jedoch eine stete Zunahme der Ansprüche an den Staat zu verzeichnen.

Von besonderer Bedeutung für die Wirtschaft ist schließlich die Eigentumsfreiheit (Art. 14). Während in der ehemaligen DDR zwar eine Freiheit des Eigentums an Konsumgütern bestand, war dort die Freiheit an Produktivgütern eingeschränkt und überwiegend dem Staat übertragen. In der Bundesrepublik Deutschland herrscht die Freiheit des Individuums, nach seinen finanziellen Fähigkeiten Eigentum jeglicher Art zu erwerben, zu veräußern, zu gebrauchen und zu nutzen, wie es dies möchte. Die Eigentumsfreiheit ist in Verbindung mit der schon erwähnten Berufsfreiheit die Grundlage eines freien Unternehmertums.

Die Freiheit wird überall dort eingeschränkt, wo die Grundrechte eines anderen gefährdet oder eingeschränkt sind. Es treten folglich Konflikte zwischen Grundwerten auf. Besonders deutlich wird dies bei einem weiteren der Verfassung zu Grunde liegenden Wert, der Gerechtigkeit. Gerechtigkeit ist ein sehr schwieriger, völlig unterschiedlich definierbarer Begriff. Hierzu soll folgendes Beispiel dienen: In einem Kaufhaus arbeiten zwei Verkäuferinnen. Frau A ist hoch qualifiziert, hat zahlreiche Fortbildungen abgeschlossen und arbeitet sehr effektiv. Sie ist ledig und kinderlos. Frau B ist verheiratet, hat vier Kinder, ihr jüngster Sohn ist schwer behindert. Sie ist in der Arbeit oft müde.

Gerechtigkeit kann nun auf verschiedene Weisen interpretiert werden. Einerseits ist es gerecht, wenn Frau A einen höheren Lohn erhält als Frau B, da sie einen höheren Beitrag zum Erfolg des Unternehmens leistet. Gerechtigkeit bemisst sich dann nach Leistung. Andererseits braucht Frau B einen höheren Lohn, da sie sich um ihre Kinder kümmern muss. Es wäre gerecht, die Bezahlung am Bedarf anzulehnen. Schließlich könnte man es auch noch als gerecht ansehen, wenn beide dasselbe Gehalt erhielten, da sie beide als Verkäuferinnen tätig sind. Eine Versöhnung dieser unterschiedlichen Gerechtigkeitskriterien ist nicht vollständig möglich.

Artikel 3 GG legt den Gerechtigkeitsbegriff in seiner egalitärsten Form als Gleichheit vor dem Gesetz aus: „(1) Alle Menschen sind vor dem Gesetz gleich. (2) Männer und Frauen sind gleichberechtigt. Der Staat fördert die tatsächliche Durchsetzung der Gleichberechtigung von Frauen und Männern und wirkt auf die Beseitigung bestehender Nachteile hin. (3) Niemand darf wegen seines Geschlechtes, seiner Abstammung, seiner Rasse, seiner Sprache, seiner Heimat und Herkunft, seines Glaubens, seiner religiösen oder politischen Anschauungen benachteiligt oder bevorzugt werden. Niemand darf wegen seiner Behinderung benachteiligt werden." Ansonsten sollte möglichst eine Startchancengerechtigkeit existieren, die jedem in Deutschland Lebenden eine gleiche Ausgangsmöglichkeit bietet (z.B. kostenlose allgemeine Schule), während unterschiedliche Entwicklungen im Laufe des Lebens auf Grund von unterschiedlicher Leistung durchaus nicht dem grundgesetzlichen Gerechtigkeitsbegriff widersprechen.

Die Schwierigkeit, Gerechtigkeit zu definieren bzw. zu operationalisieren, lässt verstehen, dass es durchaus umstritten ist, ob Gerechtigkeit überhaupt einen rechtlichen Rang haben kann. Teilweise wird sie lediglich als moralisches Korrektiv des Rechts verstanden. Für die Ableitung gesellschaftlicher Werte und betrieblicher Rahmendaten spielt es hingegen keine Rolle, ob Gerechtigkeit ein Verfassungswert oder aber eine Kardinaltugend ist. Bis heute besteht ein breiter Konsens, dass ein Wirtschaftssystem gerecht sein muss. Verstößt ein Unternehmen schwerwiegend und auf Dauer gegen diesen Konsens, kann dies zu erheblichen Problemen führen.

Schließlich werden Freiheit und Gerechtigkeit mit dem Solidaritätsgedanken verbunden. Artikel 14 fordert deshalb: „(2) Eigentum verpflichtet. Sein Gebrauch soll zugleich dem Wohle der Allgemeinheit dienen" und erlaubt in Ausnahmefällen Eingriffe in die Eigentumsfreiheit. Solidarität bedeutet stets die Zuwendung des Stärkeren an den Schwächeren, d.h. Junge für Alte, Gesunde für Kranke, Reiche für Arme etc. Solidarität als Basis des Sozialsystems ist damit nicht der „fromme" Wunsch einiger weniger Romantiker, sondern eine grundgesetzlich geschützte Verpflichtung aller Staatsbürger Deutschlands.

Der Grundwert Freiheit verwirklicht sich in der Demokratie sowie in der Marktwirtschaft, während die Werte Gerechtigkeit und Solidarität das Sozialstaatsprinzip fundieren und von ihm gestaltet werden. Die soziale Verantwortung des Staates und das Freiheitsrecht des Individuums stehen in einem Spannungsverhältnis, das im gesellschaftlichen Prozess nur zum Teil gelöst werden kann. Eine freiheitliche Ordnung führt zu einer Marktwirtschaft, in der der Staat lediglich die Funktionsfähigkeit der Märkte mit Hilfe seiner Ordnungspolitik garantiert. Es lässt sich zeigen, dass die Effizienz dieses Systems größer ist als in jeder anderen denkbaren Ordnung. Das Sozialstaatsprinzip hingegen fordert Staatseingriffe zum Schutz der Schwachen, auch wenn dies zu Lasten der Effizienz geht.

Solidarität, Brüderlichkeit und Nächstenliebe stellen in unserer Gesellschaft noch immer Werte von größter Bedeutung dar. Manche Ökonomen sehen allerdings im Altruismus eine andere Form der Selbstliebe[37]. Warum sollten sich reiche Menschen um Ärmere kümmern? Weil sie fürchten müssen (wenn auch mit geringer Wahrscheinlichkeit), selbst einmal arm zu sein. Dann, so hoffen sie, würde man sich auch um sie kümmern. Warum sollten junge Menschen für Alte sorgen? Weil sie wissen, dass auch sie später einmal alt sein werden. Dann, so hoffen sie, wird auch eine jüngere Generation sich um sie kümmern. Solidarität in einem Staatswesen ist deshalb oftmals nicht Ausdruck des guten Herzens, sondern ein rationales Kalkül, meist angefacht durch Katastrophenszenarios mit geringer Wahrscheinlichkeit, aber hoher Angstbesetzung. Wer möchte schon alt und arm sein? Zumindest emotional können die Ängste vor der Ungewissheit der Zukunft durch Solidarität heute überwunden werden.

Nächstenliebe im christlich-abendländischen Verständnis unterscheidet sich von diesem reinen Nutzenkalkül. Der Liebende ist bereit, auf seinen eigenen Nutzen kurz- und langfristig zu verzichten, um den Nutzen eines anderen zu erhöhen. Diese als „Agape" bezeichnete Liebe geht weit über Zuneigung, Solidarität oder Sittlichkeit hinaus. Sie ist – im christlichen Verständnis, das unsere Kultur stark geprägt hat – Ergebnis göttlichen Handelns an den Menschen, die Antwort des Menschen auf das Erfahrnis der Liebe Gottes.

Agape ist – man mag dies bedauern – eine seltene Eigenschaft, so dass es wohl kaum möglich ist, ein Wirtschaftssystem auf Nächstenliebe zu basieren. Selbst wenn es gelänge, eine „Gesellschaft der Liebenden" aufzubauen, in der fast alle Menschen allein aus Liebe motiviert wären, wäre dies sehr gefährlich. Solange sich auch nur ein Individuum egoistisch verhält, würde Nächstenliebe zur Ausnutzung der Liebenden führen. Diese Ausnutzung geschieht dann in einem rechtsfreien, hilflosen Raum, denn mit diesem Verhalten rechnet ja in der „Gesellschaft der Liebenden" keiner. Es wäre wohl für alle Beteiligten besser, klare (gesetzliche) Regeln zum Umgang miteinander zu haben, die die Ausnutzung der Liebenden verhindern.

2.1.2 Wertesystem gewinnorientierter Unternehmen

Unternehmen im Sinne von Fremdleistungsbetrieben können staatlich oder privatwirtschaftlich sein. Innerhalb der privatwirtschaftlichen Unternehmen können wiederum gewinnorientierte und nicht-gewinnorientierte Betriebe unterschieden werden. Erstere werden auch als kommerzielle, letztere als Nonprofit-Organisationen bezeichnet. Beide Betriebstypen müssen sich letztlich auf das gesellschaftliche Wertesystem beziehen und legitimieren können. Nonprofit-Organisationen dienen dabei primär der Stillung von Bedarfen, für die kein quantitativ oder qualitativ ausreichendes Angebot von kommerziellen Unternehmen besteht, so dass eine Legitimation relativ einfach ist. Sie existieren, um Versorgungslücken zu schließen und haben deshalb einen ethischen Existenzgrund per se.

---

[37] Vgl. Diekmann 2009.

Kommerzielle Unternehmen hingegen stehen vor der Herausforderung, ihr primär egoistisches Verhalten in einer Gesellschaft zu begründen, die die Würde des Menschen als oberste Maxime sowie Freiheit, Gerechtigkeit und Solidarität als höchste Werte propagiert. Kommerzielle Unternehmen müssen sich fragen, warum eine Gesellschaft ihre Existenz zulässt, obwohl ihr Gewinnmotiv doch geradezu konträr zu den genannten Werten steht. Grundlegend geht es um die Frage, ob ein Unternehmensgewinn ethisch vertretbar und mit dem gesellschaftlichen Wertesystem vereinbar ist.

Zur Beantwortung dieser Fragen muss zuerst definiert werden, was man unter Gewinn versteht. Der Gewinn besteht aus verschiedenen Teilen. Zum ersten stellt der Gewinn die Entlohnung für den Arbeitseinsatz des Unternehmers dar. Wenn auch heute viele Betriebe als Kapitalgesellschaften geführt werden, wo der Unternehmer oftmals als Geschäftsführer ein Gehalt erhält, so leistet der Unternehmer doch viel Arbeit, die von seinem Gehalt nur unzureichend abgedeckt wird. Hierfür erhält er einen Gewinn. Zweitens stellt der Eigentümer sein Kapital zur Verfügung. Hierfür möchte er wenigstens so hohe Zinserträge erwirtschaften, wie er in einer vergleichbaren Kapitalanlage außerhalb des Unternehmens erhalten würde. Der Gewinn entspricht zumindest zum Teil den Opportunitätskosten des eingesetzten Kapitals. Drittens stellt eine Investition in das eigene Unternehmen eine unsichere Anlageoption dar. Der Gewinn ist deshalb zum Teil eine Risikoprämie.

Die meisten kommerziellen Unternehmen erstreben jedoch eine vierte Gewinnkomponente. Sie entsteht durch die Ausnutzung von Marktvorteilen oder komparativen Effizienzvorteilen. Er wird als Zusatzgewinn bezeichnet. Während gegen die anderen Gewinnkomponenten keine begründbaren Argumente einzubringen sind, besteht eine intensive wirtschaftsethische Debatte darüber, ob Zusatzgewinne ethisch vertretbar sind und warum die Gesellschaft es zulässt, dass Individuen und Institutionen sich „auf ihre Kosten" bereichern.

Ausgangspunkt der Analyse ist hierbei die Vision einer Gesellschaft, in der keine Zusatzgewinne zugelassen sind. In dieser Situation ist es wahrscheinlich, dass alle Unternehmer auf derselben Produktionstechnologie verharren. Sie genügt ihnen, um zu überleben, d.h. ihre Kosten zu decken und ihr Kapital, ihre Arbeit und ihr Risiko angemessen zu entlohnen. Es würde sich für niemanden rentieren, neue Produkte zu entwickeln oder neue Verfahren zu generieren, da sie davon nur Risiko, aber keinen Vorteil hätten. Sie überleben – aber nichts entwickelt sich weiter. Der Gewinn ist der Garant dafür, dass Unternehmer einen ständigen Wettbewerb um neue Produkte und Produktionsverfahren bestreiten. Sie versuchen stets, das Gute noch besser zu machen. Nicht, weil sie so edelmütig sind, sondern weil sie Gewinne erzielen wollen.

Die Entwicklung neuer Produkte und neuer Verfahren ist die Voraussetzung für wirtschaftliches Wachstum. Die Erreichung der Werte Freiheit, Gerechtigkeit, Solidarität und Sicherheit wird erheblich erleichtert, wenn stetig mehr und bessere Leistungen erzeugt werden, mit denen diese Grundwerte verwirklicht werden können. Dies erfordert jedoch, dass die knappen Ressourcen immer besser und effizienter ausgenutzt werden können. Deshalb benötigt eine Volkswirtschaft Unternehmer, die diesen Entdeckungswettbewerb der immer besseren Lösungen mitmachen. Nur so konnte in Europa die existenzielle Armut überwunden werden, und nur so können überhaupt ausreichend Ressourcen für eine immer bessere Versorgung bereitgestellt werden. Die Würde des Menschen ist ein immanenter, unveräußerlicher Wert –

aber er wird verwirklicht durch Ressourcen, die von gewinnorientierten Unternehmern erwirtschaftet werden.

Die ethische Situation ist paradox: Das egoistische Verhalten der Unternehmer – sie wollen Zusatzgewinne erwirtschaften – führt dazu, dass die Versorgung der Menschen besser wird. Letzteres entspricht jedoch dem ultimativen Ziel des Altruismus. Der Egoismus der Unternehmer führt zum Altruismus – ein schwer zu verkraftender und dennoch wahrer Satz.

Die Begründung dieser Aussage ist komplex und kann hier nur skizziert werden. Erstens muss zwischen einer gesunden Selbstliebe und einem ungezügelten Egoismus unterschieden werden. Gesunde Selbstliebe ist auch im Gebot der Nächstenliebe („Du sollst Deinen Nächsten lieben *wie Dich selbst!*") beschrieben. Sich selbst lieben ist nicht verkehrt, sondern geradezu gefordert. Deshalb ist auch ein Zusatzgewinn durchaus nicht immer verwerflich, da er zum Wohl des eigenen Lebens, der Familie, des Betriebszweckes oder der Gesellschaft eingesetzt werden kann.

Zum zweiten geschieht die Umwandlung von Egoismus in positive Ergebnisse nicht automatisch. Sie ist vielmehr ein schwieriger gesellschaftspolitischer Prozess. Der Staat muss Rahmenbedingungen schaffen, so dass das originäre Verhalten der Anbieter zu einem gesamtgesellschaftlichen Optimum führt. Zur Verdeutlichung dieser Aussage soll kurz das Modell des Gefangenendilemmas vorgestellt werden, das in der wirtschaftsethischen Diskussion häufig verwendet wird.[38]

Das Modell geht davon aus, dass zwei Verbrecher gemeinsam einen Überfall planen und durchführen. Sie werden von der Polizei gefangen und getrennt voneinander verhört. Sie haben jeder für sich – vereinfacht – die Alternative zu lügen („Nein, ich war nicht dabei!") oder die Wahrheit zu sagen. Damit ergeben sich vier Konstellationen:

K1:   A sagt die Wahrheit, B sagt die Wahrheit

K2:   A lügt, B sagt die Wahrheit

K3:   A sagt die Wahrheit, B lügt

K4:   A lügt, B lügt

Bei Konstellation K1 geben beide ihr Verbrechen zu. Sie kommen jeder für drei Jahre ins Gefängnis. Bei Konstellation K2 behauptet A, dass er kein Verbrechen begangen hat, während B die Tat zugibt. A kommt daraufhin als uneinsichtiger Verbrecher für fünf Jahre ins Gefängnis, während B als Kronzeuge mit neuem Pass auf freien Fuß gesetzt wird. In Konstellation K3 ist die Situation genau umgedreht. A wird Kronzeuge, B kommt für fünf Jahre hinter Gitter. In der letzten Konstellation K4 gibt keiner die Tat zu. Da man ihnen ohne Ges-

---

[38] Vgl. hierzu insbesondere Homann & Lütge 2005. Zu den spieltheoretischen Methoden siehe Holler & Illing 2006.

tändnis nichts nachweisen kann, werden sie entlassen. Welche Strategie sollten A und B wählen?

Natürlich wäre für beide zusammen die Strategie K4 die beste. Beide müssten lügen, beide würden entlassen. Allerdings ist dies nur möglich, wenn sie sich vollkommen aufeinander verlassen bzw. sie sich absprechen können. Die Polizei verhindert deshalb, dass die Täter in Kontakt kommen. Sie schafft durch getrennte Zellen und Verhöre die Rahmenbedingungen, um ein für die Gesellschaft schädliches Verhalten der beiden zu verhindern. A muss Angst haben, dass B doch die Wahrheit sagt und es ihm (A) dadurch schlechter geht. Er wird deshalb mit den gegebenen Rahmendaten ohne Kommunikationsmöglichkeit eher dazu tendieren, die Wahrheit zu sagen. Für B gilt dasselbe, auch er sagt wegen der Unsicherheit des Verhaltens von A die Wahrheit. Damit treffen sie sich in Konstellation K1. Sie ist für beide schlecht, angesichts der von der Polizei gesetzten Rahmendaten jedoch die vernünftigste, da ungefährlichste Lösung.

Konkret bedeutet dies: Auch wenn die Verbrecher ihre Schuld nicht einsehen und sich weiterhin egoistisch verhalten, führen die Rahmendaten dazu, dass ein gesellschaftliches Optimum erreicht wird. Oder allgemein: Der Staat muss Rahmendaten so festlegen, dass das individuelle Verhalten der Marktteilnehmer zu einem gesamtgesellschaftlichen Optimum führt.[39] Er muss Gesetze und Richtlinien verabschieden, die für die Marktteilnehmer Anreize setzen, sich gemäß dem gesellschaftlichen Optimum zu verhalten. Die Optimierung des eigenen Nutzens führt dann zur Erzielung des gesamtgesellschaftlichen Nutzens. Damit kann sich der Staat auf die Rolle der Ordnungspolitik beschränken und überwachen, dass die Regelungen eingehalten werden. Die Moral spielt in den Spielzügen keine Rolle mehr, da sie auf die Spielregeln verlegt ist. Auch beim Mensch-Ärgere-Dich-Nicht soll gerade das egoistische Verhalten des Einzelnen durch die Einhaltung der Spielregeln zu einem Spielerfolg (hier: Spaß) führen.

Nur unter der Bedingung einer starken Ordnungspolitik kann sich eine Marktwirtschaft langfristig in einer Gesellschaft legitimieren. Grundsätzlich ist deshalb ein freies Unternehmertum – mit den Beschränkungen, die unsere Verfassung und die soziale Marktwirtschaft vorsehen – ethisch positiv zu bewerten. Kommerzielle Unternehmen garantieren jedoch nicht, dass alle Bevölkerungsgruppen Teilhabe an einem Lebensstandard haben, der die Wahrung ihrer Würde gewährleistet. In den meisten Ländern sind deshalb nicht-gewinnorientierte Unternehmen in Nischen wirtschaftlich aktiv, die von kommerziellen Unternehmen nicht oder nicht ausreichend abgedeckt werden.

2.1.3   Wertesystem von Nonprofit-Organisationen

Die Allgemeine Betriebswirtschaftslehre wurde häufig auf eine BWL der kommerziellen Unternehmung reduziert. Tatsächlich sind grundlegende Erkenntnisse dieser Wissenschaft jedoch auch auf nicht-kommerzielle Unternehmen übertragbar.

---

[39]   Zur Bedeutung von Regeln und Normen für menschliches Verhalten siehe auch Blum, Dudley & Leibbrand 2005.

Für die Mehrheit der ersten Generation der deutschsprachigen akademischen Betriebswirte stand es außer Frage, dass ihr Erkenntnisobjekt auch diejenigen Unternehmen umfassen sollte, deren primäres Ziel nicht die Gewinn- bzw. Rentabilitätsmaximierung ist. Einer Einschränkung ihres Faches auf das kommerzielle Unternehmen hätten beispielsweise Eugen Schmalenbach und Heinrich Nicklisch vehement widersprochen. Erst Wilhelm Rieger fokussierte die Betriebswirtschaftslehre auf den Gewinn bzw. die Rentabilität als Maßstab betrieblichen Handelns und schloss damit Unternehmen ohne Gewinnorientierung indirekt von der Betriebswirtschaftslehre aus. Diese Entwicklung wurde durch die Fokussierung auf die Sachgüterindustrie, die die deutschsprachige Betriebswirtschaftlehre mit Erich Gutenberg nahm, noch verstärkt, so dass die Betriebswirtschaftslehre der Nonprofit-Organisationen (NPO) trotz zunehmender wirtschaftlicher Bedeutung innerhalb der betriebswirtschaftlichen Forschung und Lehre eine relativ geringe Rolle spielt.

Der Begriff der Nonprofit-Organisation kann unterschiedlich definiert werden. Die US-amerikanische Forschung sieht den Nonprofit-Sektor als Ergänzung zu kommerziellen Unternehmen einerseits und dem Staat anderseits. Nonprofit-Organisationen bilden den dritten Sektor und kompensieren als Intermediär Markt- und Staatsversagen. Aus dieser Sicht sind NPO immer Nichtregierungsorganisationen (Nongovernmental Organisations, NGO). Im Gegensatz hierzu wird im deutschsprachigen Bereich häufig zwischen staatlichen und privaten NPO unterschieden. Öffentliche Unternehmen und sogar Teile der staatlichen Verwaltung werden als Nonprofit-Organisationen verstanden, soweit sie selbst Produktivbetriebe sind.

Abb. 2.1 zeigt eine mögliche Gliederung von Unternehmen. Kommerzielle und nicht-staatliche Nonprofit-Organisationen werden als private Organisationen bezeichnet. Die zivilgesellschaftlichen Organisationen (Civil Society Organisations, CSO) im engeren Sinne sind private politische NPOs. Sie sind in der Regel sehr basisnah und verfolgen die Aufgabe, Einfluss auf politische Prozesse zu nehmen und Lobbyarbeit für bestimmte Gruppen zu tätigen. Teilweise werden alle nicht-wirtschaftlichen NPOs als Zivilgesellschaft im weiteren Sinne bezeichnet.

Für die definitorische Abgrenzung bzw. Typologie der Nonprofit-Organisationen ist es notwendig, Eigenschaften dieses Betriebstyps zu benennen und zu untersuchen, ob sie konstitutiv sind. Die erste Eigenschaft, die in der deutschsprachigen Literatur häufig als konstitutiv genannt wird, ist die Gemeinnützigkeit. Der größte Teil der Nonprofit-Organisationen ist gemeinnützig im Sinne der Abgabenordnung (AO, §§ 55 ff). Die Gemeinnützigkeit umschreibt allerdings ausschließlich einen juristischen Tatbestand. Sie ist nicht konstitutiv, da es sowohl theoretisch möglich als auch in der Praxis anzutreffen ist, dass Nonprofit-Organisationen nicht als gemeinnützig anerkannt sind, da sie bewusst auf dieses Privileg verzichtet haben. Der Verzicht auf die Gemeinnützigkeit ermöglicht der NPO eine höhere wirtschaftliche Unabhängigkeit, da die Auflagen des Steuerrechts, insbesondere bezüglich der zeitnahen Mittelverwendung, nicht eingehalten werden müssen. Die neuere Rechtssprechung des Europäischen Gerichtshofs könnte längerfristig zu einer Reduktion der Gemeinnützigkeit auf wenige Unternehmen führen. Der Verlust des steuerlichen Status dürfte jedoch am Nonprofit-Status nichts ändern.

Unternehmen

Kommerzielle
Unternehmen

Nonprofit Or-
ganisationen

*Private Organi-
sationen*

| Karitative NPOs | Politische NPO | Sozio-kulturelle NPO | Wirt-schaftlich e NPO | Staatliche NPOs |

| Freie Wohlfahrts-pflege | ... | ... | CSO i.e.s. |

Civil Society Organisations i.w.S.

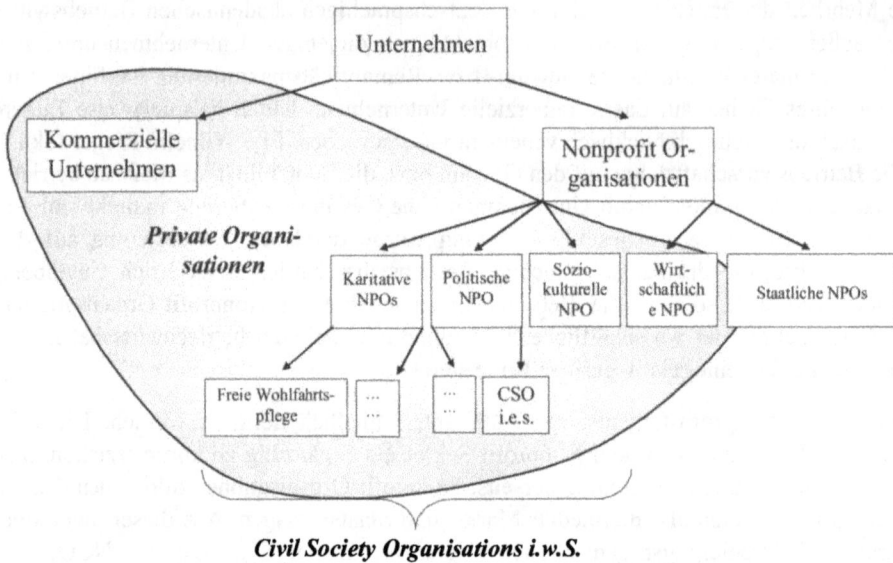

Abb. 2.1 Organisationstypologie[40]

Ein weiteres Kriterium, das für die Definition einer Nonprofit-Organisation häufig verwendet wird, ist die Rechtsform. Die meisten Nonprofit-Organisationen wählen Rechtsformen, die die Nonprofit-Eigenschaft erkennen lassen. Der Idealverein, die gemeinnützige GmbH, die eingetragene Genossenschaft und die gemeinnützige Stiftung lassen auf eine NPO schließen. Allerdings kann die Rechtsform nicht als konstitutiv angesehen werden, da es durchaus möglich ist, dass Nonprofit-Organisationen auch andere Rechtsformen annehmen. Beispielsweise könnte die Aktiengesellschaft eine geeignete Rechtsform für Nonprofit-Organisationen sein, die gegenüber den gemeinnützigen Rechtsformen den großen Vorteil hätte, dass die Stakeholder gleichzeitig Aktionäre werden könnten und damit die Bindung an das Unternehmen erheblich erhöht werden könnte.

Die Finanzierung der NPO wird ebenfalls als Unterscheidungsmerkmal zu anderen Unternehmen angesehen. Im Gegensatz zu den kommerziellen Unternehmen stehen den Nonprofit-Organisationen häufig weitere Finanzquellen offen, z.B. öffentliche Abgaben, Mitgliedsbeiträge, Verbandsumlagen, Spenden, Sponsormittel, Stiftungserträge sowie Zuschüsse. Analysiert man jedoch die Unternehmen der Freien Wohlfahrtspflege als umsatzstärkste Nonprofit-Organisationen in Deutschland, so stellt man fest, dass diese Finanzquellen nur eine sehr geringe Bedeutung haben. Beispielsweise unterscheidet sich die Finanzierung eines kirchlichen, eines städtischen und eines privatwirtschaftlichen Krankenhauses nur marginal. Von einem konstitutiven Element kann deshalb nur für einen Teil der NPO gesprochen werden.

---

[40]   Quelle: Eigene Darstellung.

Als weiteres Kriterium für Nonprofit-Organisationen wird die Mitarbeit von Ehrenamtlichen genannt. Beispielsweise definiert Badelt „NPO so, dass sie ein Mindestmaß an ‚Freiwilligkeit' als konstitutives Element aufweisen".[41] Für viele Nonprofit-Organisationen (Sportvereine, Parteien, Umweltschutzverbände etc.) trifft dieses Charakteristikum zu. NPO, die marktgängige Leistungen auf Konkurrenzmärkten anbieten, haben jedoch in der Regel wenige bis keine Ehrenamtliche. Beispielsweise verfügen Krankenhäuser der Freien Wohlfahrtspflege nur über einen sehr geringen Pool an Freiwilligen, die innerhalb der Krankenhäuser Besuchsdienste übernehmen und Besorgungsgänge erledigen. Gewinnorientierte Häuser haben häufig ebenfalls Freiwillige, die diese Arbeiten übernehmen. Die professionelle Arbeit wird in deutschen Nonprofit- und Forprofit-Organisationen überwiegend von bezahlten Kräften übernommen.

Diese wenigen Ausführungen zeigen, dass die genannten Kriterien nicht für alle Nonprofit-Organisationen zutreffen und damit kein Proprium darstellen können. Eichhorn[42] zeigt hingegen, dass sich die Zielsysteme aller Nonprofit-Organisationen von den Zielen kommerzieller Unternehmen unterscheiden (vgl. Abb. 2.2). Zwar verfolgen sowohl NPOs also auch kommerzielle Unternehmen Formal- und Sachziele, aber die Gewichtung unterscheidet sich. Für kommerzielle Unternehmen ist beispielsweise die Kundenorientierung letztlich kein Wert per se, sondern lediglich eine essenzielle Maßnahme, um das Primärziel der Rentabilitätsmaximierung langfristig zu erreichen. Ebenso können Nonprofit-Organisationen einen Gewinn (Formalziel) erstreben. Allerdings muss der Gewinn vollständig reinvestiert werden und dient damit letztlich der Erreichung des Sachzieles, z.B. der Kundenorientierung. Der Gewinn ist entweder eine Nebenbedingung im Sinne einer minimal zu erreichenden Rentabilität (Satisfizierungsziel) oder ein Instrument zur Erreichung der Oberziele aus dem Arm der Sachziele.

Folglich impliziert der Nonprofit-Begriff nicht das Verbot der Gewinnentstehung, sondern eine Überschussverwendungsbeschränkung für erwirtschaftete Gewinne. Es ist in der Nonprofit-Lehre allgemein anerkannt, dass die Sachzielorientierung Proprium der Nonprofit-Organisationen ist. Daraus leitet sich in der Regel ein multikriterielles Zielsystem ab, da die Sachziele häufig unterschiedliche Stakeholderinteressen berücksichtigen müssen. Weiterhin ergibt sich aus der Sachzieldominanz die Mitteleigenschaft des Gewinnzieles, d.h., die NPO kann als „Not-Profit-Distributing Organisation"[43] definiert werden. Dabei spielt es keine Rolle, ob die Beschränkung bezüglich der Gewinnverwendung gesetzlich vorgeschrieben (z.B. Vereine) oder selbst auferlegt ist. Weitere Kriterien sind nicht konstitutiv, können jedoch als Klassifikationsmerkmale dienen.

---

[41] Badelt 2007, S. 434.

[42] Eichhorn 2001.

[43] Horak 1995, S. 18.

```
                          ┌─────────────────────┐
                          │        Ziele        │
                          └─────────────────────┘
                     ┌──────────────┴──────────────┐
             ┌──────────────┐              ┌──────────────┐
             │   Sachziele  │              │ Formalziele  │
             └──────────────┘              └──────────────┘
        ┌──────────┴──────────┐                    │
  ┌──────────────┐  ┌──────────────┐      ┌──────────────┐
  │  Eigentliche │  │ Wirtschaftliche│     │ Rentabilität │
  │   Sachziele  │  │   Sachziele  │       └──────────────┘
  └──────────────┘  └──────────────┘
   gesellschaftliche  Wettbewerbs-         ┌──────────────┐
                      -fähigkeit           │  Liquidität  │
                                           └──────────────┘
   humanitäre         Leistungsfähigkeit

                      Kundenorien-         ┌──────────────┐
   ökologische        -tierung             │  Sicherheit  │
                                           └──────────────┘
   staatliche
```

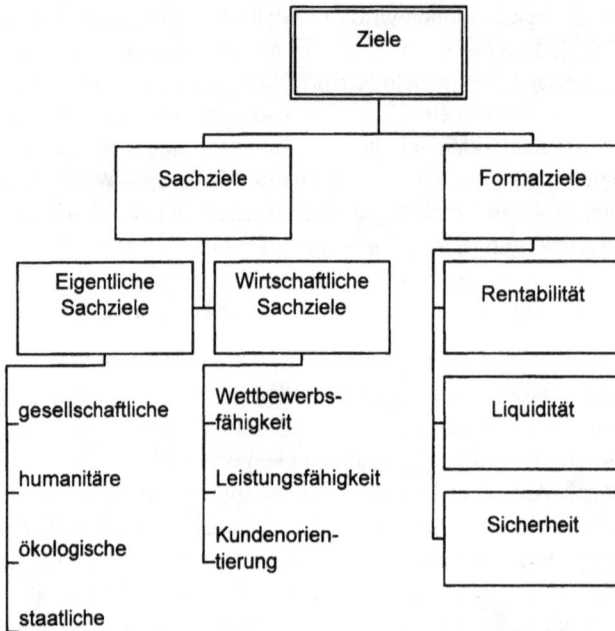

Abb. 2.2 Zielsetzungen von Wirtschaftssubjekten[44]

Für die Typologie bieten sich verschiedene Systeme an. Erstens können Nonprofit-Organisationen nach der Rechtsform klassifiziert werden (z.B. Genossenschaften, Vereine, gGmbHs, etc.). Zweitens können die Branchen gelistet werden, in denen Nonprofit-Organisationen tätig sind. Beispielsweise unterscheidet die International Classification of Nonprofit-Organisations zwölf Branchen (z.B. Bildung & Forschung, Gesundheit, Kultur und Erholung, etc.). Tab. 2.1 zeigt eine Klassifizierung, die innerhalb des deutschsprachigen Raums relativ verbreitet ist und von Schwarz, Purtschert & Giroud[45] stammt. Sie unterscheiden staatliche und private NPO. Die staatlichen NPO dienen der Erfüllung demokratisch festgelegter öffentlicher Aufgaben und erbringen konkrete Leistungen für die Bürger. Hierzu gehören nicht nur öffentliche Betriebe, wie z.B. Schulen, Universitäten oder Museen, sondern auch die öffentliche Verwaltung. Die privaten NPO können in wirtschaftliche, soziokulturelle, politische und karitative NPO unterschieden werden. Wirtschaftliche NPO dienen der Förderung und Vertretung der wirtschaftlichen Interessen der Mitglieder (z.B. Wirtschafts- und Berufsverbände, Konsumentenorganisationen, Genossenschaften). Soziokulturelle NPO entwickeln gemeinsame Aktivitäten im Rahmen kultureller und gesellschaftlicher Interessen und Bedürfnisse ihrer Mitglieder (z.B. Sportvereine, Clubs, Kirchen). Politische NPO erstreben die gemeinsame Bearbeitung und Durchsetzung politischer Interessen und Wertvorstel-

---

[44] Eichhorn 2001, S. 46.

[45] Vgl. Schwarz, Purtschert & Giroud 1999.

lungen (politische Parteien, Bürgerinitiativen, Umweltschutzorganisationen, Heimatvereine). Karitative Nonprofit-Organisationen schließlich erbringen karitative Unterstützungsleistungen an bedürftige Bevölkerungskreise (Freie Wohlfahrtspflege, Entwicklungshilfsorganisationen, Selbsthilfegruppen). Tab. 2.1 zeigt die Typologie nach Schwarz, Purtschert & Giroud.

Tab. 2.1   Klassifikation der Nonprofit-Organisationen[46]

Trägerschaft		Zweck, Aufgabe	Beispiele
Staatliche NPO	Gemeinwirtschaftliche Unternehmen	Erfüllung demokratisch festgelegter öffentlicher Aufgaben; Erbringen konkrete Leistungen für die Bürger	- Schulen - Universitäten - Museen - öffentliche Verwaltung
Private NPO	Wirtschaftliche NPO	Förderung und Vertretung der wirtschaftlichen Interessen der Mitglieder	- Wirtschafsverbände - Berufsverbände - Konsumentenorganisationen - Genossenschaften
	Soziokulturelle NPO	Entwicklung gemeinsamer Aktivitäten im Rahmen kultureller und gesellschaftlicher Interessen und Bedürfnisse der Mitglieder	- Sportverein - Clubs - Kirchen
	Politische NPO	Gemeinsame Bearbeitung und Durchsetzung politischer Interessen und Wertvorstellungen	- Politische Parteien - Bürgerinitiativen - Umweltschutzorganisationen - Heimatvereine
	Karitative NPO	Karitative Unterstützungsleistungen an bedürftige Bevölkerungskreise	- Freie Wohlfahrtspflege - Entwicklungshilfeorganisationen

Das grundlegende Problem der Nonprofit-Organisation ist die Messung und Gewährleistung der Effizienz. Wie in Kapitel Grundzüge des Managements beschrieben, stellt die Effizienz das Proprium der Wirtschaftswissenschaften dar. Vereinfacht ergibt sie sich als Quotient der gewichteten Outputs zu den gewichteten Inputs.

---

[46]   Quelle: Schwarz, Purtschert & Giroud 1999, S. 18.

$$\frac{\sum_{j=1}^{m} w_j * x_j}{\sum_{i=1}^{n} v_i * y_i} \rightarrow Max!, \text{ mit}$$

x_j Output j, j=1..m

y_i Input i, i=1..n

w_j Gewicht des Outputs j

v_i Gewicht des Inputs i

m Zahl der Outputfaktoren

n Zahl der Inputfaktoren

Es stellen sich bei jeder Effizienzbetrachtung eine Reihe von Problemen: Erstens muss genau bestimmt werden, welche Inputs und welche Outputs wir für relevant halten. So stellt beispielsweise für einen Unternehmer die Schonung der Umwelt einen wichtigen Output dar, für den anderen ist dies ohne Bedeutung. Das zweite Problem ist die Messung der Inputs und Outputs. Einige Inputs und Outputs können in Kilogramm, Metern, Arbeitsstunden oder Euro ausgedrückt werden. Hier ist eine Messung einfach. In einigen Fällen wird jedoch eine exakte Erfassung unmöglich, z.B. wenn Wohlfühlen als Output definiert wird. Drittens müssen die unterschiedlichen Inputs und Outputs der Effizienzfunktion gewichtet werden, wobei die Gewichte relativ subjektiv sein werden.

Rationales Handeln und Effizienz sind deshalb komplex. Einfach ist die Effizienzberechnung nur, wenn die Inputs und Outputs ausschließlich in Geld bewertbar sind. Deshalb beschränken sich die meisten kommerziellen Unternehmen darauf, monetär messbare Größen aufzuzeichnen. Sie bewerten die Inputfaktoren mit ihren Kosten (Faktorpreise) und die Outputfaktoren mit ihren Erlösen (Verkaufspreise). In diesem Fall wird der Effizienzquotient als Wirtschaftlichkeit (im engeren Sinne) bezeichnet. Ein Unternehmen handelt wirtschaftlich, wenn es im Verhältnis zu seinen Kosten möglichst hohe Erlöse erhält. Damit vereinfacht sich das Effizienzproblem,

$$\frac{\sum\limits_{j=1}^{m} p_j * x_j}{\sum\limits_{i=1}^{n} c_i * y_i} \rightarrow Max!,$$

da dieser Quotient auch durch die Differenz von Zähler und Nenner maximiert werden kann:

$$\sum\limits_{j=1}^{m} p_j * x_j - \sum\limits_{i=1}^{n} c_i * y_i \rightarrow Max!$$

x_j	Output j, j=1..m
y_i	Input i, i=1..n
p_j	Erlös pro Einheit von Output j [Euro]
c_i	Kosten pro Einheit von Input i [Euro]
m	Zahl der Outputfaktoren
n	Zahl der Inputfaktoren

Diese Differenz ist der Gewinn des Betriebes. Kommerzielle Unternehmen können ihre Effizienz ohne größere Schwierigkeiten ermitteln. Je höher ihr Gewinn ist, desto größer ist ihre Effizienz. Nonprofit-Organisationen, deren Zielsystem primär an Sachzielen orientiert ist und damit auch nicht-monetär messbare Inputs und Outputs berücksichtigt, haben es schwerer, die Effizienz zu ermitteln. Damit ist es auch problematisch zu bestimmen, ob sie überhaupt effizient sind. Sie stehen damit ständig in der Gefahr, ineffizient zu sein.

Zusammenfassend kann man festhalten, dass sowohl kommerzielle als auch Nonprofit-Organisationen langfristig nur überleben können, wenn sie eine Funktion in der Gesellschaft ausüben und sich auf Grundlage des gesellschaftlichen Wertesystems legitimieren können. Der Existenzgrund des Unternehmens ist die Stillung von Kundenbedürfnissen. Ziele, wie z.B. das Gewinnziel, können auf Dauer nur erreicht werden, wenn der Existenzgrund erfüllt ist. Der Existenzgrund muss aus Sicht der Gesellschaft Sinn machen, d.h., das Unternehmen braucht einen Sinngrund, der sich letztlich wiederum aus Werten ableiten lässt, die über dem Individuum oder der Institution stehen. Unternehmen und Unternehmer werden sich nicht täglich mit den philosophischen Fragen des Lebens beschäftigen – aber sie tun gut daran, ihren Sinngrund von Zeit zu Zeit zu überprüfen und ihre eigenen Zielsysteme daran auszurichten. Ohne eine ausreichende Legitimation wird eine Gesellschaft nicht langfristig bereit sein, die Existenz der Unternehmen zu sichern. Der Zusammenbruch von Finanzinstitutionen in 2008/09 gibt Zeugnis von der Unmöglichkeit, auf Dauer an den Bedürfnissen der Gesellschaft vorbei zu agieren.

Es sei noch erwähnt, dass es der hier vertretenen Konzeption der Betriebswirtschaftslehre entspricht, dass auch Haushalte Betriebe sind. Auch für sie gilt, dass sie ihr Wertesystem analysieren und in Einklang mit gesamtgesellschaftlichen Werten bringen müssen. Allerdings zeigt die Erfahrung, dass es beispielsweise privaten Haushalten sehr viel einfacher fällt, ihr individuelles Handeln als Teil der Gesellschaft zu verstehen als Unternehmen, so dass hier auf eine vertiefte Darstellung verzichtet wird. Die meisten Ausführungen zur Individualethik können entsprechend angewendet werden.[47]

2.2   Entwicklung eines Zielsystems

Wertesysteme sind grundlegend und müssen nur in größeren Abständen einer Begutachtung unterzogen werden. Die Ziele des Unternehmens sollten sich vollständig aus den Werten ableiten lassen und regelmäßig auf ihre Aktualität und Prägnanz hin analysiert werden. Hierbei muss zwischen ein- und mehrdimensionalen Zielsystemen unterschieden werden. Kommerzielle Unternehmen haben häufig ein eindimensionales Zielsystem, während Konsumptivbetriebe und Nonprofit-Organisationen in der Regel ein mehrdimensionales Zielsystem verfolgen.

2.2.1   Eindimensionale Zielsysteme

Die Funktion jedes offenen Systems besteht darin, Bedürfnisse des Umsystems zu stillen. Verliert es diesen Existenzgrund, wird das Umsystem auf Dauer nicht bereit sein, ausreichend Inputfaktoren zur Aufrechterhaltung der Systemstruktur und der -prozesse zur Verfügung zu stellen. Diese grundsätzliche Aussage trifft auch auf kommerzielle Unternehmen zu, deren primäres Ziel die Gewinn- bzw. Rentabilitätsmaximierung ist. Sie müssen Kundenbedürfnisse befriedigen, sonst verlieren sie ihren Existenzgrund und werden insolvent. Bei kommerziellen Unternehmen ist folglich eine Unterscheidung zwischen Funktion und Ziel vorzunehmen, während das Oberziel einer Nonprofit-Unternehmung die Funktionserfüllung ist.

Als alleiniges Oberziel einer kommerziellen Unternehmung wird in der klassischen Betriebswirtschaftslehre häufig die Rentabilitätsmaximierung angenommen. Die bedeutet nicht, dass diese Unternehmen keine anderen Ziele hätten.[48] Um auf Dauer Gewinne erzielen und rentabel wirtschaften zu können, müssen diese Unternehmen zahlreiche Unter- und Nebenziele erstreben. Beispielsweise müssen sie eine angemessene Leistungsqualität erbringen, Partizipationsrechte der Mitarbeiter achten und Umweltauflagen erfüllen. Allerdings sind

---

[47]   Vgl. Tobler, Kalis & Kalenscher 2008.

[48]   Vgl. Küpper 2009.

diese Ziele nicht originäre Oberziele, sondern leiten sich bei diesem Betriebstyp aus dem Oberziel der Gewinn- bzw. Rentabilitätsmaximierung ab.[49]

Abb. 2.3 zeigt schematisch das betriebliche Zielsystem. Die Sachziele (z.B. Leistungsmengen, Qualität, Personalfortbildung, Finanzgleichgewicht etc.) werden bei kommerziellen Unternehmen von den Formalzielen dominiert, wobei die ökonomischen Formalziele die größte Bedeutung haben. Anders gesagt: Aus dem ökonomischen Formalziel leiten sich alle anderen Ziele ab.

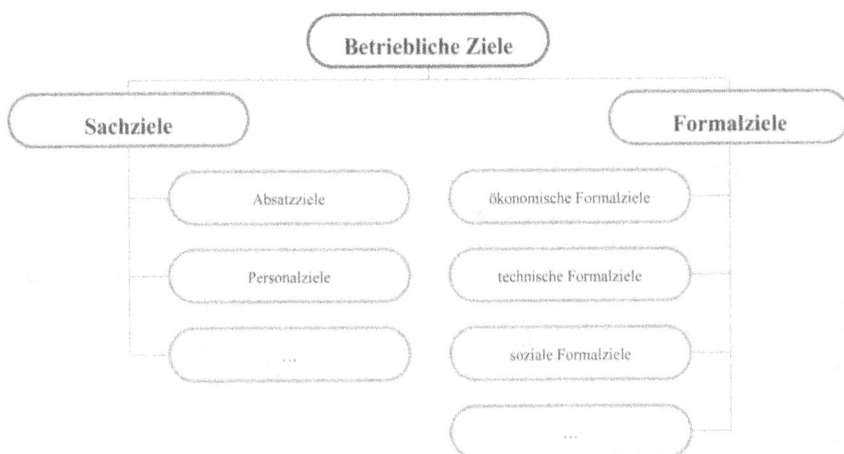

Abb. 2.3   Betriebliche Ziele[50]

Der Unternehmer ist primär an der Maximierung der Eigenkapitalrentabilität interessiert, d.h., er hat ein Ziel, aus dem sich schrittweise ein vollständig konsistentes Zielsystem aufspalten lässt. Die Eigenkapitalrentabilität berechnet sich als Quotient von Gewinn und Eigenkapital.

$$R = \frac{Gewinn}{Eigenkapital} \rightarrow Max!$$

In einem ersten Spaltungsschritt wird das Eigenkapital als Differenz von Gesamtkapital und Fremdkapital bestimmt, d.h., es wird die Höhe der beiden Kapitalien determiniert. Hierbei ist zu beachten, dass eine Erhöhung des Fremdkapitals zu einer Verbesserung der Eigenkapitalrentabilität führt, solange die Gesamtkapitalrentabilität höher ist als der Fremdkapitalzins.

---

[49]   Der „Vater des modernen Managements", Peter Drucker, sieht allerdings in der Gewinnmaximierung kommerzieller Unternehmen eine Fehlentwicklung: „Tatsächlich ist das Konzept der Gewinnmaximierung sinnlos. Es birgt lediglich die Gefahr, die Rentabilität zum Mythos zu erheben" (Drucker 2007, S. 35.).

[50]   Vgl. Wöhe 2002, S. 95-101.

Dieser so genannte Leverage-Effekt würde für eine geringere Eigenkapitalfinanzierung sprechen. Allerdings geht der Effekt (fälschlicherweise) davon aus, dass die Fremdkapitalzinsen unabhängig vom Verschuldungsgrad sind. Weiterhin wirkt der Leverage-Effekt auch in umgedrehter Richtung, d.h., eine hohe Verschuldung führt dann zu einem starken Verlust an Eigenkapital, wenn die Gesamtkapitalverzinsung geringer ist als der Fremdkapitalzins. Die Finanzierungsentscheidung im Sinne einer Festlegung der Kapitalien ist der erste Schritt der Zielspaltung und lässt sich vollständig konsistent aus dem Oberziel der Rentabilitätsmaximierung ableiten.

In allen weiteren Schritten ist der Nenner des Rentabilitätsquotienten als konstant anzusehen. Der Zähler, d.h. der Gewinn errechnet sich als Differenz von Erlösen und Kosten, wobei sich letztere in variable und fixe Kosten aufteilen. Im zweiten Schritt erfolgt die Investitionsentscheidung und damit die Festlegung der Fixkosten. Die Investitionsplanung ist somit vollständig konsistent aus dem Oberziel der Rentabilitätsmaximierung ableitbar.

Die Investitionsentscheidung determiniert in der Regel das Geschäftsfeld und das grundsätzliche Leistungsspektrum. Innerhalb der gegebenen Produktionskapazitäten können jedoch in einem dritten Schritt die Leistungen oder Leistungsbündel festgelegt werden, die innerhalb einer bestimmten Periode mit gegebenen Kapazitäten erstellt werden sollen. Die so genannte Produktionsprogrammplanung verfolgt dabei das Ziel einer Deckungsbeitragsmaximierung. Wiederum lässt sich dieser Schritt vollständig konsistent aus dem Oberziel der Rentabilitätsmaximierung ableiten. Da die Erlöse das Produkt aus Verkaufspreis (p) und Produktionsmenge (q) und die variablen Kosten das Produkt aus variablen Stückkosten (v) und Produktionsmenge (q) sind, kann bei gegebenen variablen Stückkosten (v) und Verkaufspreisen (p) die Produktionsmenge (q) als Entscheidungsvariable der Produktionsprogrammplanung bestimmt werden. Die Differenz aus Verkaufspreis (p) und variablen Stückkosten (v) ist der Stückdeckungsbeitrag (p-v).

In einem letzten Schritt können die variablen Stückkosten bestimmt werden, d.h., die in der Produktionsprogrammplanung determinierten Leistungsmengen werden im Rahmen der Ablaufplanung derart erstellt, dass die variablen Stückkosten minimal werden. Hierzu sind in der Regel Reihenfolge-, Lagerhaltungs- und Warteprobleme zu lösen.

$$R = \frac{p*q - v*q - Fixkosten}{Gesamtkapital - Fremdkapital} =$$

$$\frac{(p-v)*q - Fixkosten}{Gesamtkapital - Fremdkapital} \rightarrow Max!$$

Eindimensionale Zielsysteme können folglich Schritt für Schritt gespalten werden, wobei aus dem Globalziel immer operationalere Ziele für die einzelne Entscheidung abgeleitet werden. Die einzelnen Subziele ergeben sich mathematisch (z.B. Deckungsbeitragsmaximierung) oder implizit (z.B. minimale Transportdistanzen für minimale variable Kosten) aus dem Globalziel. Theoretisch müsste ein simultaner Planungsprozess für alle Teilsysteme erfolgen, so dass die zahlreichen Interdependenzen vollständig erfasst werden. In der Realität überfordert dies jedoch die Planungskapazität und es bestehen keine Simultanmodelle. Man greift deshalb oftmals auf die Dekomposition zurück, d.h. auf die Aufteilung des Gesamtproblems in Teilprobleme, die anschließend im Sinne eines Regelkreises miteinander verbunden werden.

Darüber hinaus müssen zahlreiche Sachdimensionen des Unternehmens unterschieden werden, wobei wiederum eine Zielspaltung erfolgen kann. Für kommerzielle Unternehmen ist es sinnvoll, vom Absatzplan als Maß aller Dinge auszugehen. Damit ergibt sich das in vielen Unternehmen anzufindende Primat des Absatzes, d.h. die Unterordnung aller anderen Ziele unter das Absatzziel. Kommerzielle Unternehmen haben mit der Rentabilität ein einfaches Maß, mit dessen Hilfe sie ihre Effizienz bestimmen, die Einzelpläne aufeinander abstimmen und bei Zielkonflikten eindeutige Entscheidungen treffen können. Dies ist ein komparativer Vorteil gegenüber den Nonprofit-Organisationen, die in der Regel mehrdimensionale Zielsysteme verfolgen.

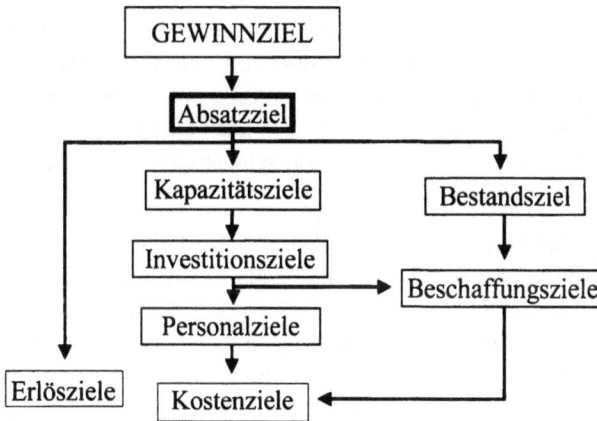

Abb. 2.4   Ableitung des Sachzielsystems[51]

2.2.2   Mehrdimensionale Zielsysteme

Mehrdimensionale Zielsysteme spannen einen Zielraum auf, dessen Dimensionen nicht ohne weiteres ineinander überführt werden können. Die einzelnen Ziele sind keine Komponenten, sondern unabhängige Dimensionen. Damit ist eine einfache Versöhnung von Zielkonflikten über ein Kriterium (insbesondere Rentabilität) nicht mehr möglich. Vielmehr müssen der Zielraum klar beschrieben sowie die Interdependenzen und Zielbeziehungen erfasst werden. Für eine Entscheidung ist es weiterhin notwendig, die einzelnen Ziele zumindest partiell zu einem Zielerreichungsgrad zu fusionieren.

---

[51]   Quelle: Fleßa 2003, S. 91.

Im Folgenden werden diese drei Schritte (Ableitung des Zielsystems, Zielbeziehung, Zielfusion) am Beispiel von Nonprofit-Organisationen dargestellt. Dies sollte jedoch nicht dazu verleiten anzunehmen, dass kommerzielle Unternehmen keine mehrdimensionalen Zielsysteme hätten. In der Realität verfolgen Unternehmer zahlreiche Ziele, die nicht auf das Gewinnziel zurückzuführen sind und häufig gleichwertig mit dem Gewinnziel weitere Dimensionen des Zielraums aufspannen.[52] Hierzu gehören z.B. Unabhängigkeit, Selbstverwirklichung, Einfluss und Sozialengagement. Diese Ziele spielen beispielsweise bei der Unternehmensgründung häufig eine größere Rolle als das Gewinnziel. Damit sind die Verfahren der Entscheidungstheorie, die für mehrdimensionale Zielsysteme entwickelt wurden, gerade auch für kommerzielle Unternehmen geeignet. Es gibt allerdings auch kommerzielle Unternehmen, die wie in Kapitel 2.2.1 dargestellt vorgehen, während Nonprofit-Organisationen praktisch nie eindimensionale Zielsysteme haben. Deshalb soll die Entwicklung eines multidimensionalen Zielsystems im Folgenden am Beispiel der NPOs exerziert werden.

2.2.2.1 Ableitung von Unterzielen

In der Regel ist es nicht möglich, alle Ziele mehrdimensionaler Zielsysteme gleichzeitig vollständig zu erfüllen. Sie erfordern vielmehr einen Kompromiss, wobei ein möglichst guter Ausgleich zwischen den einzelnen Zieldimensionen gefunden werden sollte. Dabei muss man bei einem Ziel Abstriche hinnehmen, um ein anderes Ziel auch noch teilweise erreichen zu können. Die Berücksichtigung derartiger Trade-Offs ist umso schwieriger, je mehr Ziele gleichzeitig einbezogen werden müssen.

Es ist deshalb wichtig, die Zahl der Zieldimensionen möglichst klein zu halten. Dies kann dadurch erfolgen, dass man sehr genau zwischen Zielen und Maßnahmen bzw. zwischen Ober- und Unterzielen unterscheidet. Unterziele stellen Maßnahmen dar, mit denen das Oberziel erreicht werden kann. Ober- und Unterziele müssen deshalb nicht miteinander versöhnt werden. Damit reduziert sich die Dimensionalität des Zielraums unter Umständen erheblich. Es entsteht eine Zielhierarchie, wobei in jedem Ast des Zielbaums eine Zielspaltung erfolgt, während die Oberziele unterschiedliche Dimensionen aufspannen und nicht versöhnt werden können.

Dies soll anhand des Beispiels eines sehr komplexen Betriebes dargestellt werden. Tab. 2.2 zeigt die Ergebnisse einer Befragung der Führungskräfte konfessioneller Krankenhäuser nach ihren wichtigsten Zielen.

---

[52] Vgl. Küpper 2009.

Tab. 2.2   Ziele konfessioneller Krankenhäuser[53]

Kostendeckung	Personalzufriedenheit
Geringe Fallkosten	Geringe Abhängigkeit
Expansion und Entwicklung	Beitrag zur öffentlichen Gesundheit
Personalentwicklung	Verkündigung
Hohe Qualität	

Die unterschiedlichen Ziele bilden die Vorstellungen verschiedener Stakeholder ab, d.h. die Gruppen, die direkt oder indirekt von den Entscheidungen und Aktivitäten des Unternehmens betroffen sind, z.B. Patienten, Eigentümer, Mitarbeiter, Öffentlichkeit. Wichtig ist, dass diese Oberziele alle gleichzeitig verfolgt werden sollen und nicht einfach ineinander überführt werden können. So stellt z.B. die Patientenzufriedenheit für diese Krankenhäuser ein Ziel per se dar, nicht nur eine Maßnahme, um ein anderes Ziel zu erreichen. Aus der konfessionellen Trägerschaft leitet sich die Patientenorientierung als Oberziel ab, während sie für ein kommerzielles Krankenhaus häufig eine Maßnahme ist, um das Oberziel der Rentabilitätsmaximierung zu erreichen. Auch der kommerzielle Anbieter von Krankenhausleistungen weiß, dass er ohne Patientenorientierung sein originäres Ziel der Gewinnmaximierung nicht erreichen kann. Aber die Patientenorientierung ist eben „nur" eine Maßnahme, kein Oberziel.

Die große Zahl unterschiedlicher, nicht vollständig versöhnbarer Ziele stellt ein Problem für jede Entscheidung dar, da die einzelnen Entscheidungsalternativen bezüglich aller Ziele bewertet werden müssen. Eine Alternative, die ein Ziel bestmöglich erfüllt, mag andere Ziele sehr schlecht verfolgen. Daher ist eine Sortierung und Bewertung der Ziele unabdingbar. Hierbei ist wichtig, dass die Multidimensionalität der Zielsysteme oftmals auf verschiedene Stakeholdergruppen zurückzuführen ist, so dass auch die Analyse der Ziele diese Anspruchsgruppen berücksichtigen sollte. Zielbildung sollte deshalb gerade in Nonprofit-Organisationen ein partizipativer Prozess sein.

Jedes der Oberziele kann durch bestimmte Maßnahmen verfolgt werden, die selbst wiederum Zielcharakter haben. Beispielsweise kann das Oberziel „hohe Qualität" durch die Pflegequalität, die Materialausgaben pro Patient, die Verfügbarkeit von Medikamenten, die technische Ausstattung, die Verfügbarkeit von Anlagen und eine geringe Auslastung beeinflusst werden. Diese Maßnahmen zur Erreichung des Oberzieles hohe Qualität sind selbst Unterziele. Damit ergibt sich eine Zielhierarchie. Weiterhin können diese Unterziele wiederum durch entsprechende Maßnahmen verfolgt werden. Beispielsweise führen eine geringe Auslastung, die Aufnahme von Patienten ohne Begleiterkrankungen, eine hohe Personalausstattung sowie eine gute Qualifikation der Pflegenden zu einer hohen Pflegequalität. Dieser Prozess der Zielspaltung innerhalb der einzelnen Äste kann beliebig fortgesetzt werden, bis operationale Ziele entstehen. Jeder Ast des Baumes ist in sich so konsistent wie die Zielspaltung des Rentabilitätszieles kommerzieller Unternehmen, während die einzelnen Äste des Zielbaumes in Konflikt miteinander stehen können.

---

[53]   Quelle: Unveröffentlichte, eigene Erhebung (2002).

Kranken-
haus

Kosten-
deckung

Qualität

...

Gesund-
heit

...

Ausstat-
tung

Pflege-
qualität

...

Material-
einsatz

...

...

Personal-
quantität

...

Personal-
qualität

...

geringe
Auslastung

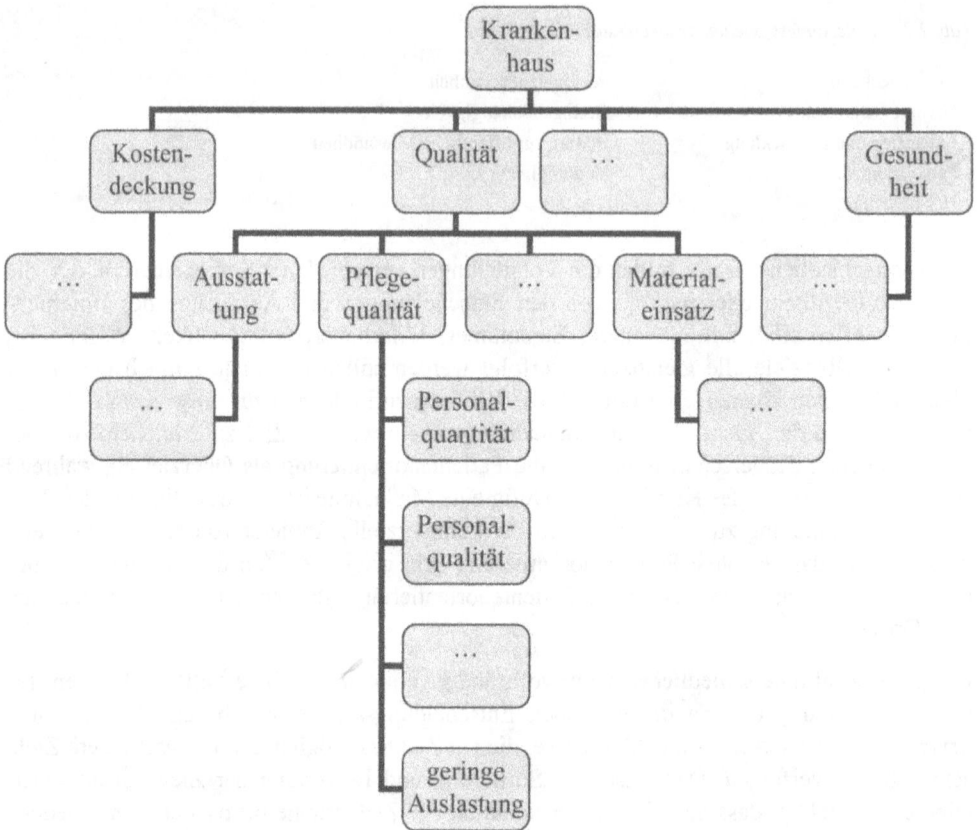

Abb. 2.5   Zielbaum[54]

Die Aufgabe des Managements bei Existenz multidimensionaler Zielsysteme besteht zuerst in der Erfassung der unterschiedlichen Ziele. Normalerweise geschieht dies unter Einbeziehung der unterschiedlichen Stakeholder. Anschließend müssen die Ziele sortiert werden. Insbesondere müssen Oberziele, Unterziele und Maßnahmen klar voneinander getrennt werden. Ein Zielbaum ist hierfür ein hilfreiches Instrument. In einem dritten Schritt müssen die Zielbeziehungen dahingehend analysiert werden, ob die einzelnen Ziele zueinander komplementär, konkurrierend oder neutral sind. Für eine Entscheidung muss schließlich eine Priorisierung erfolgen, z.B. in der Form einer Gewichtung der einzelnen Ziele.

Der Entscheidungsraum muss möglichst reduziert werden, da die hohe Komplexität multidimensionaler Zielsysteme sonst kaum zu bewältigen ist. Deshalb ist es sehr wichtig zu erkennen, welche Ziele komplementär, konkurrierend oder neutral sind. Abb. 2.6 zeigt sehr vereinfachend das Verhältnis von Personaleinsatz und Qualität eines Dienstleistungsprozesses (z.B. Pflegequalität). Bis zu einem bestimmten Personaleinsatz (a) führt eine Erhöhung des Perso-

---

[54] Quelle: Eigene Darstellung.

naleinsatzes zu einer Verbesserung der Qualität, d.h., die Ziele sind komplementär. Zwischen (a) und (b) sind die Ziele Personaleinsatz und Qualität neutral, d.h., ein zusätzlicher Personaleinsatz führt zu keiner Verbesserung der Qualität, aber auch zu keiner Verschlechterung. Häufig tritt dieses Phänomen auf, wenn andere Engpässe (z.B. Anlagen, Material, andere Personalkategorien) auftreten und keine Substituierbarkeit besteht. Es kann allerdings auch vorkommen, dass eine weitere Erhöhung des Personaleinsatzes über (b) hinaus kontraproduktiv ist. Das schlecht ausgelastete Personal wird demotiviert oder beginnt innere Machtkämpfe. Tatsächlich haben Studien gezeigt, dass eine leichte Überforderung motivierend wirkt, während eine starke Unterforderung und Langeweile schlechte Leistungen induziert.

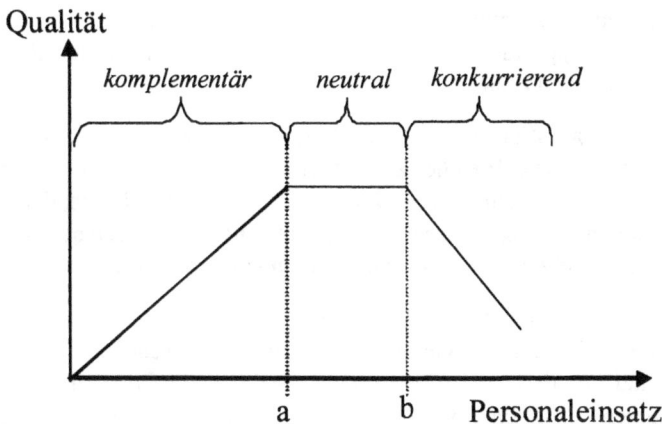

Abb. 2.6 Zielbeziehung[55]

Verallgemeinert spricht man von Zielkomplementarität, wenn die Verbesserung des Zielerreichungsgrades von Ziel h auch die Verbesserung des Zielerreichungsgrades von Ziel p induziert. Gilt dies in beide Richtungen (z.B. eine Verbesserung des Zielerreichungsgrades von Ziel p führt auch zu einer Verbesserung des Zielerreichungsgrades von Ziel h), handelt es sich um eine symmetrische Komplementarität. Besteht diese Beziehung für alle betrachteten Alternativenpaare, so handelt es sich um eine vollständige Komplementarität, ansonsten um eine unvollständige. Liegt eine vollständige und symmetrische Komplementärbeziehung vor, so kann eines der beiden Ziele vernachlässigt werden, da die Erreichung von Ziel p automatisch zur Erreichung von Ziel h führt und umgedreht. Damit reduziert sich der Entscheidungsraum um eine Dimension.

Von konkurrierenden Zielen spricht man allgemein, wenn die Verbesserung des Zielerreichungsgrades von Ziel h eine Verschlechterung des Zielerreichungsgrad von Ziel p induziert. Häufig handelt es sich um eine symmetrische Beziehung, d.h., eine Verbesserung des Zieler-

---

[55] Quelle: Eigene Darstellung

reichungsgrades von Ziel p führt auch zu einer Verschlechterung des Zielerreichungsgrades von Ziel h und umgekehrt. Dies bedeutet, dass die Verbesserung des einen Zielwertes nur unter Inkaufnahme der Verschlechterung des anderen Zielwertes möglich ist, d.h., es besteht ein Trade-Off zwischen beiden Zielen. In der Regel ist die Konkurrenz nur partiell, d.h., nur bei einigen Alternativenpaaren besteht dieser Trade-Off. Falls die Konkurrenz jedoch bei den entscheidungsrelevanten Alternativen existiert, ist eine Reduktion des Zielsystems nicht möglich. Vielmehr muss die Entscheidung für den optimalen Kompromiss simultan alle Zieldimensionen berücksichtigen.

Bei neutralen Zielen ist hingegen manchmal eine getrennte Entscheidung möglich. Da die Zielerreichung von Ziel h keinerlei Einfluss auf die Zielerreichung von Ziel p hat (und umgedreht), können die Ziele auch getrennt voneinander verfolgt werden. Echte Zielindifferenz ist jedoch in der Praxis sehr selten, da zumindest eine Budgetkonkurrenz besteht, d.h., die Verfolgung eines Zieles impliziert Opportunitätskosten in der Form der geminderten Ressourcen für die Verfolgung eines anderen Zieles.

Folglich implizieren multidimensionale Zielsysteme in der Regel Zielkonkurrenz und damit die Notwendigkeit einer Prioritätensetzung. Welches Ziel ist wirklich wichtig, und was kann man vernachlässigen? Wie hoch muss der Zugewinn an Zielerreichung von Ziel h sein, damit man auf ein gewisses Maß an Zielerreichung von Ziel p verzichtet? Die Präferenzen des oder der Entscheidungsträger sind bei multidimensionalen Zielsystemen von großer Bedeutung.

Grundsätzlich können vier Arten von Präferenzen unterschieden werden. Die Artenpräferenz gibt den Einfluss des einzelnen Zieles auf den Gesamtnutzen für den Entscheider wieder, z.B. den Anteil, den die Qualität des Essens am Erholungsnutzen eines Urlaubes hat. Die Höhenpräferenz bildet den Nutzen bezüglich eines bestimmten Zieles ab, den ein Ergebnis liefert, z.B. den Erholungsnutzen in Abhängigkeit von der Urlaubslänge. Die Risikopräferenz gibt Aufschluss über die Risikoeinstellung des Entscheiders, z.B. die Nutzenreduktion eines Urlaubes durch Risiko einer Sturmflut. Und die Zeitpräferenz bildet den unterschiedlichen Nutzen für den Entscheider ab, den zeitlich auseinander fallende Ergebnisse liefern, z.B. den Erholungswert eines teuren Urlaubes heute, wenn ich mir dafür nächstes Jahr keinen Urlaub leisten kann. Die einzelnen Präferenzarten werden in Kapitel 3.4 ausführlich diskutiert.

Abschließend soll beispielhaft das Werte- und Zielsystem diakonischer Einrichtungen vorgestellt werden, das erhebliche Anforderungen an die Entscheidungsträger stellt. Die Diakonie ist nach der Caritas der größte Träger der Freien Wohlfahrtspflege und damit einer der bedeutendsten Nonprofit-Organisationen in Deutschland. Am 1. Januar 2004 (letzt verfügbare Statistik) wurden in 23.301 Einrichtungen der Diakonie 658.065 Plätze in Tageseinrichtungen und 341.648 Plätze in stationären Einrichtungen angeboten. Der Schwerpunkt lag auf den Bereichen Kindergärten (Kindertagesstätten), Jugendhilfe, Altenhilfe, Behindertenhilfe und Krankenhäuser. Hinzu kamen 5.927 Beratungsstellen, ambulante Dienste und die Johanniter-Unfall-Hilfe. Zu diesem Zeitpunkt arbeiteten 422.848 Mitarbeiter für die Diakonie, was 326.999 äquivalenten Vollzeitstellen entsprach. Da das Diakonische Werk der Evangelischen Kirche in Deutschland e.V. eine Dachgesellschaft für ansonsten selbstständige diakonische Unternehmen ist, liegt keine Umsatzstatistik für die gesamte Diakonie vor. Auf Grundlage der Schätzung der Anteile an den Segmenten des Sozialmarktes kann jedoch ein Gesamtumsatz von etwa 20 Mrd. Euro angenommen werden.

Grundlegend für das Zielsystem der Diakonie ist die Aussage, dass die Diakonie eine „Lebens- und Wesensäußerung der Kirche Christi" ist. Ein diakonisches Unternehmen hat damit als Primärziel die Missio Dei (Sendung), die sich in den drei Dimensionen Martyria (Verkündigung und Zeugnis), Liturgia (Gottesdienst, Sakramente und Gebet) sowie Diakonia (Dienst der Liebe und geschwisterliche Gemeinschaft) äußert. Ein diakonisches Unternehmen ist stets Teil der Kirche, ist selbst Gemeinde und muss sich damit vor allem an diesen drei Sachzielen ausrichten. Die Sendung ist stets eine Sendung zu allen Menschen, d.h., eine Beschränkung der Missio Dei auf Zielgruppen mit ausreichender Kaufkraft, einer bestimmten sozialen Schicht oder einem erreichbaren Standort ist ausgeschlossen (1. Tim 2,4).

Das Oberziel der Martyria impliziert, dass diakonische Unternehmen stets auch die evangelistische und missionierende Dimension der kirchlichen Sendung berücksichtigen müssen, weshalb die Evangelische Kirche in Deutschland auch statuiert: „Jede diakonische Aktivität hat ein deutlich wahrnehmbares evangelistisches Profil".[56] Dieses Profil muss zunehmend ausgeprägt werden, da diakonische Unternehmen häufig die einzig sichtbare Form der Kirche für Konfessionslose sind. Gleichzeitig ist das diakonische Unternehmen als Gemeinde auch seinen Mitarbeitern als Gemeindemitgliedern in besonderer Weise verpflichtet, da sie eben nicht nur Produktionsfaktor, sondern – in theologischer Sprache – Glieder am Leib Christi sind („Geschwistereigenschaft"; 1. Kor 12,27; Kol 1,24; Eph 1,22).

Die drei Dimensionen finden sich in der diakonischen Unternehmung auf verschiedenen Ebenen wieder und stellen das Management vor Herausforderungen. Beispielsweise kann ein diakonisches Krankenhaus seine Leistung nicht allein auf die technisch-funktionale Verrichtung (Pflege, Medizin, Hotelleistung) reduzieren, sondern muss stets auch die seelsorgerlich-spirituelle Dimension anbieten. Aus betriebswirtschaftlicher Sicht handelt es sich um Kuppelprodukte, da eine seelsorgerlich-spirituelle Leistung ohne die technisch-funktionale Pflege bzw. Medizin in der Regel weder nachgefragt noch angenommen wird. Die seelsorgerlich-spirituelle Dimension ist für den diakonischen Träger aber weit mehr als eine Komponente des Leistungsangebots mit dem Ziel der erfolgreichen Krankenbehandlung. Sie ist auf gleicher Ebene des Zielsystems anzusiedeln wie die technisch-funktionale Leistung.

Das diakonische Handeln kann nicht vom verkündigenden und gemeindlichen Handeln getrennt werden. Gleichzeitig ist dieses Handeln einer Reihe von christlichen Grundwerten unterworfen, die für alles christliche, und damit auch für alles kirchliche und diakonische Tun den Maßstab setzen. An dieser Stelle kann keine theologische Ableitung erfolgen. Es soll lediglich darauf verwiesen werden, dass die Grundwerte der Nächstenliebe, der Gerechtigkeit, der Freiheit und der Menschenwürde für alle diakonischen Einrichtungen an weit höherer Stelle stehen müssen als Formalziele. Aus diesen Grundwerten lassen sich weitere Sachziele ableiten, insbesondere Effektivität, Qualität, Erschwinglichkeit und Nachhaltigkeit der Leistung. Die Teilhabe der Stakeholder am Entscheidungsprozess ist eine Konsequenz der christlichen Anthropologie, die den Menschen als freies Wesen und Ebenbild Gottes sieht. Partizipation der Betroffenen ist damit ein Oberziel diakonischer Unternehmen. Ob es eine eigene, theologisch zu begründende Verpflichtung zur Effizienz gibt, ist umstritten. Auf

---

[56] EKD 2006, S. 81.

jeden Fall ist die Effizienz eine Maßnahme, um bei gegebenen Ressourcen die Sachziele bestmöglich zu erreichen (Abb. 2.7).

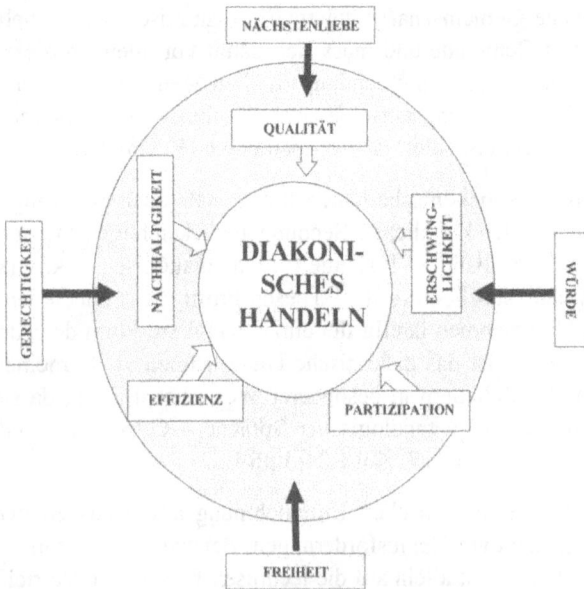

Abb. 2.7   Werte- und Zielsystem diakonischer Träger[57]

Qualität, Effektivität, Nachhaltigkeit und Partizipation sind auch für kommerzielle Unternehmen von großer Bedeutung. Beispielsweise kann das Betriebsziel in der Regel nur erreicht werden, wenn die Mitarbeiter in die Entscheidungs- und Umsetzungsprozesse einbezogen werden. Partizipation ist deshalb für kommerzielle Unternehmen eine Maßnahme zur Erreichung des Oberzieles der (langfristigen) Rentabilitätsmaximierung. Für diakonische Unternehmen hingegen stellt die Partizipation der Betroffenen keine Maßnahme, sondern ein Oberziel mit einem Wert per se dar. Dieses Ziel spannt eine neue Zieldimension auf, so dass im Konfliktfall die Ziele nicht mehr vollständig synchronisiert werden können. Dieselbe Aussage gilt auch für die anderen Ziele diakonischen Handelns: sie sind Oberziele des diakonischen Zielsystems, keine Maßnahmen.

Zusammenfassend kann man folgende Besonderheiten des Zielsystems diakonischer Unternehmen feststellen:

- Diakonische Unternehmen sind in ihrem Selbstverständnis, ihrem Auftrag und in ihrer Betriebsführung als Teil der Kirche an Gott gebunden.
- Ein diakonisches Unternehmen ist stets Gemeinde und damit Teil der Kirche Christi.

---

[57]   Quelle: Eigene Darstellung.

- Mitarbeiter diakonischer Unternehmen sind – soweit sie Mitglied einer christlichen Kirche sind – grundsätzlich als Glaubensgeschwister zu sehen.
- Die Oberziele des diakonischen Unternehmens als Lebens- und Wesensäußerung der Kirche sind Diakonia, Martyria und Liturgia, wobei erstere durch weitere Sachziele (Qualität, Effektivität, Nachhaltigkeit, Partizipation) erstrebt wird. Die Sachziele sind überwiegend schwer zu quantifizieren.
- Das Rentabilitätsziel erscheint im Vergleich hierzu als Nebenbedingung (im Sinne eines Satisfizierungszieles) bzw. als Maßnahme, um die Sachziele zu erreichen.
- Die Kernleistung diakonischer Betriebe hat häufig eine technisch-funktionale und eine seelsorgerlich-spirituelle Komponente. Beide Leistungskomplexe sind Kuppelprodukte.
- Das Ziel der Nächstenliebe beschränkt sich nicht auf diejenigen, die ausreichend Kaufkraft oder Drittfinanzierung (z.B. Versicherung) haben. Diakonische Unternehmen sind auch für Bevölkerungsgruppen „gesendet" (Missio Dei), die zwar ungestillte Bedürfnisse haben, aber mangels Kaufkraft nicht zu Nachfragern am Markt werden können.
- Die Nächstenliebe erstreckt sich auch auf das so genannte „politische Diakonat"[58] bzw. die „sensitive Funktion"[59], indem diakonische Unternehmen aktuelle Nöte aufnehmen und den Bedürftigen Stimme in der Öffentlichkeit und insbesondere in der Politik verleihen.

Es ist deutlich, dass eine Rückführung auf eine Zieldimension für diesen bedeutenden Träger sozialer Dienstleistungen in Deutschland nicht möglich ist. Vielmehr müssen stets mehrere, überwiegend konkurrierende Ziele simultan verfolgt werden. Hierzu wird der bestmögliche Kompromiss gesucht, der den Präferenzen des Entscheidungsträgers bzw. der Entscheidungsträger am meisten entspricht. Damit müssen die einzelnen Ziele so zusammengeführt werden, dass eine optimale Gesamtlösung erreicht werden. Dies ist Inhalt der Zielfusion.

2.2.2.2 Verfahren der Zielfusion

Das Proprium der Betriebswirtschaftslehre ist die Effizienz, d.h., alternative Entscheidungen sollen dahingehend bewertet werden, welches die effizienteste Alternative ist. In mehrdimensionalen Zielsystemen sind mehrere Outputs relevant. Die Effizienz ergibt sich somit als Quotient aus bewerteten Outputs und bewerteten Inputs, wobei eine Entscheidung im Prinzip nur möglich ist, wenn Outputs und Inputs jeweils zu einem Zielerreichungsgrad fusioniert werden.

Der Fusionsprozess der Outputs muss zuerst erfassen, welche Outputs überhaupt relevant sind und somit die Zahl der zu fusionierenden Outputs festlegen. Anschließend muss in der Regel eine Quantifizierung der Outputs erfolgen, um die Basis für eine Berechnung zu legen. Einige Verfahren monetarisieren die Outputs vollständig. Schließlich erfolgt eine Zielgewichtung bzw. Bewertung der Outputgrößen. Dieselben Schritte müssen bei den meisten Verfahren für die Inputs durchlaufen werden. Die unterschiedlichen Methoden der Zielfusion unterscheiden sich darin, wie viele Outputs (und damit Ziele) einbezogen werden können,

---

[58] Kehl 2000, S. 389.

[59] Bopp 2005, S. 118.

wie die Quantifizierung erfolgt und ob eine Monetarisierung durchgeführt wird. Tab. 2.3 gibt einen Überblick über die gängigen Verfahren.

Tab. 2.3   Verfahren der Zielfusion[60]

Verfahren	Zahl der Outputs	Quantifizierung der Outputs	Quantifizierung der Inputs	Vergleich Input und Output
Kosten-Nutzen-Analyse	beliebig	Monetarisierung	Monetarisierung	Quotient oder Differenz
Nutzwert-Analyse	beliebig	Ordinalskala	Ordinalskala	Differenz der ordinalen Werte
Kosten-Nutzwert-Analyse	beliebig	Ordinalskala	Monetarisierung	Partielle Zielfusion
Kosten-Wirksamkeitsanalyse	eins	Kardinalskala physikalischer Outputgröße	Monetarisierung	Partielle Zielfusion

2.2.2.2.1   Kosten-Nutzen-Analyse

Die Kosten-Nutzen-Analyse (KNA, Cost-Benefit Analysis) ist ein Verfahren der vollständigen Zielfusion, d.h., der Entscheider erhält eine einzige Kennziffer, nach der er die Vorteilhaftigkeit der Alternativen bewerten kann. Sowohl Kosten als auch Nutzen werden vollständig monetarisiert. Ersteres ist in der Regel nicht schwierig, während letzteres nur durch zusätzliche Verfahren bewerkstelligt werden kann. So muss z.B. in einem Staatshaushalt abgewogen werden, welche Allokation von Steuergeldern den höchsten Nutzen für die Allgemeinheit verspricht, z.B. in Umweltschutz, in Krankheitsprävention oder in ein neues Kampfflugzeug für die Bundeswehr. Diese Alternativen sind so grundsätzlich verschieden, dass eine Bewertung nur erfolgen kann, wenn der Nutzen monetär ausgedrückt wird.

Ein gängiges Verfahren hierfür ist die so genannte Willingness-to-pay (WTP), bei der Probanden gefragt werden, wie viel sie bereit sind, für eine bestimmte Alternative zu bezahlen, so dass ein monetärer Wert ermittelt werden kann. Die WTP wird z.B. ermittelt, wenn die Bedeutung von Krankheiten bewertet werden soll, um z.B. das Leistungsportfolio einer Krankenversicherung festzulegen. Problematisch ist hierbei stets, dass Werte monetarisiert werden, die sich eigentlich einer geldmäßigen Bewertung entziehen. So muss z.B. häufig das menschliche Leben einer ökonomischen Wertung unterzogen werden. Der so genannte Humankapitalansatz berechnet hierbei den Wert des Lebens als Barwert der Differenzen zukünftiger Einkommen und Kosten des Lebens – ein Vorgehen, das nicht wenige Kritiker findet.

Die Kosten-Nutzen-Analyse wird vor allem dann angewendet, wenn die Outputs nicht unmittelbar vergleichbar sind, z.B. bei intersektoralen Investitionsalternativen. Das Ergebnis kann entweder als Quotient oder als Differenz von Nutzen und Kosten dargestellt werden.

---

[60]   Quelle: Meyer 1996, S. 150-158.

Der Quotient hat den Nachteil, dass die Dimension verloren geht. So besagt die Aussage, dass für einen investierten Euro 1,25 Euro gewonnen werden können emotional etwas anderes als die Feststellung, dass zuerst eine Investition in Höhe von 10 Milliarden Euro nötig ist, um 12,5 Milliarden zu erzielen. Die Kosten-Nutzen-Differenz hingegen lässt vermuten, dass es sich um einen monetären Gewinn handelt. Dies ist jedoch nicht der Fall, da der Nutzen nicht in Geldflüssen auftreten wird, sondern lediglich künstlich in Geldwerte überführt wurde.

Die Kosten-Nutzen-Analyse ist als Verfahren der Zielfusion im politischen Bereich ebenso weit verbreitet wie umstritten. Für unternehmerische Entscheidungen spielt sie keine gewichtige Rolle. Dies liegt insbesondere daran, dass die Monetarisierung von Nutzen kaum objektiv durchzuführen ist. Oftmals zeigt die Kosten-Nutzen-Analyse mehr über die Präferenzen der Entscheider als über die Vorteilhaftigkeit eines Projektes. Dies ist allerdings durchaus auch ein Wissensgewinn.

2.2.2.2.2 Nutzwert-Analyse

Einen anderen Weg geht die Nutzwert-Analyse (NWA, Utility Analysis), bei der keine Monetarisierung stattfindet. Zuerst werden alle Inputs und Outputs nominell bewertet, wobei für jede Alternative und jedes Ziel eine verbale Bewertung abgegeben wird. In dieser Phase muss keine einheitliche Skala eingehalten werden, so dass die NWA intuitiv sehr zugänglich ist und grundsätzlich für alle Zielfusionen möglich erscheint. Tab. 2.4 zeigt für ein einfaches Beispiel die nominelle Bewertung. Ein privater Haushalt steht vor der Entscheidung, ein neues Familienauto zu kaufen. Vier Alternativen stehen zur Verfügung, die bezüglich Benzinverbrauch, Prestige und Platz bewertet werden sollen.

Tab. 2.4 Nutzwert-Analyse: nominelle Bewertung

	Benzinverbrauch	Prestige	Platz
A	3 l	„Billigauto"	2 Sitze + 2 Notsitze
B	8 l	„alter Opa"	5 Sitze
C	10 l	Nobel-Hobel	5 Luxussitze
D	14 l	Super-schnittig	2 Sitze

In einem zweiten Schritt wird die nominelle Bewertung in eine ordinale Nutzenmessung überführt. Hierfür wird für jedes Ziel eine Rangfolge ermittelt. Tab. 2.5 zeigt das Ergebnis.

Tab. 2.5 Nutzwert-Analyse: Rangordnung

	Benzinverbrauch	Prestige	Platz
A	3 l = sehr gut	Billig = schlecht	2 Sitze+2 Notsitze = schlecht
B	8 l = gut	Opa = sehr schlecht	5 Sitze = gut
C	10 l = schlecht	Nobel-Hobel = gut	5 Luxussitze = sehr gut
D	14 l = sehr schlecht	Schnittig = sehr gut	2 Sitze = sehr schlecht

Diese Bewertung alleine stellt bereits einen Zuwachs an Transparenz der Entscheidungssituation dar, enthält jedoch noch keine Zielfusion, da nominelle Werte nicht fusionierbar sind. Deshalb erfolgt in einem dritten Schritt eine Überführung in Zahlenwerte. Hierzu wird bei n Alternativen dem besten Wert pro Ziel der Wert n zugewiesen, dem zweitbesten der Wert n-1 usw. Mit diesem Verfahren entsteht eine Ordinalskala, d.h., die Abstände zwischen den Werten werden vernachlässigt (Informationsverlust). Die ordinalen Werte können summiert werden, so dass diejenige Alternative als Optimum gewählt werden kann, die die maximale Punktesumme aufweist. In diesem Fall zeigt es sich, dass Fahrzeug C am besten, A am zweitbesten, B am drittbesten und D am schlechtesten abschneidet. Die Familie wird Fahrzeug C kaufen.

Tab. 2.6   Nutzwert-Analyse: ordinale Bewertung

	Benzinverbrauch	Prestige	Platz	Nutzwert
A	sehr gut=4	schlecht=2	schlecht=2	8
B	gut=3	sehr schlecht=1	gut=3	7
C	schlecht=2	gut=3	sehr gut=4	9
D	sehr schlecht=1	sehr gut=4	sehr schlecht=1	6

Die Nutzwert-Analyse wird unter anderem von der Stiftung Warentest angewandt. Allerdings zeigt obiges Beispiel, dass die grundlegende Form der Analyse für unternehmerische Entscheidungen nur selten genügen kann. Die Annahme, dass Benzinverbrauch, Prestige und Platz gleich wichtig für die Entscheidung sind, ist mehr als fraglich. Vielmehr müssen die Ziele gewichtet werden. Wenn man z.B. annimmt, dass der Benzinverbrauch doppelt so wichtig ist wie die beiden anderen Ziele, so wird die Entscheidung zu Gunsten von Kraftfahrzeug A ausfallen.

Tab. 2.7   Nutzwert-Analyse: Gewichtung

	Benzinverbrauch	Prestige	Platz	Nutzwert
A	4·2=8	2	2	12
B	3·2=6	1	3	10
C	2·2=4	3	4	11
D	1·2=2	4	1	7

Weiterhin erscheint die Annahme, dass allein die Rangordnung, aber nicht die relativen Unterschiede die Entscheidung bestimmen sollen, als relativ unrealistisch. Es ist deshalb sinnvoll, so genannte induzierte Ordinalskalen zu verwenden, bei denen die Abstände nicht gleich sind. Damit wird es z.B. möglich, die jeweils schlechteste Alternative mit 0 zu bewerten. Damit ändert sich in diesem Beispiel zwar nicht die Rangfolge der Vorteilhaftigkeit der Kraftfahrzeuge, jedoch wird deutlich, dass nur Fahrzeug C und A vergleichbar sind, während B und D weit abgeschlagen sind.

Tab. 2.8 Nutzwert-Analyse: induzierte Ordinalskala

	Benzinverbrauch	Prestige	Platz	Nutzwert
A	4	2	2	8
B	3	0	3	6
C	2	3	4	9
D	0	4	0	4

Für den Entscheider ist dabei häufig wichtig zu erfahren, wo kritische Grenzwerte liegen. Beispielsweise möchte er wissen, wie stark das Prestigeziel gewichtet werden muss, damit Fahrzeug D als Optimum erscheint. Ausgehend von Tab. 2.6 und mit einer Gewichtung λ ergibt sich:

Vergleich A und D: $4 + 2\lambda + 2 < 1 + 4\lambda + 1 \Rightarrow 4 < 2\lambda$

Vergleich B und D: $3 + 1\lambda + 3 < 1 + 4\lambda + 1 \Rightarrow 4 < 3\lambda$

Vergleich C und D: $2 + 3\lambda + 4 < 1 + 4\lambda + 1 \Rightarrow 4 < \lambda$

Wie zu erwarten stellt der Vergleich von C und D die strengste Bedingung an λ, d.h., das Ziel Prestige muss mehr als vier Mal so stark gewichtet werden wie die anderen beiden Ziele, damit das Fahrzeug D präferiert wird.

Dieses Vorgehen wird als Sensitivitätsanalyse bezeichnet und ist typisch für Verfahren der Zielfusion. Zuerst wird unter bestimmten Annahmen eine Lösung gefunden. Anschließend wird untersucht, bis zu welchen Grenzwerten diese Lösung stabil bleibt. Damit können Unsicherheiten in den eigenen Präferenzen und in den Daten abgefangen werden.

Neben diesen eher praktischen Problemen hat die KNA eine Reihe von eher formalen Problemen. Zuerst muss festgehalten werden, dass die Addition ordinaler Größen grundsätzlich unzulässig ist. Wenn man es trotzdem wagt, muss man, zweitens, feststellen, dass die Abstände zwischen Größen verloren gehen. So ist es jedem Schüler bekannt, dass zwar die Note eins besser ist als die Note zwei, die wiederum besser ist als die Note drei. Der Sprung von der Note drei auf die Note zwei ist jedoch in der Regel deutlich einfacher als von der Note zwei auf die Note eins.

Der Verlust an Differenzierung kann zu sehr fraglichen Ergebnissen führen. Würde man beispielsweise die Sicherheit von Staubsaugern bewerten, so könnte Staubsauger A die Note eins bekommen, weil man sich „nur" den Finger quetschen kann, während Staubsauger B die Note 2 erhält, bei dem man einen tödlichen Stromschlag erleiden kann. Staubsauger B ist tatsächlich schlechter als Staubsauger A, aber die Differenz ist nicht mehr auszumachen. Nur selten sind Nutzenfunktionen linear, so dass eine Ordinalskala eigentlich nur zulässig ist, wenn man entweder Alternativen, die unterhalb oder oberhalb bestimmter Schwellwerte liegen, von Anfang an ausschließt oder zumindest mit Hilfe induzierter Ordinalskalen angemessen von den anderen Alternativen abgrenzt.

Drittens ergibt sich durch die ursprünglich nominelle Nutzenbewertung, dass quantitative Größen verloren gehen, d.h., es kommt zu einer Datenvernichtung. Dies ist insbesondere misslich bei Kostengrößen, die natürlicherweise monetär vorliegen. Sie in Kostenrangfolgen (z.B. billig, günstig, teuer, sehr teuer) zu überführen ist ein für den Betriebswirt kaum zu verantwortender Informationsverlust.

2.2.2.2.3   Kosten-Nutzwert-Analyse

Als Alternative bietet sich die Kosten-Nutzwert-Analyse (KNWA, Cost-Utility Analysis) an, bei der die Kosten der Inputs den Nutzwerten der Outputs gegenüber gestellt werden. Eine vollständige Zielfusion zu einer Dimension ist in diesem Verfahren nicht mehr möglich. Vielmehr spannen Nutzwert und Kosten einen zweidimensionalen Raum auf (partielle Zielfusion), so dass unter Umständen nicht eine einzige Lösung als optimal bestimmt werden kann, sondern eine Effizienzhülle bestehend aus mehreren Alternativen.

Tab. 2.9 zeigt die Datenlage für obiges Beispiel, wobei der jährliche Benzinverbrauch (ergänzt um die Abschreibung, Wartung etc.) nicht mehr als Nutzwert ausgedrückt wird, sondern als Kosten. Der Nutzwert (als Summe der Nutzwerte für die einzelnen Outputkategorien) kann ins Verhältnis zu den Kosten gesetzt werden, so dass ein Effizienzmaß bestimmt wird. Es zeigt sich, dass Fahrzeug A das beste Kosten-Nutzwert Verhältnis aufweist.

Tab. 2.9   Kosten-Nutzwert-Analyse: Ausgangslage

	Kosten pro Jahr	Prestige	Platz	Summe Nutzwerte	Kosten pro Nutzwertpunkt
A	3.000 Euro	2	2	4	750
B	6.000 Euro	1	3	4	1500
C	10.000 Euro	3	4	7	1429
D	15.000 Euro	4	1	5	3000

Abb. 2.8 zeigt eine Effizienzhüllkurve. Ihr liegt die Annahme zu Grunde, dass der Nutzen von Fahrzeug A und C relativ weit auseinander liegt, so dass Fahrzeug C durchaus eine effiziente Alternative darstellt und mit in die Entscheidung einbezogen werden sollte. Fahrzeug B hingegen wird eindeutig von Fahrzeug A dominiert, d.h., bei gleichem Nutzwert sind die Kosten von Fahrzeug B deutlich höher. Fahrzeug D wird von Fahrzeug C dominiert, da C sowohl einen höheren Nutzen als auch geringere Kosten hat als Fahrzeug D. C hat im Verhältnis zu A sowohl höhere Kosten als auch einen höheren Nutzwert, so dass keine Dominanz besteht. Der Quotient aus Kosten und Nutzwert ist bei A zwar günstiger, aber C ist durchaus noch eine Alternative.

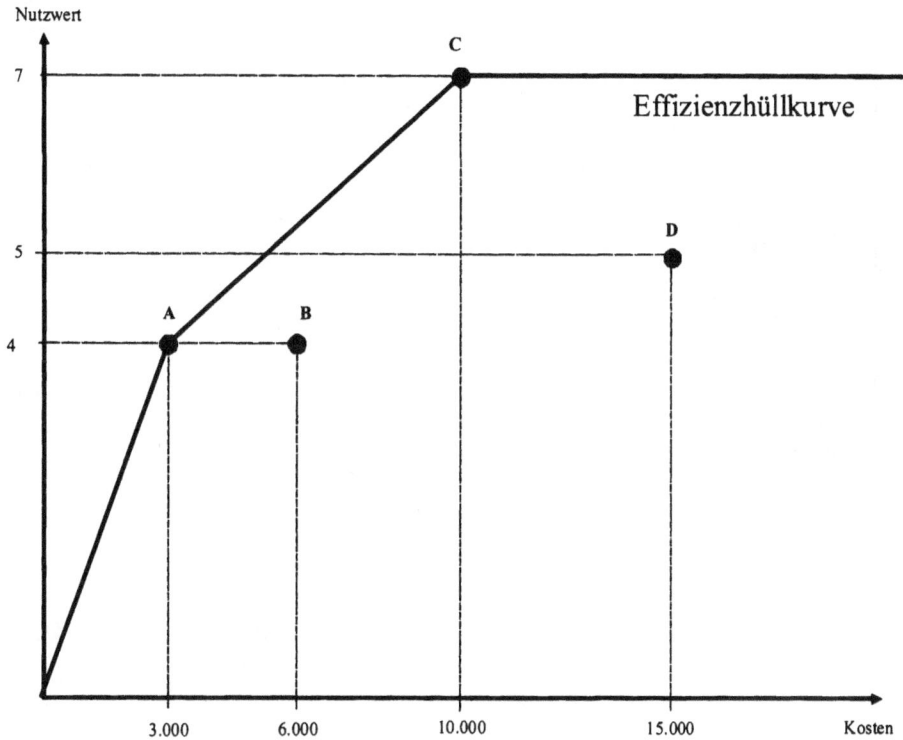

Abb. 2.8   Kosten-Nutzwert-Analyse: Dominanz[61]

Allgemein versteht man unter einer Effizienzhüllkurve den geografischen Ort aller effizienten Einheiten. Der erste Schritt zur Lösung eines Entscheidungsproblems bei einer Kosten-Nutzwert-Analyse ist in der Regel die Bestimmung der Effizienzhüllkurve, d.h., der Ausschluss ineffizienter Lösungen. Dadurch kann der Entscheidungsraum meist erheblich verkleinert werden. Der Ökonom schafft Transparenz durch den Ausschluss ineffizienter Alternativen.

---

[61]   Quelle: Eigene Darstellung.

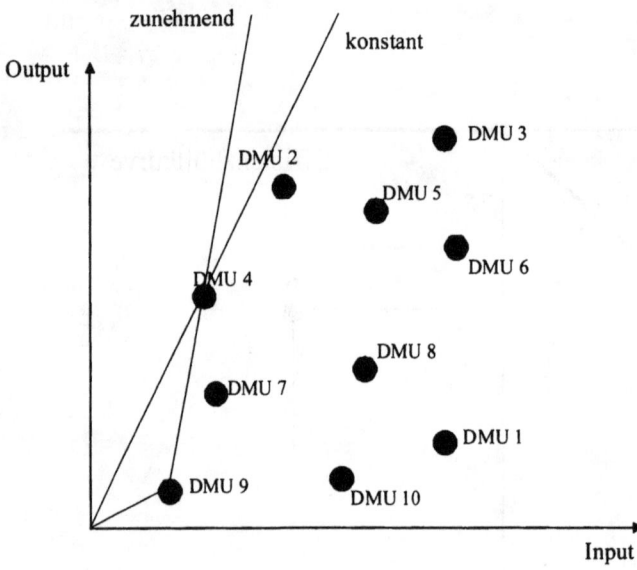

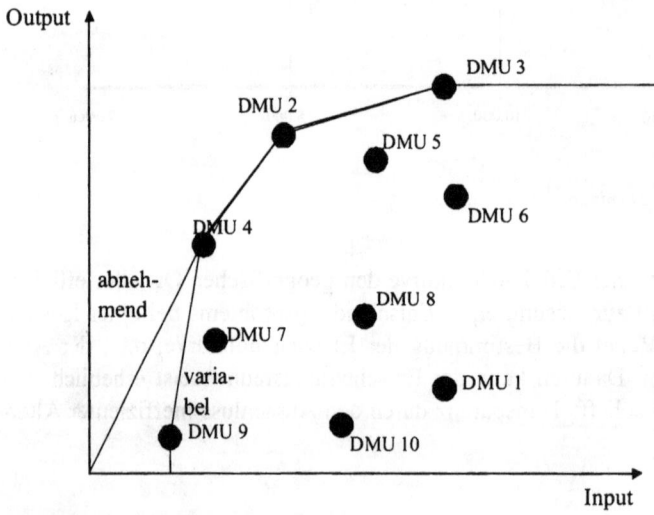

Abb. 2.9   Kosten-Nutzwert-Analyse: Skalenelastizitäten[62]

---

[62]   Quelle: Eigene Darstellung.

Abb. 2.9 zeigt ein Entscheidungsfeld mit einem Input und einem Output, wobei der Input in Geldeinheiten (Kosten) und der Output in einem Nutzwert zu messen sind. Zehn Alternativen, die hier auch als Entscheidungseinheit (Decision Making Unit, DMU) bezeichnet werden, bilden das Entscheidungsfeld.

Die strengste Annahme ist die konstante Skalenelastizität. Hierbei ist allein DMU 4 effizient, bei der der Quotient aus Output und Input maximal ist. Alle anderen DMUs sind ineffizient. Setzt man zunehmende Skalenerträge voraus, ist auch DMU 9 effizient. Geht man hingegen davon aus, dass abnehmende Skalenerträge vorliegen, so ist DMU 9 nicht effizient, jedoch DMU 2 und 3. Unter der Annahme variabler Skalenerträge schließlich sind die DMUs 9, 4, 2 und 3 effizient. Sie bilden die Effizienzhüllkurve, alle anderen sind ineffizient.

Die Annahme einer Hüllkurve setzt voraus, dass Linearkombinationen zwischen DMUs möglich sind. Eine lineare Skalenelastizität impliziert, dass eine Erhöhung des Inputs um den Faktor a auch den Output um den Faktor a erhöht. Eine zunehmende Skalenelastizität bedeutet, dass der Output um den Faktor b mit b>a steigt, da Größenvorteile genutzt werden können. DMU 9 hat zwar kein so gutes Verhältnis von Output zu Input wie DMU 4, aber dies ist auch nicht zu erwarten, da bei zunehmenden Skalenerträgen DMU 9 mit ihrem geringen Input auch benachteiligt ist. Bei abnehmenden Skalenerträgen hingegen führt eine Erhöhung des Inputs um den Faktor a zu einer Steigerung des Outputs mit dem Faktor b, wobei b<a ist. Hier treten Größennachteile auf, so dass DMU 2 und 3 durchaus noch als effizient zu bezeichnen sind.

Hierbei ist zu beachten, dass die Effizienz stets eine relative Effizienz ist. Ob tatsächlich die bestmögliche Lösung erkannt wurde, besagt diese Analyse nicht. Es könnte sich – wie Schmalenbach einmal feststellte – auch darum handeln, dass „Schlendrian mit Schlendrian" verglichen wurde. Eine absolute Effizienz ist allerdings nur sehr schwer zu ermitteln.

In der Praxis werden Kosten-Nutzwert-Analysen häufig angewandt, wenn eine Innovationstechnologie mit einer bestehenden Standardlösung verglichen werden soll. Hierbei ist es sinnvoll, die Veränderung der Kosten der Veränderung der Nutzwerte gegenüber zu stellen. Das Ergebnis ist ein Verhältnis von Nutzwertveränderung und Kostenveränderung, die so genannte „Inkrementelle Kosten-Nutzwert-Relation" (IKNR). Abb. 2.10 zeigt das Prinzip, wobei B den ursprünglichen Nutzwert, B' den neuen Nutzwert, C die ursprünglichen Kosten und C' die neuen Kosten darstellt.

Die IKNR in Abb. 2.10 ist relativ unspektakulär. Interessant wird das Verfahren, wenn man die IKNR häufiger unter verschiedenen Annahmen berechnet bzw. den Einfluss stochastischer Größen auf die IKNR ermittelt. So kann beispielsweise eine bestimmte Kostenverteilung angenommen werden und mittels Zufallszahlen das Verhältnis von Zusatznutzen und Zusatzkosten mehrfach bestimmt werden. Liegen bereits begrenzte Statistiken vor, so kann mit Hilfe so genannter Bootstrapping Verfahren[63] eine größere Statistik durch wiederholtes Ziehen aus der Stichprobe gewonnen werden. Hierzu ist keine Annahme über die theoreti-

---

[63]   Vgl. Efron & Tibshirani 1993.

sche Verteilung zu treffen. Damit ergeben sich Punktwolken, die weiter zu untersuchen sind. Abb. 2.11 zeigt ein Beispiel.

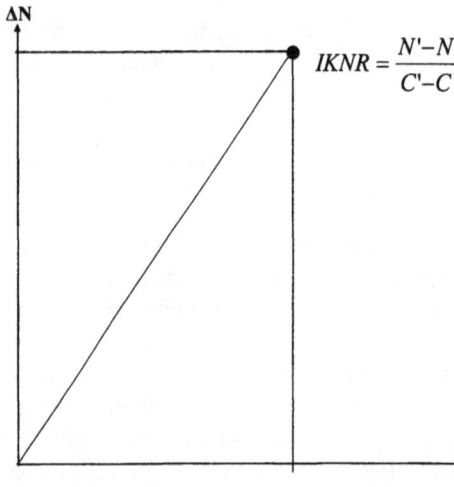

$$IKNR = \frac{N'-N}{C'-C}$$

Abb. 2.10   *Inkrementelle Kosten-Nutzwert-Relation*[64]

Liegen alle IKNR im zweiten Quadranten, so ist die Innovationstechnologie der Standard-technologie in jedem Fall überlegen und sollte angenommen werden. Liegen alle IKNR im IV. Quadranten, ist sie abzulehnen. Im I. Quadranten hingegen muss der Zugewinn an Nutz-wert durch höhere Kosten erkauft werden, während im III. Quadranten die Kostenreduktion durch einen geringeren Nutzwert bezahlt wird. Häufig werden die IKNRs über alle Quadran-ten streuen, so dass eine Risikoabschätzung erfolgen muss. Im obigen Beispiel wird deutlich, dass die Innovationstechnologie zwar nicht mit Sicherheit eine bessere Alternative ist, dass dies jedoch sehr wahrscheinlich ist.

---

[64]   Quelle: Eigene Darstellung.

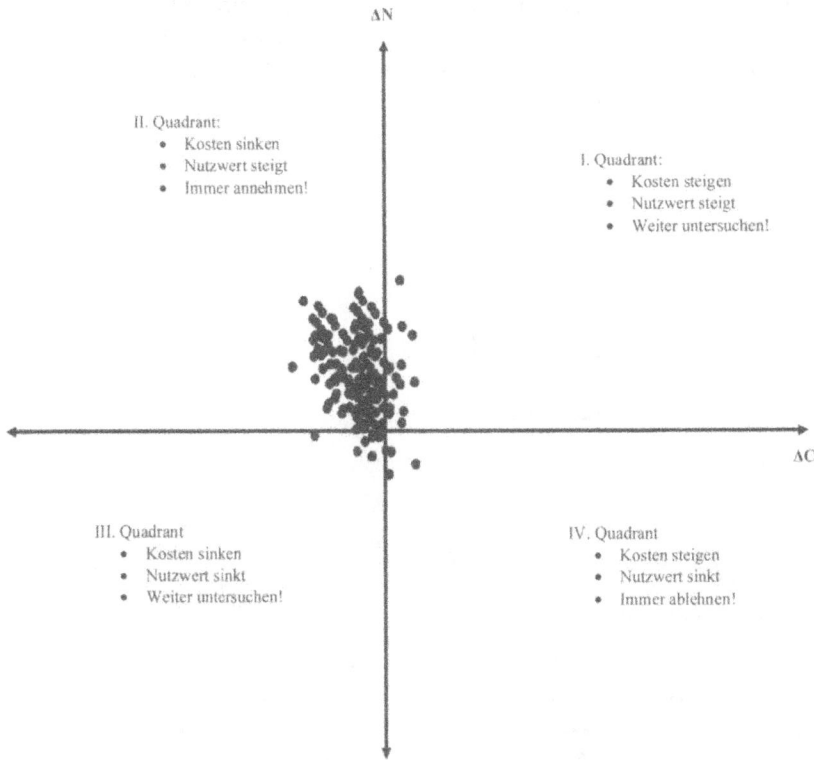

Abb. 2.11   Quadranten der ICBR

2.2.2.2.4   Kosten-Wirksamkeits-Analyse

Die Kosten-Wirksamkeits-Analyse bzw. Kosten-Effektivitäts-Analyse (Cost-Effectiveness Analysis) ist eine Spezialform der Kosten-Nutzwert-Analyse, bei der der Nutzwert ein einziger, in der Regel physikalisch messbarer Wert ist, so dass eine künstliche Nutzenwertgenerierung nicht nötig ist. Derartige Werte sind z.B. Kilometer, Zeit oder Gewicht.

Abb. 2.12 zeigt das Beispiel einer Standortplanung. Die Aufgabe bestand darin, die Zahl und die Standorte von Rettungsstationen in einem Ballungszentrum zu planen. Jede Alternative wurde bezüglich ihrer Kosten bewertet, wobei die Kosten fast proportional zu der Zahl der Rettungsstationen sind. Weiterhin wurde mit Hilfe aufwendiger Berechnungen die mittlere Anrückzeit eines Rettungswagens zu einem Unfallort ermittelt. Wie zu erwarten ist die Anrückzeit tendenziell je kleiner, je mehr Stationen gebaut bzw. je stärker sie über den Ballungsraum verteilt sind. Allerdings zeigt es sich auch, dass einige Alternativen klar dominiert werden.

Die Abbildung gibt auch die Effizienzhülle wieder, d.h., den geometrischen Ort aller effizienten Kosten-Anrückzeit Alternativen. Alle Lösungen oberhalb dieser Hüllkurve sind ineffizient und müssen in den weiteren Planungen nicht mehr berücksichtigt werden.

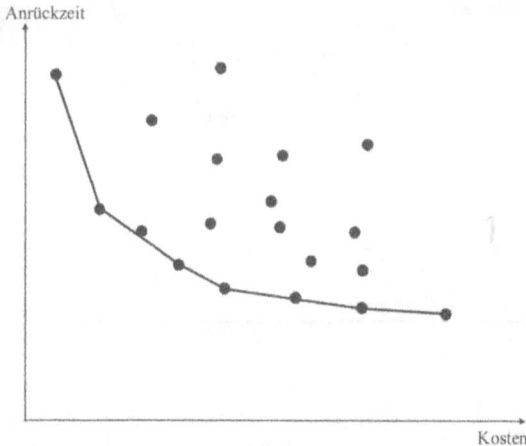

Abb. 2.12   Kosten-Wirksamkeits-Analyse

Die Anrückzeit ist kein künstlich fusionierter Nutzwert, sondern eine physikalisch messbare Größe. Es gibt allerdings auch Grenzfälle, bei denen die Unterscheidung zwischen der Kosten-Nutzwert-Analyse und der Kosten-Wirksamkeits-Analyse nicht so einfach ist. So ist beispielsweise die Lebensqualität ein künstlicher Wert, der z.B. in Form der Quality Adjusted Life Years (QALY) gemessen werden kann. In der Gesundheitsökonomik ist es üblich, die QALYs den Kosten gegenüberzustellen. Einige Autoren bezeichnen dies als Kosten-Nutzwert-Analyse, da die Lebensqualität ein theoretisches Konstrukt ist, das in der Regel mit Hilfe von unterschiedlichen Nutzendimensionen gewonnen wird (z.B. Mobilität, Schmerz, Teilnahme am sozialen Leben, etc.). Andere Autoren sehen den QALY eher als eine nahezu physikalische Größe an, da er nach festen Regeln berechnet wird. Dementsprechend wird die Analyse des Verhältnisses von QALY und Kosten eher als Kosten-Wirksamkeits-Analyse gewertet.

Beide Verfahren ermitteln keine eindeutige Lösung, sondern erhöhen die Transparenz durch Ausschluss von dominierten Lösungen. Dem Entscheider wird eine Menge alternativer Lösungen vorgelegt, aus der er nach seinen Präferenzen auswählen kann. Meist können weitere Lösungen ausgeschlossen werden, z.B. weil Budgetgrenzen verletzt sind oder ein geforderter Mindestnutzen nicht erreicht wird. Damit ist häufig eine Reduktion der möglichen Alternativen auf eine relativ kleine Zahl möglich.

Kosten-Nutzwert-Analyse und Kosten-Wirksamkeits-Analyse haben den Nachteil, dass nur jeweils eine Input- und Outputdimension berücksichtigt werden kann. Entweder müssen die verschiedenen Outputs künstlich zu einem Nutzwert fusioniert werden, oder es liegt von Natur aus nur eine Outputdimension vor. In der Realität multidimensionaler Zielsysteme hingegen existieren mehrere Outputdimensionen, die sich nicht so einfach fusionieren lassen.

Die neuere Entscheidungstheorie arbeitet deshalb mit Verfahren, die das Prinzip der Effizienzhüllkurve auf mehrdimensionale Entscheidungsfelder erweitert. Die Data Envelopment Analysis (DEA) ist hierbei die bekannteste Variante.

2.2.2.2.5   Data Envelopment Analysis

Die Data Envelopment Analysis wurde 1978 erstmals von Charnes, Cooper und Rhodes (Measuring the Efficiency of Decision Making Units) in die wissenschaftliche Diskussion eingeführt und hat sich wie kaum ein anderes Verfahren etablieren können. Die Anwendungen im Nonprofit-Bereich erstrecken sich vom Krankenhausvergleich, der Analyse öffentlicher Bibliotheken, der Performance Messung von Militäreinheiten bis zur Effizienzbewertung katholischer Geistlicher. Darüber hinaus ist die DEA aber auch mit ihren zahlreichen Weiterentwicklungen für kommerzielle Einrichtungen relevant, die z.B. im Rahmen einer Balanced Scorecard mehrere Outputdimensionen berücksichtigen und eine relative Effizienz ermitteln wollen.

Die DEA ermittelt eine Effizienzhüllkurve, wobei sie im Prinzip beliebig viele Inputs und Outputs berücksichtigen kann. Die mehrdimensionale Effizienzhüllkurve ermittelt sich wiederum aus den „Klassenbesten", so dass sich DEA besonders gut als Verfahren des Benchmarking eignet. Im Gegensatz zur Regressionsanalyse, die sich ja bewusst am Durchschnitt ausrichtet, ermittelt die DEA die effizienten DMUs und ordnet den ineffizienten DMUs Benchmark DMUs zu, an denen sie sich ausrichten können.

Die DEA ist ein Verfahren der Effizienzmessung. Wie in Kapitel 2.1 dargestellt, kann die Effizienz allgemein als Verhältnis der Summe der gewichteten Outputs zu der Summe der gewichteten Inputs definiert werden. Damit errechnet sich die Effizienz von DMU k als

$$E_k = \frac{\sum\limits_{j=1}^{m} w_j * x_{jk}}{\sum\limits_{i=1}^{n} v_i * y_{ik}}$$

mit

E_k	Effizienz von DMU k
x_{jk}	Quantität des Outputs j der DMU k, j=1..m
y_{ik}	Quantität des Inputs i der DMU k, i=1..n
w_j	Gewicht des Outputs j
v_i	Gewicht des Inputs i
m	Zahl der Outputfaktoren
n	Zahl der Inputfaktoren

Wie dargestellt, ist die Bestimmung der Gewichte schwierig, wenn diese nicht vollständig monetär messbar sind. Die Data Envelopment Analysis (DEA) ermittelt deshalb eine relative Effizienz, d.h. die Effizienz einer Decision Making Unit (DMU) im Verhältnis zu allen anderen DMUs. Das Standardmodell maximiert die Effizienz von DMU z unter der Nebenbedingung, dass alle anderen DMUs eine Effizienz aufweisen, die nicht größer als eins sein darf. Die Gewichte sind hierbei die Strukturvariablen, d.h., die Gewichte werden für die DMU z optimal festgelegt. Ist die Effizienz der DMU z unter dieser Bedingung eins, dann gilt sie als effizient. Ansonsten muss es mindestens eine andere DMU geben, die bei diesen für DMU z optimalen Gewichten die Inputs noch besser in Outputs transformiert.

Das Programm für DMU z ergibt sich als

$$\frac{\displaystyle\sum_{j=1}^{m} w_j * x_{jz}}{\displaystyle\sum_{i=1}^{n} v_i * y_{iz}} \rightarrow Max! \text{ s.t.}$$

$$\frac{\displaystyle\sum_{j=1}^{m} w_j * x_{jk}}{\displaystyle\sum_{i=1}^{n} v_i * y_{ik}} \leq 1 \quad \textit{für} \quad k = 1..z..s \,,$$

mit

s	Anzahl der DMUs in der Analyse

Bei s DMUs müssen folglich s mathematische Programme gelöst werden, d.h., für jede DMU werden die für sie optimalen Gewichte ermittelt. Damit wird derjenige Output von DMU z als besonders wichtig definiert, der DMU z besonders effizient erscheinen lässt, während derjenige Input von DMU z als besonders irrelevant bewertet wird, der bei DMU z besonders ineffizient verwertet wird. Eine bessere Gewichtung für DMU z als das Ergebnis des mathematischen Programms ist nicht denkbar, wobei allerdings die Nebenbedingungen für alle anderen DMUs eingehalten werden müssen, dass die Effizienz jeder Einheit nicht größer als eins sein kann.

Das Modell der Quotientenprogrammierung lässt sich in ein Lineares Programm überführen, indem entweder der Input oder der Output der Zielfunktion auf 1 normiert wird. Damit ergeben sich zwei Varianten der DEA, das outputorientierte Modell und das inputorientierte Modell.

Outputorientiertes Modell:

$$\sum_{j=1}^{m} w_j * x_{jz} \rightarrow Max!$$

$$\sum_{i=1}^{n} v_i * y_{iz} = 1$$

$$\sum_{j=1}^{m} w_j * x_{jk} \leq \sum_{i=1}^{n} v_i * y_{ik} \quad \textit{für} \quad k = 1..z..s$$

Inputorientiertes Modell:

$$\sum_{i=1}^{n} v_i * y_{iz} \rightarrow Min!$$

$$\sum_{j=1}^{m} w_j * x_{jz} = 1$$

$$\sum_{j=1}^{m} w_j * x_{jk} \leq \sum_{i=1}^{n} v_i * y_{ik} \quad \textit{für} \quad k = 1..z..s$$

Weiterhin können beide Varianten als Primal und Dual formuliert werden, so dass sich bereits im klassischen DEA vier Modelltypen unterscheiden lassen. Neuere Entwicklungen lassen auch eine gleichzeitige Input- und Outputorientierung zu und unterscheiden verschiedene Annahmen zur Skalenelastizität (konstant, variabel, abnehmend, zunehmend). Eine kostenlose DEA-Software kann entweder im Netz geladen werden[65] oder ist als Beigabe zu Lehrbüchern der DEA enthalten.[66]

Wie im zweidimensionalen Fall der Kosten-Wirksamkeits-Analyse stellt die Effizienzhüllkurve für die nicht-effizienten DMUs den Vergleichswert dar (Benchmark). Bei gleichem Input kann ein höherer Output oder der gleiche Output kann mit einem geringen Input erreicht werden. Eine DMU unterhalb der Effizienzhüllkurve ist ineffizient, d.h., sie vergeudet knappe Ressourcen. DEA ist allerdings in der Lage, beliebig viele Outputs und Inputs zu berücksichtigen. Damit jedoch nicht alle DMUs als effizient gelten, sollte im Falle linearer Skalenerträge die Summe aus Inputs und Outputs kleiner sein als die Summe der DMUs, bei nicht-linearen Skalenerträgen sogar drei Mal so hoch.

In Kapitel 2.2.2.1 wurde ein Zielsystem diakonischer Leistungserbringer diskutiert. An dieser Stelle soll beispielhaft eine DEA für ambulante Pflegedienste des Diakonischen Werks in Bayern (DBW) vorgestellt werden.

Als Inputs konnten die Gesamtkosten (gegliedert nach Sachkosten, Personalkosten und Verwaltungskosten), der Hilfskräfteanteil, die Ausfallzeiten und die Auslastung des Personals, als Outputs der Umsatz, die Zahl der Leistungen pro Hausbesuch und die Zeit pro Hausbesuch erhoben werden. Es wurden nur Pflegedienste einbezogen (N=20), die in ihrem Standort und ihrer Fallschwere vergleichbar waren. Es wurden variable Skalenerträge angenom-

---

[65] Z.B. Efficiency Measurement System (EMS): http://www.wiso.uni-dortmund.de/lsfg/or/scheel/ems/.

[66] DEA-Solver in Cooper, Seiford & Tone 2006.

men – eine Annahme, die besonders „barmherzig" mit den DMUs umgeht und insbesondere dann anzutreffen ist, wenn keine gesicherten Erkenntnisse über die tatsächlichen Verläufe bestehen.

Selbst wenn man gegen die goldene Regel verstößt und alle Inputs und Outputs in die Analyse einbezieht, sind nur acht DMUs effizient. Reduziert man die Outputs auf die Dimension „Zeit pro Hausbesuch", sind noch zwei DMUs effizient. Insgesamt wurden 21 verschiedene Szenarien berechnet, wobei die Ergebnisse relativ eindeutig sind. Wie Abb. 2.13 zeigt, sind die Pflegedienste 1, 3, 7, 12 und 20 bei jedem Szenario effizient. Sie nutzten jeden Input gut aus und erzeugten jeden Output effizient. Selbst unter der Annahme konstanter Skalenerträge vergeuden sie keine Ressourcen. Die Patienten dieser Pflegedienste erhalten im Verhältnis zu den Güterverbräuchen hervorragende Leistungen.

Die DMUs 2, 5, 6, 8, 9, 15 und 17 sind in jedem Szenario ineffizient. Unabhängig davon, welche Annahme über die Skalenverläufe getroffen wird, welche Inputs und welche Outputs betrachtet werden, stets gibt es andere Pflegedienste, die ihre Ressourcen besser nutzen. Diese Einheiten vorenthalten ihren Patienten wichtige Outputs, da sie die Inputs verschwenden. Einige wenige Einheiten (4, 10, 11) sind nur für den Fall effizient, dass der Umsatz nicht als Output berücksichtigt wird. Da das diakonische Zielsystem den Umsatz jedoch nicht als Oberziel ansieht, ist für diese Pflegedienste durchaus von einem hohen Erreichungsgrad des Zieles „Nächstenliebe" auszugehen. Damit ist deutlich, dass das Ergebnis der Effizienzanalyse in diesem Fall nicht vom Modelltyp abhängt, sondern stabil ist – dies ist aber durchaus nicht immer so. Die DEA mit ihren zahlreichen Varianten sollte deshalb nur mit Vorsicht angewandt werden, da die Gefahr besteht, dass man so lange die Annahmen verändert, bis man das vorher gewünschte Ergebnis erhält.

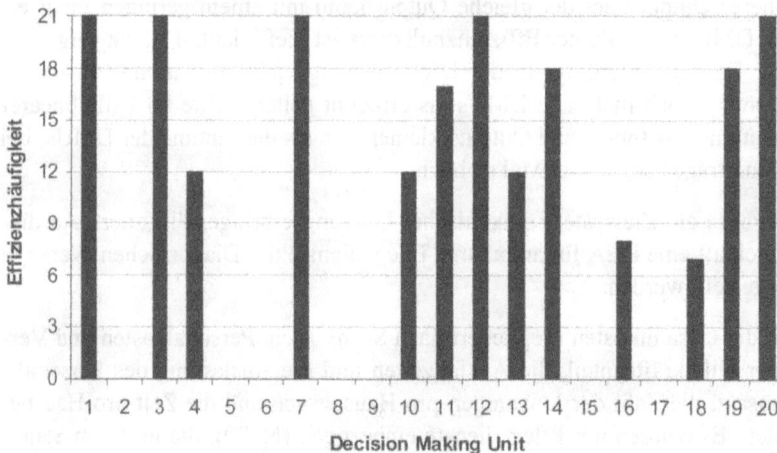

Abb. 2.13   DEA: Fallbeispiel diakonische Pflegedienste

Damit kann man zusammenfassend festhalten, dass die genaue Kenntnis der Werte- und Zielsysteme von größter Wichtigkeit für die Planung und Entscheidung in Beruf und Alltag ist. Nur wer seine Ziele kennt, kann auch die für ihn beste Alternative auswählen. Die Reduktion der betrieblichen Entscheidung auf die Rentabilitätsmaximierung ist hierbei eine nicht zu rechtfertigende Engführung, und zwar auch für die kommerzielle Unternehmung, da insbesondere langfristige Ziele nicht vollständig durch das Gewinnmotiv abgedeckt werden. Reale Zielsysteme sind mehrdimensional. Dementsprechend ist die Entwicklung von Alternativenräumen sowie die anschließende Auswahl einer das Zielsystem optimal erfüllenden Alternative eine anspruchsvolle Tätigkeit. Hierzu müssen verschiedene Fälle unterschieden werden, die im dritten Kapitel diskutiert werden.

3 Konzepte der Entscheidungstheorie

Das dritte Kapitel stellt den Schwerpunkt dieses Buches dar. Die Literatur zu Konzepten der Entscheidungstheorie ist umfangreich, wobei der Schwerpunkt der meisten Schriften auf den mathematischen Verfahren liegt. Dies ist sinnvoll, da mathematische Modelle – wie in Kapitel 1.3 gezeigt – erhebliche Vorteile haben und häufig erst eine Entscheidung ermöglichen. Allerdings birgt die Konzentration auf diesen Modelltyp zwei Gefahren. Zum einen könnte der Leser veranlasst werden, die Planungs- und Entscheidungslehre vollständig auf die Beherrschung mathematischer Methoden zu reduzieren. Dies wäre falsch, denn die Mathematik ist stets nur das Instrument. Erst kommt der Inhalt, dann der Algorithmus. Zum anderen besteht die Gefahr, dass Aspekte der Entscheidungstheorie, die nicht mathematisch abbildbar sind, ausgeklammert werden, obwohl sie in der Praxis von hoher Relevanz sind. In diesem Buch wird deshalb eine Kombination beider Ansätze angestrebt.

Hierzu wird zuerst die Entscheidungsproblematik grundlegend beschrieben. Anschließend werden Modelle vorgestellt, die bei eindimensionalen Zielsystemen angewendet werden, wobei traditionsgemäß zwischen Entscheidungen bei Sicherheit, Risiko und Ungewissheit unterschieden wird. Anschließend folgen Modelle für multidimensionale Zielsysteme. Hierbei werden auch Gruppenentscheidungen berücksichtigt. Abschließend folgen Grundlagen der Nutzentheorie.

3.1 Entscheidungsproblematik

Der Entscheidungsprozess hat meist drei Stufen oder Phasen. Zuerst muss die Entscheidungssituation klar beschrieben werden. Hierzu gehören die Alternativen, die Ziele und die möglichen Umweltsituationen. Anschließend muss sich der Entscheidungsträger klar werden, was für ihn die beste Lösung darstellt. Häufig wird er sich mit dieser für ihn persönlich getroffenen Entscheidung in einen sozialen Prozess einbringen, innerhalb dessen dann eine institutionelle oder Gruppenentscheidung getroffen wird. Dieser Prozess muss geführt oder gecoached werden. Damit kann für alle praktischen Entscheidungen in einer demokratischen Gesellschaft die Entscheidungstheorie nicht vollständig von der Führungslehre getrennt werden.

3.1.1 Grundmodell der Entscheidungstheorie

Das Grundmodell der Entscheidungstheorie[67] geht davon aus, dass eine „optimale" Alternative aus einer Menge von Handlungsalternativen ausgewählt werden soll. Als optimal wird hierbei diejenige Alternative beschrieben, die das Zielsystem des Entscheidungsträgers besser als alle anderen Entscheidungen erfüllt.

Die Elemente des Grundmodells sind die Alternativen, die Umweltsituationen, die Ziele und die Ergebnisse. Als (Handlungs-)Alternativen werden die Aktivitäten oder Strategien bezeichnet, aus denen der Entscheidungsträger auswählen kann. Formal werden sie in Tab. 3.1 mit a_i bezeichnet, d.h., das Entscheidungsfeld besteht aus m Alternativen.

Die (Umwelt-)Situationen sind die Konstellationen des Umsystems, die vom Entscheider nicht beeinflusst werden können. In deterministischen Modellen tritt nur eine Umweltsituation auf, während in stochastischen Modellen mindestens zwei verschiedene Szenarien eintreten können. Tab. 3.1 gibt die n möglichen Umweltlagen als s_1 bis s_n wieder, wobei die Umweltsituation s_j mit der Wahrscheinlichkeit p_j eintreten soll.

Die Ziele werden als z_h abgebildet. Ein k-dimensionales Zielsystem besteht folglich aus den Zielen (z_1, .., z_h, .., z_k). Den Wert, den Alternative a_i bezüglich einem Ziel z_h bei einer Umweltsituation s_j annimmt, bezeichnet man als Ergebnis e_{ij}^h. Die Alternativenanalyse als Teil des Planungsprozesses bedeutet nichts anderes, als dass für jede Alternative untersucht wird, wie gut sie jedes Ziel bei den unterschiedlichen möglichen Umweltzuständen erfüllt. Bei eindimensionalen Zielsystemen genügt eine Tabelle, um die entsprechenden Ergebnisse (e_{ij}) den Alternativen und Umweltsituationen zuzuordnen. Diese Tabelle wird als Ergebnismatrix bezeichnet (vgl. Tab. 3.1). Bei mehrdimensionalen Zielsystemen muss für jedes Ziel eine eigene Ergebnismatrix aufgestellt werden.

Tab. 3.1 Ergebnismatrix

	s_1	...	s_j	...	s_n
	p_1		p_j		p_n
a_1	e_{11}		e_{1j}		e_{1n}
..					
a_i	e_{i1}		e_{ij}		e_{in}
..					
a_m	e_{m1}		e_{mj}		e_{mn}

---

[67] Zu diesem Kapitel siehe insbesondere Bitz 1981; Eisenführ 2001; Eisenführ, Weber & Eisenführ 2003; Laux 2007.

Tab. 3.2 zeigt ein vereinfachtes Beispiel einer Versicherung. Ein Autokäufer hat Angst, sein neues Fahrzeug im Wert von 10.000 € durch einen Unfall zu verlieren. Er informiert sich und erfährt, dass im Durchschnitt 5% der Neuwagen innerhalb des ersten Jahres einen Totalschaden erleiden. Der Erwartungswert des Schadens liegt folglich bei 500 € (=10.000 € · 0,05). Eine Vollkaskoversicherung (ohne Selbstbeteiligung) kostet für sein Fahrzeug 800 €.

Tab. 3.2   Versicherung: vereinfachtes Beispiel[68]

	s_1=kein Unfall p_1=0,95	s_2=Totalschaden p_2=0,05
a_1=keine Versicherung	e_{11}= 0 €	e_{12}= -10.000 €
a_2=Versicherung	e_{21}= -800 €	e_{22}= -800 €

Das Beispiel aus Tab. 3.2 ist relativ einfach, weil erstens nur ein Ziel existiert und zweitens angenommen werden kann, dass der Nutzen für das Individuum identisch mit dem Ergebnis ist. Dies ist jedoch in der Realität häufig nicht der Fall. Beispielsweise ist der Erholungswert eines Urlaubes (Nutzen) nicht proportional zu seiner Länge (Ergebnis). Häufig tritt das Phänomen abnehmender Grenzerträge auf, so dass der Nutzen mit zunehmendem Input (Ergebnis) zwar steigt, die Nutzenzuwächse jedoch immer geringer werden.

Dementsprechend ist die reine Ausrichtung an den quantitativen Ergebnissen häufig ungenügend, um eine Entscheidung zu treffen. Vielmehr muss häufig eine Transformation des Ergebnisses in Nutzengrößen erfolgen, d.h., dem Ergebnis, das die Alternative a_i bezüglich des Zieles z_h bei einer Umweltsituation s_j annimmt, muss der Nutzen u_{ij}^h zugerechnet werden.

$$e_{ij}^h \rightarrow u_{ij}^h$$

Eine Nutzenmatrix ist dementsprechend eine Tabelle, die jeder Alternative und jedem Umweltzustand einen Nutzen zuweist. Sie ist das Ergebnis der Transformation der Ergebniswerte einer Ergebnismatrix in Nutzenwerte. Für multidimensionale Zielsysteme müssen entsprechend viele Nutzenmatrizen aufgestellt werden. Häufig wird für die Nutzenmatrix auch der Begriff Entscheidungsmatrix verwendet, wobei jedoch die Terminologie unterschiedlicher Autoren hier voneinander abweichen kann.

Dieses grundlegende Entscheidungsmodell kann in mehrfacher Hinsicht variiert werden. Erstens müssen Entscheidung mit einem Ziel und mehrkriterielle Entscheidungen unterschieden werden. Die Kapitel 3.2 und 3.3 folgen dieser Differenzierung. Zweitens verlangen Entscheidungen, bei denen eine Transformation der Ergebnismatrix in eine Nutzenmatrix notwendig ist, eine komplexere Entscheidungsmethodik als Entscheidungen, bei denen der Ergebniswert als Grundlage genügt. Kapitel 3.4 diskutiert ansatzweise die Nutzentheorie, d.h., die Transformation der Ergebnismatrix in eine Nutzenmatrix.

---

[68] Quelle: Fleßa 2007, S. 66-68.

Drittens können verschiedene Formen der Unsicherheit unterschieden werden. Wie in Kapitel 1.2.3 beschrieben, können Entscheidungen bei Sicherheit, bei Risiko und bei Ungewissheit unterschieden werden. Eine Entscheidung bei Sicherheit impliziert, dass nur eine Umweltsituation gegeben ist, die garantiert eintreffen wird (p_1=100%). Eine Entscheidung bei Risiko hingegen bedeutet, dass mehrere Umweltzustände möglich sind, die mit bestimmten Wahrscheinlichkeiten eintreten. Es wird angenommen, dass die Menge der Umweltzustände $M(s_1, .., s_n)$ bekannt ist. Weiterhin sind die Eintrittswahrscheinlichkeiten dieser Umweltzustände $Q(p_1, .., p_n)$ bekannt. Von einer Entscheidung bei Ungewissheit spricht man hingegen, wenn die Menge der Umweltzustände $M(s_1, .., s_n)$ bekannt ist, jedoch keine verlässliche Aussage über die Eintrittswahrscheinlichkeiten getroffen werden können. Kapitel 3.2 unterscheidet explizit diese Situationen und stellt Vorgehensweisen zum Umgang mit Unsicherheit vor, die prinzipiell auch auf weitere Modelle übertragen werden können. Auf eine Beschreibung der Spielmodelle wird in dieser Einführung verzichtet.

Schließlich können, viertens, noch Modelle für Einzel- und Gruppenentscheidungen unterschieden werden. Im Folgenden soll deshalb der individuelle und der soziale Kernprozess ausführlicher analysiert werden.

3.1.2 Individueller Kernprozess

Abb. 3.1 zeigt als Wiederholung von Abb. 1.4, dass die Persönlichkeit der Führungskraft im Zentrum der modernen Managementlehre steht. Der Manager plant, organisiert, motiviert und kontrolliert, er stellt Mitarbeiter ein, entwickelt Strategien und steht für deren Umsetzung ein. Vor allem aber koordiniert er die einzelnen Funktionen, Sach- und Zeitebenen des Managements, so dass die betrieblichen Ziele erreicht werden können. Damit kommt aber auch dem Selbstmanagement der Führungskraft eine fundamentale Rolle zu. Letztlich ist keine Entscheidung ohne die Persönlichkeit des Entscheiders nachzuvollziehen. Bei Individualentscheidungen ist dies offensichtlich, aber auch bei Gruppenentscheidungen spielen die sozialen Kompetenzen der Individuen eine gewichtige Rolle.

Der Begriff der Persönlichkeit wird in der Psychologie durch fünf Dimensionen beschrieben: Offenheit für Erfahrungen, emotionale Stabilität, Gewissenhaftigkeit, Verträglichkeit und Extraversion.[69] Aus diesen Dimensionen lassen sich Charakterstärken ableiten, die für Führungskräfte besonders wichtig sind (z.B. Kreativität, geistige Aufgeschlossenheit, Neugierde, Integrität, soziale Intelligenz, Fairness, Selbstbeherrschung, Hoffnung, etc.),[70] wobei diese Eigenschaftskataloge auf Tugenden aufbauen, die sich bis auf die Kardinaltugenden von Aristoteles (Weisheit, Mut, Gerechtigkeit, Mäßigung) bzw. die theologischen Tugenden (Glaube, Hoffnung, Liebe) zurückführen lassen. Modernes Management erfordert neben Fachwissen vor allem eine Persönlichkeit, die den Anforderungen gewachsen ist.

---

[69]   Vgl. Roth 2008, S. 17-19.

[70]   Vgl. Rigos & Mutter 2009, S. 160-169.

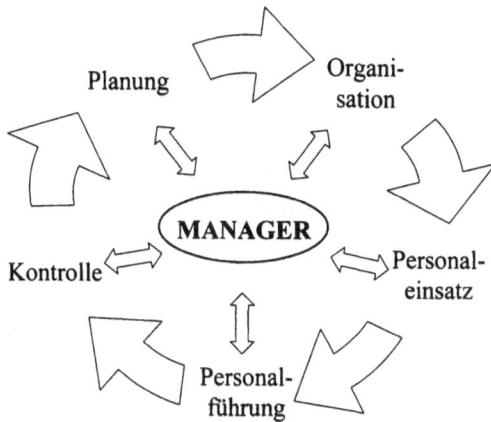

Abb. 3.1   Funktionale Sichtweise des Managements (vgl. Abb. 1.4)[71]

Den Prozess, der in einem Individuum zu einer Entscheidung führt, kann man als individuellen Kernprozess bezeichnen.[72] Hierbei ist es hilfreich, den Entscheidungsträger wiederum als ein System zu verstehen. Abb. 3.2 zeigt in Anlehnung an Abb. 1.1 das Individualsystem.

Gemäß der Grundelemente des Entscheidungsmodells (vgl. Kapitel 3.1.1) sollte die Analyse des individuellen Kernprozesses folgende Aspekte berücksichtigen:

• Ziele: Führungskräfte haben ein eigenes, privates Zielsystem. Auch wenn sie sich dessen nicht immer bewusst sind, agieren sie auf Grundlage tief verwurzelter Wertvorstellungen. Sie haben eine persönliche Vision und eine individuelle Mission, wobei Führungskräfte besonders effektiv und engagiert arbeiten können, wenn die Erreichung der Betriebsziele einen Beitrag zur persönlichen Lebenszielerfüllung leistet. Die Persönlichkeit und Prägung der Führungskraft entwickeln sich zum Fokus der modernen Führungsforschung, da Entscheidungen selten auf Grundlage mathematischer Kalküle als vielmehr auf Basis persönlicher Präferenzen getroffen werden.

• Alternativenraum: Das Umsystem der Führungskraft determiniert die Handlungsalternativen, die überhaupt zur Verfügung stehen. Dabei ist nicht nur das wirtschaftliche, demografische und politische Umfeld relevant, sondern vor allem das soziale. Noch immer stellt die unmittelbare Familie das wichtigste soziale Netz dar und ist Sinn- und Wertespender. Beispielsweise werden Manager auf Führungsseminaren aufgefordert, ihre persönlichen Ziele für das Ende ihres Lebens zu formulieren. Dabei wird Familienglück überwiegend höher angesiedelt als beruflicher Erfolg. Entscheidungen müssen deshalb dieses Umsystem berücksichtigen.

---

[71]   Schreyögg & Koch 2007, S. 12.

[72]   Vgl. Rieckmann 2007.

- Gewichtung: Ziele und Alternativen müssen gewichtet bzw. bewertet werden. Hierbei spielen wiederum die Vorprägungen eine große Rolle. Die Definition der eigenen Rolle im Umsystem, die Selbstwahrnehmung und der Grad der intrinsischen Motivation bestimmen, welche Ziele, Outputs, Outcomes und Impacts als besonders wichtig erachtet werden. Hierzu gehört auch die Existenz eines individuellen Feedbacksystems. Manager, die sich kaum selbst hinterfragen und von ihren Untergebenen eher Selbstbestätigung als Kritik erwarten, werden anders entscheiden als Führungskräfte, die ihre Integrität durch einen lebenslangen Prozess der Reflexion und konstruktiven Kritik stärken.

- Unsicherheit: Die Lebenssituation und die Prägung des Entscheidungsträgers beeinflussen, welche Informationen er wahrnimmt bzw. welche er ausfiltert. Darüber hinaus ist die Interpretation der Informationen aus der Umwelt abhängig von seiner Vorprägung. Die Persönlichkeit des Entscheidungsträgers determiniert deshalb maßgeblich, ob er Umweltsituationen überhaupt wahrnimmt, ob er sie als sicher oder unsicher interpretiert und ob er Unsicherheit als bedrohlich oder chancenreich interpretiert.

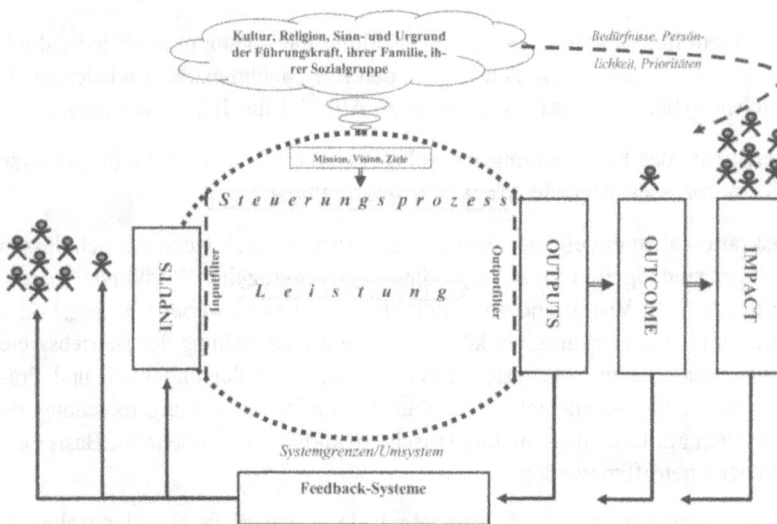

Abb. 3.2   Systemmodell und Persönlichkeit[73]

Traditionell geht die Betriebswirtschaftslehre vom Modell des freien Entscheiders aus. Eine gewisse Zeit lang wurde dieses Bild durch Erkenntnisse der Gehirnforschung erschüttert,[74] die dem Menschen nur einen sehr bedingten Entscheidungsfreiraum zugestanden haben. Neurobiologische Experimente zeigen hierbei, dass das kognitive Denken, d.h. das bewusste Abwägen und der Wille, durch emotionale und unterbewusste Vorgänge dominiert werden,

---

[73]   Quelle: Eigene Darstellung.

[74]   Vgl. Roth 2005.

die in älteren Gehirnregionen (z.B. dem Mantelkern) angesiedelt sind. Die vollständige Willensfreiheit des Menschen steht damit in Zweifel (Libet et al. 1983, S. 623-642). Allerdings scheint diese Einschätzung heute als überholt. Die Gehirnforschung bestätigt zwar, dass das Unterbewusste einen Einfluss auf unsere Entscheidungen hat und gewisse Nebenbedingungen darstellt, die rationale Entscheidungsfindung wird jedoch nur in Extremsituationen (z.B. intensive Angst) aussetzen.[75] In der Regel führt ein Impuls nicht automatisch zu einer Handlung. Vielmehr existiert zwischen Impuls und Reaktion ein Handlungsspalt, der durch persönliche Weiterentwicklung erweitert werden kann.[76]

Die Fähigkeit zur Selbststeuerung ist die Grundannahme der Managementlehre. Die Führungskraft entscheidet sich zuerst einmal dafür, dieser Anforderung integer gerecht zu werden. Sie entscheidet sich für Selbstdisziplin, persönliche Weiterentwicklung und einen gewissenhaften Umgang mit ihr selbst. Selbststeuerung ist aber auch die Grundlage eines erfolgreichen sozialen Kernprozesses. Der Ausgangspunkt einer Entscheidung ist stets, dass sich jeder Entscheidungsträger individuell bewusst wird, welche Ziele ihm wichtig sind, welche Alternativen er sieht, wie er die Unsicherheit bewertet, welche Kompromisse er bereit ist einzugehen und welchen Nutzen ihm persönlich bestimmte Ergebnisse liefern. Bei Individualentscheidungen endet der Prozess hier, bei Gruppenentscheidungen wird er im sozialen Kernprozess fortgeführt.

3.1.3   Sozialer Kernprozess

3.1.3.1   Inhalt
Der soziale Kernprozess umfasst alle Relationen und Transaktionen, die innerhalb einer Gruppe zu einer Entscheidung führen. Grundlegend für einen erfolgreichen sozialen Kernprozess ist die soziale Kompetenz der Gruppenmitglieder. Simsa und Patak[77] verstehen hierunter die folgenden Persönlichkeitseigenschaften:

* Selbst- und Menschenkenntnis
* Kontakt- und Beziehungsfähigkeit
* Konfliktfähigkeit
* Begeisterungsfähigkeit
* Persönlicher Mut
* Entwicklung starker persönlicher Visionen
* Entwicklung und Pflege starker persönlicher Werte

Die soziale Kompetenz geht folglich von der Eigensteuerungsfähigkeit aus und erweitert diese auf die Beziehungsebene. Der soziale Kernprozess sowie die sozialen Relationen sind kein ausschließliches Zufallsprodukt, sondern unterliegen zumindest zum Teil der Entscheidung der Führungskräfte. Ziel ist hierbei die Entwicklung von der Dependenz zur Interde-

---

[75]   Vgl. Küpper 2009, S. 781-800.

[76]   Vgl. Covey 2004, S. 68.

[77]   Vgl. Patak & Simsa 2008, S. 50-52.

pendenz. Als Dependenz bezeichnet man die Abhängigkeit, wobei in dieser Situation kein Erfahrungsaustausch stattfinden kann und die Entscheidungen alleine vom Vorgesetzten getroffen werden.

In einigen Situationen gibt es auch independente Beziehungen. Sie implizieren eine völlige Unabhängigkeit in Form der Verbindungslosigkeit. Entscheidungen werden getroffen, ohne die Kompetenz des anderen einzubeziehen. Besonders negativ äußert sich die Kontradependenz, wo ein Entscheider exakt das Gegenteil dessen anstrebt, was sein Gegenüber entschieden hat. In der Regel entstehen kontradependente Beziehungen, wenn ein Partner seine Unabhängigkeit zu beweisen sucht. Nicht weniger gefährlich ist die Kodependenz, bei der die Schwäche des anderen das eigene Ego befriedigt. Hier lobt und anerkennt man die Entscheidungen des jeweils anderen kritiklos.

Abb. 3.3   Beziehungsmuster[78]

Interdependenz schließlich ist die bewusste und gegenseitige Beziehungsabhängigkeit. Sie erfordert eine starke Entscheidungspersönlichkeit, die selbst genau weiß, was sie will, aber auch die Größe hat, die Entscheidungspartner anzuhören und zu verstehen. Auf dieser Basis versucht sie, den eigenen Standpunkt darzustellen und schließlich – möglichst gemeinsam –

---

[78]   Quelle: Eigene Darstellung.

zu einer optimalen Entscheidung zu gelangen. Interdependenz ist kein fauler Kompromiss, sondern das ehrliche Ringen um die beste Lösung.

3.1.3.2   Relevanz

Viele Entscheidungen werden in Teams getroffen. Vorstände, Arbeitsgruppen und Doppelspitzen von Geschäftsführern müssen nicht nur individuell ihre Prioritäten sortieren, sondern diese auch miteinander abstimmen. Der aufgezeigte Weg zur Interdependenz kann anhand von Abb. 3.4 noch weiter verdeutlicht werden, wobei Tab. 3.3 die Achsenbezeichnungen noch genauer erläutert.

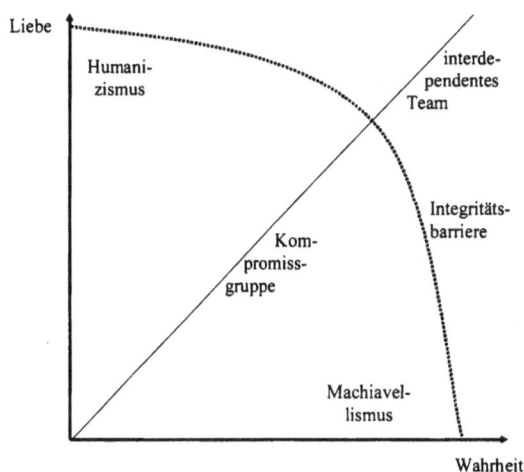

Abb. 3.4 Liebe-Wahrheit-Diagramm[79]

Abb. 3.4 zeigt das Liebe-Wahrheit-Diagramm und die möglichen Konstellationen von Entscheidungsteams. Es gibt Gruppen, deren Mitglieder sich überwiegend independent verhalten. Sie setzen ihre Bedürfnisse mit Macht durch (Machiavellismus), gehen dabei aber sehr ehrlich miteinander um. Es dominiert die Angst, von anderen Teammitgliedern hintergangen zu werden. In Situationen, in denen Einzelkämpfer auf Märkten agieren, auf denen schnelle Gewinne oder Verluste möglich sind, werden Zwangskoalitionen schnell zu Machiavelliteams (z.B. Finanzmarkt).

Zweitens gibt es Entscheidungsteams, deren Mitglieder dependent sind. Alle Mitglieder sind lieb, nett und freundlich, auch zu dem Preis von Unwahrheit und faulen Kompromissen. Keiner sagt dem anderen, was er wirklich denkt, wie die Situation in Wirklichkeit einzuschätzen ist und welche persönlichen Untugenden zu überwinden wären, um eine optimale Entscheidung zu treffen. Kein Mitglied traut sich beispielsweise zu sagen, dass die Outputs

---

[79]   Quelle: Rieckmann 2005, S. 17.

die Bedürfnisse der Kunden nicht mehr befriedigen. Die Teammitglieder lügen einander eine heile Welt vor, weil sie Angst davor haben, die Sympathie zu verlieren, die sie für ihre dependente Beziehung benötigen. Stattdessen verletzen sie die Wahrheit. Gerade in basisorientierten Nonprofit-Organisationen dominiert dieser Teamtyp.

Schließlich gibt es die große Gruppe der Kompromissteams, die zwischen beiden Extremen anzusiedeln sind. Die Mitglieder bilden Nicht-Angriffspakte, die auf dem kleinsten gemeinsamen Nenner koexistieren. Indem sie echte Begegnung vermeiden sowie Konformismus belohnen, können sie nett und freundlich überleben, ohne zu sehr Gefahr zu laufen, die Aggression des anderen zu spüren und gleichzeitig ausreichend Wärme zu empfinden. Allerdings impliziert dieses Verhalten auch, dass neue, herausfordernde Ideen unterdrückt sowie Komplexität und Kreativität möglichst vermieden werden. Solange alles beim Alten bleibt, herrscht in diesen Teams eine stetige Selbstbestätigung gepaart mit Langeweile und Zeitvergeudung. Kommt es zu tiefgreifenden Änderungen, wie sie in der heutigen Marktwirtschaft allgegenwärtig sind, so sind diese Teams völlig überfordert, sich schnell und tiefgreifend anzupassen.

Tab. 3.3   *Wahrheit und Liebe als Dimensionen der Teambildung*[80]

Dimension	Eigenschaften
Liebe	einander gelten lassen, akzeptieren, tolerieren
	verstehen, würdigen
	helfen, fördern
	verzeihen, neu anfangen, versöhnen
	mitfühlend, barmherzig, warmherzig
	Machtverzicht, Unterdrückungsverzicht
	Zuneigung, Geduld, Freundlichkeit
	Treue, Gerechtigkeit
	Fehlertoleranz
	Wärme, freigiebig, angstfrei
Wahrheit	offen, ehrlich, aufrichtig
	authentisch, stimmig
	vielfältige Wahrnehmung zulassen
	kreativ, spinnend, querdenkend, experimentierend
	Streitkultur: konfrontationsbereit
	Feedback geben und annehmen
	keine Notwendigkeit zur ständigen Verteidigung
	Korrekturbereitschaft
	Verzicht auf Rationalisierung und Verdrängung

Ein interdependentes Team hingegen besteht aus Mitgliedern, die einander vertrauen, sich schätzen und gegenseitig bereichern, jedoch trotzdem in der Lage sind, Wahrheiten auszusprechen, Fehler zu riskieren und Korrekturen zu leisten. Jedes Mitglied ist für sich selbst verantwortlich und eigenständig, bringt sich jedoch auch vollständig in die Gruppe ein und

---

[80]   In Anlehnung an Rieckmann 2005, S. 15.

generiert einen Mehrwert. Hier ist tatsächlich das Gruppensystem mehr als die Summe der Einzelnen.

Abb. 3.4 zeigt, dass die Kompromissgruppe ebenso wie das interdependente Team auf der 45°-Linie liegen, d.h. in der Ausgewogenheit von Liebe und Wahrheit. Allerdings ist das interdependente Team in beiden Dimensionen deutlich weiter fortgeschritten. Es stellt sich deshalb die Frage, wie eine Entwicklung von der Kompromissgruppe hin zum interdependenten Team erfolgen kann, so dass sich Entscheidungen vom kleinsten gemeinsamen Nenner hin zur synergistischen Optimallösung weiterentwickeln können. Der Entwicklungspfad entlang der 45°-Linie stellt eine Grundvoraussetzung für zukunftsfähige Unternehmen dar. Nur wenn es gelingt, schnell die häufigen und tiefgreifenden Änderungen zu erkennen und zu kommunizieren, Lösungsalternativen zu entwickeln, die beste Lösung zu selektieren, Umsetzungspläne gemeinsam zu entwickeln und effizient umzusetzen, haben Unternehmen auf den Zukunftsmärkten eine Chance.

Allerdings wird die Entwicklung häufig blockiert, was in Abb. 3.4 durch eine Integritätsbarriere angedeutet wird. Es handelt sich hierbei weniger um eine organisatorische Barriere, sondern um einen Defekt der individuellen Persönlichkeit der Gruppenmitglieder. Nur Menschen mit integrer Persönlichkeit können Liebe und Wahrheit im Umgang miteinander wagen. Reife Führungspersönlichkeiten, die ihre eigenen Stärken kennen, ihre Schwächen durch Teammitglieder ausgleichen lassen, ihre Ängste und Fehlprägungen erkennen, ihren Standpunkt einnehmen und gleichzeitig zuhören können, können ein interdependentes Team bilden, das optimale Entscheidungen trifft. Persönlichkeitsentwicklung wird damit zu einem zentralen Element der Entscheidungstheorie.

Damit stehen individueller und sozialer Kernprozess in einem engen, wechselseitigen Verhältnis. Jenseits der Modelle der Entscheidungstheorie muss stets bedacht werden, dass Entscheidungen von Menschen getroffen werden, die als Individuen oder in Gruppen Ziele und Werte haben, in Umsysteme eingebunden sind, Ängste und Hoffnungen hegen sowie Prägungen und Verletzungen mitbringen. Gerade langfristige, strategische Planungen und Entscheidungen benötigen nicht primär ein Rechenmodell, sondern Planer und Entscheider, die Soft Skills beherrschen: Informationen aufnehmen und analysieren, kreativ bestehende Lösungen kombinieren oder völlig neue Varianten erdenken, die eigene Idee zielführend kommunizieren, die Signale anderer aufnehmen und empathisch deuten, Vertrauen bauen und Ehrlichkeit wagen, Kritik annehmen und konstruktiv geben, Entscheidungen treffen und akzeptieren. Damit wird die Planungs- und Entscheidungstheorie wiederum Teil des Managements als Subsystem der modernen Betriebswirtschaftslehre.

3.2   Eindimensionale Zielsystemen

Nach dieser grundlegenden Einführung werden im Folgenden die klassischen Modelle der Entscheidungstheorie vorgestellt.[81] Die Ausführungen beginnen mit dem einfachsten Fall, der Entscheidung bei Sicherheit und mit nur einem Ziel.

3.2.1   Entscheidung bei Sicherheit

In einem klassischen Entscheidungsproblem ist die Zahl der Alternativen bekannt und gegeben. Die Entscheidung bei Sicherheit und einem Ziel besteht deshalb lediglich darin, aus diesen Alternativen die optimale herauszusuchen, d.h., diejenige zu bestimmen, bei der ein Ergebnis maximal (Maximierungszielsetzung) oder minimal (Minimierungszielsetzung) ist. Die Ergebnismatrix (vgl. Tab. 3.1) fällt damit auf eine Dimension zusammen (Tab. 3.4).

Tab. 3.4   Ergebnismatrix bei Sicherheit[82]

	s_1
	p_1
a_1	e_{11}
..	
a_i	e_{il}
..	
a_m	e_{ml}

Eine Entscheidung bei Sicherheit und einem Ziel ist auch dann trivial, wenn eine Transformation der Ergebniswerte in Nutzenwerte erforderlich wäre, jedoch die Nutzenfunktion monoton ist. Da in diesem Fall angenommen werden kann, dass der kleinste Ergebniswert auch den kleinsten (positive Steigung der Nutzenfunktion) oder den größten (negative Steigung der Nutzenfunktion) Nutzen hat, kann die nutzenoptimale Alternative anhand des Ergebniswertes bestimmt werden. Lediglich wenn die Nutzenfunktion nicht monoton ist, ist eine Transformation der Ergebnismatrix in eine Nutzenmatrix unabdingbar und die Entscheidungssituation wird komplexer.

Entscheidungen bei Sicherheit und einem Ziel können weiterhin dann schwierig sein, wenn die Lösungsmenge nicht endlich ist, so dass aus einem unendlichen Lösungsraum die opti-

---

[81]   Siehe wiederum insbesondere Bitz 1981; Eisenführ 2001; Eisenführ, Weber & Eisenführ 2003; Laux 2007.

[82]   Diese und weitere Tabellen finden sich in den meisten Lehrbüchern der Betriebswirtschaftslehre, z.B. bei Domschke & Scholl 2008.

male Lösung bestimmt werden muss. Derartige Verfahren werden gemeinhin den Verfahren des Operations Research zugeordnet und von der Entscheidungstheorie abgegrenzt. In der Praxis hingegen wird hier kaum unterschieden, so dass an dieser Stelle zumindest das Prinzip einer derartigen Optimierungsaufgabe anhand des Beispiels der Linearen Programmierung aufgezeigt werden soll.

Die Produktionsprogrammplanung kann als Musterbeispiel für eine Optimierung mit einem Ziel und Sicherheit gewertet werden. Ziel ist die Festlegung der zu produzierenden Produkte mit einer gegebenen Produktionskapazität, wobei als einziges Ziel der Deckungsbeitrag maximiert werden soll. Alle Parameter sind bekannt und unterliegen keinen Unsicherheiten. Abb. 3.5 zeigt die grafische Lösung für ein Produktionsprogramm mit zwei Produkten. Der Deckungsbeitrag für Produkt 1 beträgt 1.000 Euro (d_1=1000), für das zweite Produkt 1.600 Euro (d_2=1600). Beide Produkte benötigen die Maschinen 1 und 2, wobei die zweite Maschine aufgrund von täglichen Wartungsarbeiten nur sechs Stunden zur Verfügung steht (K_2=6), während die erste Maschine 8 Stunden benutzt werden kann (K_1=8). Ein Stück von Produkt 1 benötigt zwei Stunden auf der ersten Maschine (c_{11}=2) und eine Stunde auf der zweiten Maschine (c_{21}=1). Die entsprechenden Werte für Produkt 2 betragen jeweils zwei Stunden (c_{12}=2; c_{22}=2).

Damit ergibt sich das Lineare Programm:

$$Z = 1000x_1 + 1600x_2 \rightarrow Max! \quad s.t.$$
$$2x_1 + 2x_2 \leq 8$$
$$1x_1 + 2x_2 \leq 6$$
$$x_i \geq 0, i = 1, 2$$

Abb. 3.5 zeigt grau schraffiert den Lösungsraum. Es ist deutlich, dass er durch die beiden Produktionskapazitäten begrenzt wird, im Prinzip sind jedoch alle (x_1; x_2)-Kombinationen innerhalb des Lösungsraumes möglich, d.h., der Lösungsraum ist unendlich.

Entscheidungen in einem begrenzten, jedoch unendlichen Lösungsraum können nur in Sonderfällen getroffen werden. Die Lineare Programmierung stellt den Spezialfall dar, dass alle Nebenbedingungen und die Zielfunktion linear sind, die Entscheidungsvariablen nicht ganzzahlig und nicht negativ sein müssen. Trotzdem wird das triviale Entscheidungsproblem mit einem Ziel und unter Sicherheit durchaus anspruchsvoll, wenn die Alternativen nicht mehr explizit bekannt und benennbar sind.

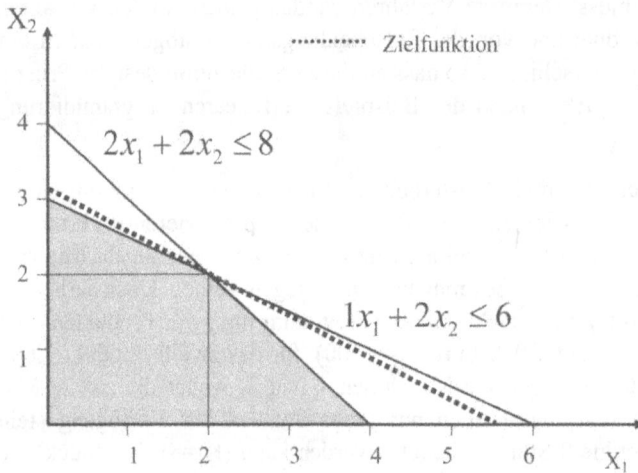

X_2

· · · · · · · · · · · · Zielfunktion

4

$2x_1 + 2x_2 \leq 8$

3

2

$1x_1 + 2x_2 \leq 6$

1

1   2   3   4   5   6 X_1

Abb. 3.5 Lösungsraum: Lineare Programmierung[83]

3.2.2   Entscheidung bei Risiko und einem Ziel

Eine Entscheidung bei Risiko impliziert,[84] dass alle möglichen Umweltzustände und ihre Eintrittswahrscheinlichkeiten bekannt sind. Da Entscheidungen mit unterschiedlichen möglichen Umweltsituationen sehr umfassend sein können, sollte stets zuerst eine Dominanzanalyse erfolgen, um für die Entscheidung irrelevante Alternativen auszuschließen. Nach der Dominanzanalyse sollten nur noch effiziente Alternativen übrig bleiben. Eine Alternative a_i ist hierbei effizient, falls keine andere Alternative a_q existiert, die für alle Umweltsituationen mindestens gleich gut ($e_{qj} \geq e_{ij}$) und für eine Umweltsituation besser ist ($e_{qj} > e_{ij}$). Tab. 3.5 zeigt ein Beispiel mit vier Alternativen und vier möglichen Umweltsituationen.

Im Falle einer Maximierungszielsetzung wird Alternative 1 von Alternative 4 ($e_{41} \geq e_{11}$; $e_{42} \geq e_{12}$; $e_{43} \geq e_{13}$; $e_{44} \geq e_{14}$) und Alternative 2 von Alternative 6 dominiert ($e_{61} \geq e_{21}$; $e_{62} \geq e_{22}$; $e_{63} \geq e_{23}$; $e_{64} \geq e_{24}$), so dass als Entscheidungsraum lediglich die Alternativen a_3, a_4, a_5 und a_6 bleiben. Im Falle einer Minimierungszielsetzung bleiben entsprechend a_1, a_2, a_3 und a_5. Die Entscheidungsmatrix wird durch die Streichung der entsprechenden Zeilen vereinfacht.

Anschließend muss mit Hilfe von Entscheidungsregeln die optimale Entscheidung getroffen werden. Bei einem Ziel ist dies vergleichsweise einfach. Es muss lediglich eine klare Regel (Entscheidungskriterium) definiert werden, wie bei gegebenen Alternativen, Umweltzustän-

---

[83]   Quelle: Meyer & Hansen 1985, S. 4.

[84]   Siehe wiederum insbesondere Bitz 1981; Eisenführ 2001; Eisenführ, Weber & Eisenführ 2003; Laux 2007.

den und Eintrittswahrscheinlichkeiten zu entscheiden ist. Die gängigen Regeln hierfür sind die Bayes-Regel, die Regel des minimalen Risikos und die μ-σ-Regel.

Tab. 3.5 Dominanzanalyse: Beispiel

	s_1; p_1=0,1	s_2; p_2=0,3	s_3; p_3=0,1	s_4; p_4=0,5
a_1	e_{11}=200	300	400	300
a_2	500	400	200	200
a_3	300	300	300	300
a_4	200	300	400	400
a_5	700	400	100	200
a_6	600	800	300	200

μ-Regel

Die am häufigsten verwendete Entscheidungsregel orientiert sich ausschließlich am Erwartungswert einer Alternative. Sie wird deshalb auch Erwartungswertkonzept bzw. Bayes-Regel genannt. Der Erwartungswert einer Alternative a_i wird als $\mu(a_i)$ bezeichnet und errechnet sich bei n möglichen Umweltzuständen mit der jeweiligen Eintrittswahrscheinlich p_j als

$$\mu(a_i) = \sum_{j=1}^{n} p_j \cdot e_{ij}$$

Wenn die Entscheidung sehr häufig wiederholt wird, ist im Durchschnitt bei Alternative a_i mit diesem Ergebnis zu rechnen. Falls der Entscheidungsträger eine Maximierungszielsetzung verfolgt, wird er diejenige Alternative wählen, die ihm den höchsten Erwartungswert liefert, d.h., bei m Alternativen ist diejenige optimal (a^*), bei der gilt

$$\mu^* = Max\{\mu(a_i)|i = 1,..,m\}$$

Da in der Wirtschaft häufig Maximierungszielsetzungen auftreten, wird die μ-Regel manchmal auch als das Kriterium des maximalen durchschnittlichen Ergebnisses bezeichnet. Im Falle einer Minimierungszielsetzung muss hingegen die Alternative mit dem geringsten Erwartungswert verwendet werden, d.h.

$$\mu^* = Min\{\mu(a_i)|i = 1,..,m\}$$

Das Erwartungswertkonzept kann insbesondere bei häufigen Entscheidungen angewendet werden, da durch die häufige Wiederholung langfristig der Durchschnitt erreicht wird. Dies entspricht einer vollständigen Risikoneutralität. Sie ist bei häufigen Entscheidungen rational, was z.B. in dem alten Spruch „Die Spielbank gewinnt immer!" zum Ausdruck kommt. Während für den Spieler, der nur einen Abend einige wenige Runden Roulette wagt, das Risiko eines Verlustes entscheidungsrelevant ist, zählt für die Spielbank, die jeden Tag zahlreiche Runden spielt, nur der Durchschnitt.

In der betrieblichen Praxis und insbesondere im Privathaushalt sind Entscheidungen jedoch nur selten häufig. Investitionsentscheidungen, Personaleinstellungen, Standortwahl oder die Wahl des Ehepartners sind in der Regel seltene, jedoch sehr tragweite und bindende Entscheidungen. Hier darf nicht der Erwartungswert alleine relevant sein, denn der Durchschnitt sagt nicht viel aus. Die Aussage „Man lege eine Hand in den Kühlschrank und eine auf die Herdplatte, dann geht es einem im Durchschnitt gut!" zeigt auf, dass die Abweichung vom Durchschnitt häufig mindestens genauso wichtig ist.

σ-Regel

σ stellt die Streuung dar und ist damit ein Maß für das Risiko einer Alternative. Je größer die Streuung, desto wahrscheinlicher wird das Ergebnis vom Erwartungswert abweichen. Die Streuung der Alternative a_i berechnet sich als

$$\sigma(a_i) = \sqrt{\sum_{j=1}^{n} p_j \cdot \left(e_{ij} - \mu(a_i)\right)^2}$$

Die Entscheidungsregel besagt, dass stets diejenige Alternative a^* zu wählen ist, die das geringste Risiko bzw. die kleinste Streuung hat. Die σ-Regel wird deshalb auch als die Regel des minimalen Risikos bezeichnet. Bei m Alternativen ergibt sich

$$\sigma^* = Min\left\{\sigma(a_i) \mid i = 1,..,m\right\}$$

Bei einmaligen bzw. seltenen Entscheidungen werden risikoaverse Entscheidungsträger tendenziell die σ-Regel anwenden. Allerdings verkennt diese Regel, dass die Streuung aus Chancen und Risiken besteht, d.h., Abweichungen vom Erwartungswert in Richtung der Optimierungszielsetzung stellen kein Risiko dar. Im Falle der Maximierung können deshalb Werte über dem Erwartungswert nicht als Risiko gewertet werden, und im Falle der Minimierung Werte unterhalb des Erwartungswertes.

Es ist deshalb sinnvoll, die Semivarianz der Alternative a_i zu berechnen, die Abweichungen vom Erwartungswert in Richtung der Optimierungszielsetzung vernachlässigt, d.h.,

$$\rho^2(a_i) = \begin{cases} \sum_{j=1}^{n} p_j \cdot \left\{Max\left(0; \mu(a_i) - e_{ij}\right)\right\}^2 & \text{für} \quad \text{Maximierung} \\ \sum_{j=1}^{n} p_j \cdot \left\{Min\left(0; \mu(a_i) - e_{ij}\right)\right\}^2 & \text{für} \quad \text{Minimierung} \end{cases}$$

Als Entscheidungsregel würde sich anbieten, diejenige Alternative a^* zu wählen, bei der die Semivarianz minimal ist.

Tab. 3.6   Entscheidung bei Risiko: Fallbeispiel

	s_1; p_1=0,1	s_2; p_2=0,3	s_3; p_3=0,1	s_4; p_4=0,5	μ	σ	ρ
a3	300	300	300	300	300	0	0
a4	200	300	400	400	350	67,08	54,77
a5	700	400	100	200	300	167,33	94,89
a6	600	800	300	200	430	268,51	167,75

Tab. 3.6 zeigt aufbauend auf das Beispiel aus Tab. 3.5 die Vorgehensweise. Die Alternativen 1 und 2 wurden als dominiert aus der Ergebnismatrix eliminiert, weil wir in diesem Beispiel von einer Maximierungszielsetzung ausgehen. Nach der Erwartungswertregel ist eine Alternative vorzuziehen, wenn sie einen höheren Erwartungswert hat, d.h., die sechste Alternative ist optimal (a_6»a_4»a_5≈a_3). Nach der σ-Regel erscheint hingegen Alternative 3 als besonders gut, da sie überhaupt kein Risiko impliziert, während Alternative 6 besonders schlecht (risikoreich) ist (a_3»a_4»a_5»a_6). Die Semivarianz führt in diesem Fall zu demselben Ergebnis.

μ-σ-Regel

Die meisten Entscheidungsträger sind weder völlig risikoindifferent noch völlig risikoavers, so dass sie sowohl den Erwartungswert als auch die Streuung in ihre Entscheidungen einbeziehen. Häufig haben Alternativen mit einem hohen Erwartungswert (bei Maximierungszielsetzung) auch eine hohe Streuung, während relativ sichere Alternativen auch einen schlechteren Erwartungswert haben, d.h., in der Regel „erkaufen" wir uns einen hohen Erwartungswert durch ein großes Risiko.

Formal erfolgt die simultane Berücksichtigung von Erwartungswert und Streuung durch die Einführung einer Präferenzfunktion $\Phi(\mu,\sigma)$, z.B. in der Form

$$\Phi(\mu,\sigma) = a \cdot \mu + b \cdot \sigma, \; mit \; a,b \in \Re.$$

Die μ-Regel erscheint als ein Sonderfall für a=1 und b=0, während die σ-Regel den Sonderfall a=0 und b=1 darstellt. Tab. 3.7 gibt auf Basis des Fallbeispiels von Tab. 3.6 die Ergebnisse für verschiedene Präferenzfunktionen wieder. Für die Präferenzfunktion μ-σ ist die Alternative a_3 optimal, für μ+σ die Alternative a_6, für μ-0,2σ ebenfalls a_6, für μ-0,5σ die Alternative a_4 und für μ-2σ Alternative a_3. Es zeigt sich folglich, dass die Gewichtung von Mittelwert und Streuung von großer Relevanz für die Auswahl der Strategie ist.

Tab. 3.7 μ-σ-Regel: Beispiel

	s_1; p_1=0,1	s_2; p_2=0,3	s_3; p_3=0,1	s_4; p_4=0,5	μ	σ	$\Phi(\mu,\sigma)=$				
							μ-σ	μ+σ	μ-0,2σ	μ-0,5σ	μ-2σ
a3	300	300	300	300	300	0	300	300	300	300	300
a4	200	300	400	400	350	67,08	283	417	337	316	216
a5	700	400	100	200	300	167,33	133	467	267	216	-35
a6	600	800	300	200	430	268,51	161	698	376	296	-107

Die Präferenzfunktionen aus Tab. 3.7 spiegeln unterschiedliche Risikoeinstellungen eines Entscheidungsträgers wider. Die Funktion $\Phi(\mu,\sigma)=\mu+\sigma$ ist ein Beispiel für einen risikofreudigen Entscheider, der ein Risiko als Chance wahrnimmt. Höhere Standardabweichungen sind für ihn besser als niedrigere. Abb. 3.6 zeigt eine Nutzenfunktion eines risikofreudigen Entscheiders. Eine Isonutzenlinie stellt den geometrischen Ort aller μ-σ-Kombinationen dar, die für das Individuum denselben Nutzen darstellen Die Form der Nutzenfunktion impliziert, dass bei konstantem Erwartungswert μ der Nutzen zunimmt ($\Phi_1{>}\Phi_2$), wenn die Streuung (σ) steigt.

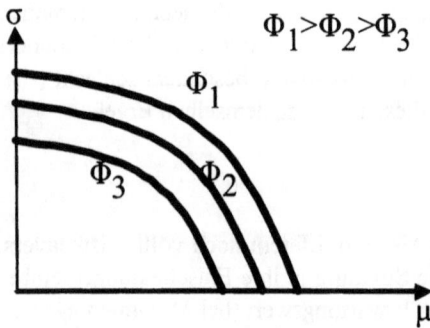

Abb. 3.6 Risikofreude[85]

Es gibt in der Realität tatsächlich „Spieler", die den Nervenkitzel zunehmenden Risikos positiv bewerten. Die meisten Entscheider sind hingegen eher risikoindifferent oder -avers. Die kaufmännische Vorsicht ist eine klassische Tugend, die sich primär darin äußert, dass Risiko negativ bewertet und nur dann akzeptiert wird, wenn ein entsprechend großer Zuwachs im Erwartungswert vorliegt.

Abb. 3.7 zeigt die Nutzenfunktion für einen risikoneutralen Entscheider. Der Nutzen ist unabhängig von der Streuung, d.h., das Risiko wird weder als Chance noch als Gefahr bewertet. Risikoneutralität entspricht der μ-Regel.

---

[85] Quelle: Domschke & Scholl 2008, S. 52.

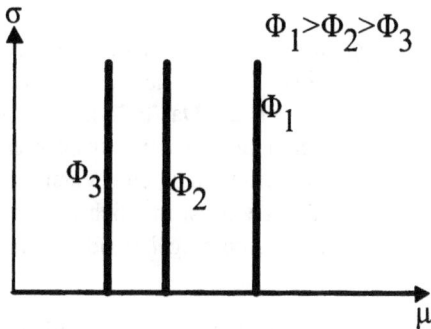

Abb. 3.7 Risikoneutralität

Abb. 3.8 zeigt die Nutzenbewertung eines risikoaversen Entscheiders (z.B. $\Phi(\mu,\sigma)=\mu-\sigma$). Risiko wird als Bedrohung gesehen, und eine höhere Standardabweichung ist schlechter als eine niedrigere. Der Risikoscheue ist bereit, auf einen erwarteten Ertrag zu verzichten, wenn er dafür die Streuung reduzieren kann.

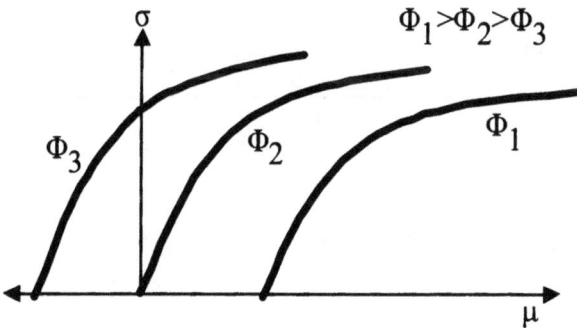

Abb. 3.8 Risikoaversion[86]

An dieser Stelle soll nicht diskutiert werden, wie man die Nutzenfunktion empirisch ermittelt. Dies wird in Kapitel 3.4 diskutiert. Der Trade-Off zwischen Erwartungswert und Streuung wird als bekannt vorausgesetzt und es sollen lediglich die Konsequenzen der Risikoaversion dargestellt werden. Im Normalfall geht die Entscheidungstheorie von einem risikoscheuen Entscheider aus. In diesem Fall ist es sinnvoll, Risiken abzusichern, z.B. durch den Abschluss einer Versicherung. Im Folgenden soll deshalb das so genannte Versicherungsprinzip dargestellt werden. Wiederum wird die Nutzenfunktion als bekannt vorausgesetzt.

---

[86] Quelle: Domschke & Scholl 2008, S. 52.

Versicherungsprinzip

Die Isonutzenlinien Φ_1 und Φ_2 lassen kein negatives Ergebnis zu, da der Erwartungswert auch dann nicht negativ ist, wenn die Streuung null wird. Φ_3 hingegen entspricht der Situation, bei der eine Reduktion der Streuung einen Verlust implizieren kann. Das Individuum ist indifferent zwischen einem sicheren Verlust und einem unsicheren Gewinn bzw. unsicheren geringeren Verlust. Dieser Fall ist die Ausgangslage einer Versicherung, d.h., eine Versicherung ist nur sinnvoll, wenn das Individuum risikoavers ist und ein Verlust möglich ist. Das Individuum muss sich in dieser Situation entscheiden, ob es ein Risiko eingehen oder versichern möchte.

Tab. 3.8 zeigt als Wiederholung von Tab. 3.2 die Versicherungssituation. Das Individuum muss sich zwischen zwei Alternativen entscheiden. Die Alternative „keine Versicherung" impliziert, dass keine Versicherungsprämie bezahlt werden muss, aber ein Schaden mit einer bestimmten Wahrscheinlichkeit (p=0,95) eintritt. Die Höhe der Auszahlung ist damit unsicher, im besten Fall kann sie null betragen, im schlimmsten Fall 10.000 Euro. Bei der Alternative „Versicherung" ist die Auszahlung in jedem Fall negativ, da die Versicherungsprämie bezahlt werden muss (in diesem fiktiven Beispiel 800 Euro). Allerdings kann auch kein schlimmerer Fall eintreten, da im Schadensfall die Versicherung einspringt. Abb. 3.9 zeigt die Entscheidungssituation noch einmal grafisch.

Tab. 3.8 Versicherung: vereinfachtes Beispiel[87]

	s_1=kein Unfall p_1=0,95	s_2=Totalschaden p_2=0,05
a_1=keine Versicherung	e_{11}= 0 €	e_{12}= -10.000 €
a_2=Versicherung	e_{21}= -800 €	e_{22}= -800 €

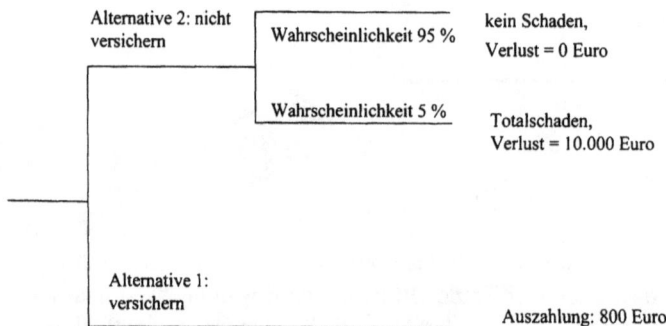

Abb. 3.9 Entscheidungssituation einer Vollkaskoversicherung (vereinfacht)[88]

---

[87] Quelle: Fleßa 2007, S. 66-68.

Die Entscheidungssituationen der Versicherung und des Individuums unterscheiden sich. Das Individuum hat die Wahl zwischen einer sicheren Alternative (A) und einer unsicheren Alternative (B). Bei der sicheren Alternative A fällt in jedem Fall eine Auszahlung von 800 Euro an. Damit ist der Erwartungswert der Auszahlung bei Versicherung 800 Euro, während die Streuung null ist.

$$\mu_A = 0,95 \cdot 800 + 0,05 \cdot 800 = 800$$

$$\sigma_A^2 = \frac{1}{2}\left\{0,95 \cdot (800-800)^2 + 0,05 \cdot (800-800)^2\right\} = 0$$

Bei der unsicheren Alternative ist der Erwartungswert niedriger (μ=500 Euro), aber die Streuung höher (σ=2179 Euro). Die höhere Sicherheit muss regelmäßig durch einen höheren Erwartungswert „bezahlt" werden.

$$\mu_B = 0,95 \cdot 0 + 0,05 \cdot 10000 = 500$$

$$\sigma_B^2 = \frac{1}{2}\left\{0,95 \cdot (0-500)^2 + 0,05 \cdot (10000-500)^2\right\} = 4.570.000$$

Die Versicherung schließt nicht nur einen Vertrag ab, sondern sehr viele, so dass für sie keine Unsicherheit auftritt. Damit ist für sie der Erwartungswert der Auszahlung 500 Euro bei einer Streuung von null. Sie kann jedoch ohne Subvention nur überleben, wenn der Erwartungswert des Schadens geringer ist als die Prämie, die der Versicherte bezahlen muss. Damit muss die Prämie höher als der Erwartungswert des Schadens sein, sonst findet sich kein Versicherer, der bereit ist, dieses Risiko zu versichern.

Abb. 3.10 zeigt diese Versicherungssituation mit Hilfe einer Indifferenzkurve, so wie sie in Abb. 3.8 aufgezeigt wurde. Φ_3 ist der geometrische Ort aller μ-σ-Kombinationen, die für das Individuum denselben Nutzen haben, d.h., auch die Punkte B und Z weisen denselben Nutzen auf. Der Punkt B hat einen negativen Erwartungswert von μ^*, d.h. einen Verlust für das Individuum (hier: -500 Euro). Dieser Verlust ist jedoch nicht sicher, sondern hat eine Streuung von σ^* (hier: 2179 Euro). Alternative Z hat einen Erwartungswert von μ' (hier: -800 Euro), wobei der erwartete Verlust von Alternative Z größer ist als der erwartete Verlust von Alternative B. Allerdings ist bei Alternative Z der Eintritt sicher (σ'=0). Der Punkt Z wird deshalb das Sicherheitsäquivalent der Nutzenfunktion Φ_3 genannt.

Der Punkt Z entspricht der Versicherungsalternative (hoher erwarteter Verlust, aber kein Risiko) und Punkt B dem Zustand ohne Versicherung (geringerer erwarteter Verlust bei hohem Risiko), wobei beide Punkte für das Individuum den gleichen Nutzen implizieren. Wie dargestellt, unterscheiden sich das Risiko des Versicherten und der Versicherung erheblich, da die Entscheidung für das Individuum einmalig ist, während die Versicherung sehr viele ähnliche Verträge abschließt. Die Versicherung kann deshalb stets vom Erwartungswert

---

[88] Quelle: Fleßa 2007, S. 66.

μ^* (hier: -500 Euro) ausgehen. Bei der hohen Zahl von Versicherten wird ihre durchschnittliche Auszahlung sehr nahe am Erwartungswert liegen. Für das Individuum hingegen ist der katastrophale Einzelfall mit hohem Risiko verbunden.

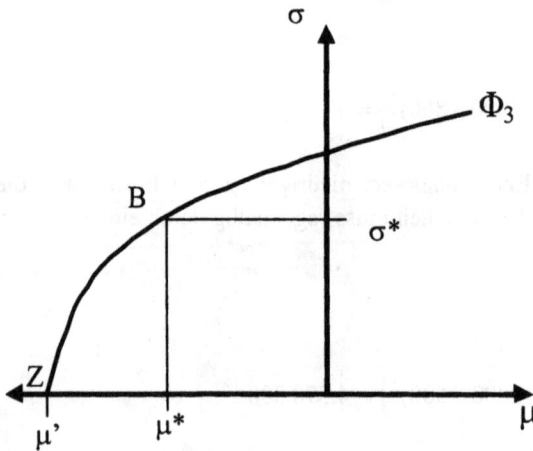

Abb. 3.10 Versicherungsprinzip: Sicherheitsäquivalent[89]

Die Versicherung muss eine Prämie von mindestens μ^* (hier: 500 Euro) verlangen, um selbst keinen Verlust zu erleiden. Eine nicht-gewinnorientierte Sozialversicherung wird folglich versuchen, möglichst diese Prämie zu setzen. Eine kommerzielle Versicherung kann eine Prämie von maximal μ' (hier: 800 Euro) verlangen. Ist die Prämie höher, so wäre das Individuum nicht mehr bereit, in die Versicherung einzutreten, da dies einer weiter links liegenden Nutzenkurve und damit einem geringeren Nutzen entsprechen würde. Jede Prämie zwischen μ^* und μ' ermöglicht es sowohl der Versicherung, einen Gewinn zu machen, als auch dem Individuum, einen höheren Nutzen zu erzielen als im unversicherten Fall. Sowohl die Versicherung als auch der Versicherte profitieren folglich von der Versicherung (Win-Win-Situation). Erstere macht einen Gewinn, letzterer wälzt das Risiko ab und hat einen höheren Nutzen als dies seinem Sicherheitsäquivalent entsprechen würde.

Für die Modellierung des Entscheidungsverhaltens unter Unsicherheit ist das Versicherungsprinzip von großer Bedeutung, beispielsweise bei der Ermittlung des optimalen Investitionsportfolios. Hierbei muss ein Individuum zwischen Wertpapieren mit hoher Verzinsung und hohem Risiko bzw. Wertpapieren mit geringerem Risiko aber niedriger Verzinsung entscheiden. Dies entspricht exakt dem beschriebenen Versicherungsprinzip. In der Praxis (auch der Versicherungsbetriebe) scheitern diese Konzepte jedoch meist daran, dass die Nutzenfunktion des Individuums nur unzureichend oder mit hohem Aufwand bestimmt werden kann.

---

[89]   Quelle: in Anlehnung an Bitz 1981, S. 101.

Wirtschafts- und insbesondere Versicherungsmathematiker versuchen zwar, aus dem Kauf-
bzw. Versicherungsverhalten Nutzenfunktionen herzuleiten, allerdings sind die Ergebnisse
bei Weitem nicht so verlässlich und stabil wie dies die monotonen und stetigen Nutzenfunktionen in Abb. 3.8 darstellen.

Darüber hinaus ist die Anwendung der Grundversion des Versicherungsprinzips für konkrete
betriebliche Entscheidungen schwierig, da Versicherungen in der Realität keine sehr großen
Versichertenpools haben, so dass sie durchaus auch mit Streuungen rechnen müssen. Eine
monopolitische verpflichtende Sozialversicherung (z.B. Arbeitslosenversicherung) kann die
Streuung vernachlässigen, aber schon die kleineren Gesetzlichen Krankenversicherungen
haben teilweise so geringe Fallzahlen, dass sie Risikozuschläge zu den Prämien ansetzen
müssen. Schließlich können die Gemeinkosten der Versicherung dazu führen, dass die Prämie deutlich über dem Erwartungswert liegt. Dies bedeutet, dass einerseits die Win-Win-
Situation nicht so ausgeprägt ist, dass von einem deutlichen Nutzenzuwachs für das Individuum auszugehen ist, da die Overheads der Versicherung zu tragen sind. Je größer die Versicherung, desto geringer sind in der Regel die Gemeinkosten pro Versicherungsfall, so dass
wiederum große Pools vorteilhaft sind. Andererseits können die Gemeinkosten sogar so hoch
sein, dass sich für das Individuum die Versicherung nicht mehr rentiert. So gab beispielsweise der National Hospital Insurance Fund in Kenia Anfang des 21. Jahrhunderts 50-60 %
seiner Einnahmen für die eigene Verwaltung aus, so dass die potenziellen Versicherten jede
Möglichkeit suchten, um die für Arbeitnehmer verbindliche Versicherung zu umgehen.

Zusammenfassend kann man festhalten, dass Entscheidungen bei Unsicherheit und einem
Ziel in der Praxis häufig dadurch gelöst werden, dass der Erwartungswert als Entschei-
dungskriterium verwendet wird. Dies ist zu rechtfertigen, wenn die Entscheidung häufig
getroffen wird. Bei einmaligen Entscheidungen muss die Streuung berücksichtigt werden,
was regelmäßig auch eine Wahl zwischen einer Alternative mit hohem Erwartungswert und
hoher Streuung einerseits und niedrigem Erwartungswert und geringer Streuung anderer-
seits impliziert. In diesem Fall ist die Berücksichtigung der individuellen Nutzenfunktion
unabdingbar. Wie dies praktisch geschehen kann, wird Kapitel 3.4 darstellen.

3.2.3   Entscheidung bei Ungewissheit und einem Ziel

Die Entscheidungssituation bei Risiko war dadurch gekennzeichnet, dass zwar Unsicherheit
vorliegt, jedoch die Eintrittswahrscheinlichkeiten der möglichen Umweltsituationen bekannt
waren. Eine Entscheidung bei Ungewissheit[90] impliziert, dass keine Aussagen über die
Wahrscheinlichkeiten möglich sind. In diesem Fall können Erwartungswerte und Streuungen
nicht berechnet werden. Trotzdem sind unter bestimmten Bedingungen für das Individuum
optimale Entscheidungen möglich. Voraussetzung ist allerdings, dass der Entscheider seine
individuelle Entscheidungsstrategie und eine damit konsistente Entscheidungsregel definiert.
Die bekanntesten Regeln für Entscheidungen bei Ungewissheit und einem Ziel sind die Mi-
nimax-, Maximax-, Hurwicz-, Savage-Niehans- und die Laplace-Regel.

---

[90] Siehe wiederum insbesondere Bitz 1981; Eisenführ 2001; Eisenführ, Weber & Eisenführ 2003; Laux 2007.

Im Folgenden sollen diese Regeln anhand des Beispiels aus Tab. 3.9 dargestellt werden. Es handelt sich um eine Entscheidung zwischen vier Alternativen, bei denen die Erträge von den vier möglichen Umweltzuständen abhängen. Über die Eintrittswahrscheinlichkeit der vier Szenarien kann keine Aussage getroffen werden. Zur Vereinfachung soll davon ausgegangen werden, dass es sich um eine Maximierungszielsetzung handelt, d.h., e_{ij} ist beispielsweise der Gewinn, der sich bei Wahl der Alternative i ergibt, wenn der Umweltzustand j eintritt.

Tab. 3.9 Entscheidung bei Ungewissheit: Ausgangsbeispiel

	s_1	s_2	s_3	s_4
a_1	300	300	300	300
a_2	200	300	400	400
a_3	700	400	100	200
a_4	600	800	300	200

Auch in diesem Fall kommt es darauf an, wie vorsichtig der Entscheider ist. Der Kaufmann ist tendenziell auf Sicherheit bedacht und wird versuchen, den schlimmsten Schaden zu vermeiden. Dieses Prinzip steht hinter der Minimax-Regel (Synonym: Wald-Regel nach A. Wald).

Die Entscheidung erfolgt bei der Minimax-Regel in zwei Schritten. Zuerst wird pro Alternative die „schlimmste" Umweltsituation ermittelt, d.h. in diesem Beispiel der minimale Gewinn. Anschließend wird diejenige Alternative ausgewählt, bei der der schlimmste eintretende Zustand immer noch am besten ist.

Wie bereits vorher stellt $\Phi(a_i)$ den Nutzen von Alternative i (mit m Alternativen) als Funktion des Ergebnisses e_{ij} dar (mit j Umweltzuständen). Damit ergibt sich bei der Maximierungszielsetzung der erste Schritt (Bestimmung der „schlechtesten" Umweltsituation pro Alternative) als

$$\Phi(a_i) = Min\{e_{ij} \mid j = 1,..,n\},$$

während der zweite Schritt (Auswahl der besten Alternative) formal wie folgt dargestellt werden kann:

$$\Phi(a_{i*}) = Max\{\Phi(a_i) \mid i = 1,..,m\}.$$

Die Minimax-Regel ist charakteristisch für einen sehr risikoscheuen Entscheider. Diese Annahme wird häufig in der Spieltheorie verwendet, dürfte jedoch für eine dynamische Wirtschaft (vgl. 1.1.3, Dynaxity Zone III) sehr problematisch sein, da die Fokussierung auf das schlimmste aller möglichen Ereignisse jede Innovationskraft lähmt.

Die Minimax-Regel gilt nur bei Maximierungszielsetzung. Bei einer Minimierung (z.B. des Verlustes) gilt die Maximin-Regel, d.h., das Minimum des maximalen Verlustes pro Alternative.

Tab. 3.10 zeigt für obiges Beispiel die Anwendung der Minimax-Regel. Die neue Spalte wählt pro Alternative das schlechteste Ergebnis aus. Alternative 1 ist das Optimum des risikoaversen Entscheiders.

Tab. 3.10 Minimax-Regel

	s_1	s_2	s_3	s_4	schlechtestes Ergebnis
a_1	300	300	300	300	300 ⇐ OPTIMUM
a_2	200	300	400	400	200
a_3	700	400	100	200	100
a_4	600	800	300	200	200

Die Maximax-Regel stellt das Gegenteil der Minimax-Regel dar, d.h., ein risikofreudiger Entscheider wählt die Alternative danach aus, was bestmöglich passieren kann. Formal werden wieder zwei Schritte gegangen. Zuerst wird pro Alternative die „beste" Umweltsituation ermittelt, z. B. der maximale Gewinn. Anschließend wird diejenige Alternative gewählt, bei der der bestmögliche Zustand am besten ist (hier: maximal).

1. Schritt: $\Phi(a_i) = Max\{e_{ij} \mid j = 1,..,n\}$

2. Schritt: $\Phi(a_{i*}) = Max\{\Phi(a_i) \mid i = 1,..,m\}$

Tab. 3.11 zeigt die Ermittlung der optimalen Alternative für obiges Beispiel. Die Maximax-Regel ist in der betrieblichen Praxis jedoch relativ wenig verbreitet, denn dieser extreme Optimismus dürfte doch eher charakteristisch für Glücksspieler sein als für Unternehmer. Es ist deshalb notwendig, auch Entscheidungsregeln für Ungewissheitssituationen zu entwickeln, die einen Mittelweg zwischen naivem Optimismus und depressivem Pessimismus darstellen.

Tab. 3.11 Maximax-Regel

	s_1	s_2	s_3	s_4	bestes Ergebnis
a_1	300	300	300	300	300
a_2	200	300	400	400	400
a_3	700	400	100	200	700
$a4$	600	800	300	200	800

Die Hurwicz-Regel (Pessimismus-Optimismus-Regel) ist eine derartige Kombination von Minimax- und Maximax-Regel. Sie führt einen Optimismusparameter λ ($0 \leq \lambda \leq 1$) ein, der das Risikoverhalten des Entscheiders widerspiegelt. Das jeweilige Maximum der Ergebnisse einer Alternative über alle Umweltszenarien wird mit dem Optimismusparameter gewichtet, während das jeweilige Minimum mit (1- λ) gewichtet wird. Ein hohes Lambda steht dementsprechend für einen Optimisten (d.h., λ=1 entspricht der Maximax-Regel), während ein vorsichtiger Entscheider ein niedriges Lambda ansetzen muss (d.h., λ=0 entspricht der Minimax-Regel). Damit ergibt sich die optimale Entscheidung in Abhängigkeit vom Optimismusparameter als

$$1.\ \text{Schritt:}\quad \Phi(a_i) = \lambda \cdot Max\{e_{ij}\,|\,j=1,..,n\} + (1-\lambda)\cdot Min\{e_{ij}\,|\,j=1,..,n\}$$

$$2.\ \text{Schritt:}\quad \Phi(a_{i*}) = Max\{\Phi(a_i)\,|\,i=1,..,m\}$$

Tab. 3.12 zeigt die zwei Schritte der Hurwicz-Regel für λ=0,6. In diesem Fall ist Alternative 4 optimal.

Tab. 3.13 zeigt die Lösungswerte sowie die Reihenfolge der bevorzugten Alternativen bei unterschiedlichen Optimismusparametern. Wie zu erwarten, entspricht die erste Spalte (λ=0) der Minimax-Regel, während die letzte Spalte die Maximax-Regel widerspiegelt.

Tab. 3.12 Hurwicz-Regel, λ=0,6

	s_1	s_2	s_3	s_4	0,6*Max	0,4*Min	Summe
a_1	300	300	300	300	0,6*300=180	0,4*300=120	180+120=300
a_2	200	300	400	400	0,6*400=240	0,4*200=80	240+80=320
a_3	700	400	100	200	0,6*700=420	0,4*100=40	420+40=460
a_4	600	800	300	200	0,6*800=480	0,4*200=80	480+80=560

Tab. 3.13 Hurwicz-Regel, λ=0,6

λ=0	λ= 0,2	λ= 0,4	λ= 0,5	λ= 0,6	λ= 0,8	λ= 1
300	300	300	300	300	300	300
200	240	280	300	320	360	400
100	220	340	400	460	580	700
200	320	440	500	560	680	800
a_1»a_2≡a_4»a_3	a_4»a_1»a_2»a_3	a_4»a_3»a_1»a_2	a_4»a_3»a_2≡a_1	a_4»a_3»a_2»a_1	a_4»a_3»a_2»a_1	a_4»a_3»a_2»a_1

Die Ermittlung des Optimismusparameters ist in der Praxis extrem schwierig, und vor allem schwankt dieser Wert für jedes Individuum, je nach Tagesempfindsamkeit, Entscheidungssituation und Kontext. Deshalb wird die Hurwicz-Regel in der Realität der betrieblichen Praxis kaum eingesetzt. Für theoretische Analysen hingegen ist ausgesprochen interessant, bis zu welchem Wert des Optimismusparameters λ eine Alternative optimal bleibt (Sensitivitätsanalyse).

Für diese Analyse muss zuerst der Nutzen *Φ(a_i)* jeder Alternative a_i in Abhängig vom Optimismusparameter λ ermittelt werden. Für obiges Beispiel ergeben sich folgende Gleichungen:

$$\Phi(a_1) = 300 \cdot \lambda + 300 \cdot (1-\lambda) = 300$$

$$\Phi(a_2) = 400 \cdot \lambda + 200 \cdot (1-\lambda) = 200 \cdot \lambda + 200$$

$$\Phi(a_3) = 700 \cdot \lambda + 100 \cdot (1-\lambda) = 600 \cdot \lambda + 100$$

$$\Phi(a_4) = 800 \cdot \lambda + 200 \cdot (1-\lambda) = 600 \cdot \lambda + 200$$

Abb. 3.11 zeigt die Verläufe. Zwischen $\lambda=0$ und $\lambda=1/6$ ergibt sich die Reihung $\Phi(a_1)>\Phi(a_4)>\Phi(a_2)>\Phi(a_3)$, wobei sich der Wert 1/6 als λ im Schnittpunkt von $\Phi(a_1)$ und $\Phi(a_4)$ ergibt. Anschließend bleibt a_4 die beste Alternative unabhängig vom Optimismuspa-rameter, aber die Reihung der anderen Alternativen ändert sich. Von $\lambda=1/6$ bis $\lambda=1/4$ gilt die Reihung $\Phi(a_4)>\Phi(a_1)>\Phi(a_2)>\Phi(a_3)$, anschließend von $\lambda=1/4$ bis $\lambda=1/3$ $\Phi(a_4)>\Phi(a_1)>\Phi(a_3)>\Phi(a_2)$. Von $\lambda=1/3$ bis $\lambda=1/2$ gilt $\Phi(a_4)>\Phi(a_3)>\Phi(a_1)>\Phi(a_2)$, und ab $\lambda=1/2$ $\Phi(a_4)>\Phi(a_3)>\Phi(a_2)>\Phi(a_1)$. Mit Hilfe dieser Sensitivitätsanalyse ist es möglich, Aussagen über die optimale Alternative zu treffen, ohne den Optimismusparameter explizit kennen zu müssen. In diesem Beispiel genügt es bereits, wenn der Entscheider nicht extrem vorsichtig ist, da ab $\lambda=1/6$ die gewählte Alternative konstant bleibt.

An diesem Beispiel kann man eine grundsätzliche Vorgehensweise der betrieblichen Ent-scheidungstheorie sehen. Es wird häufig nicht mehr versucht, Parameter explizit zu bestim-men, sondern Korridore relevanter Größen aufzuzeigen und mit Hilfe grafischer Veranschau-lichung dem Entscheider die Alternativen und Zielfunktionswerte näher zu bringen. Damit gelingt meist eine sehr viel bessere Entscheidung als durch die künstliche Festlegung einer Variablen mit anschließender Alternativenwahl durch Experten.

Die Festlegung von Bandbreiten des Optimismusparameters ist zweckmäßig und einfach durchzuführen. Trotzdem wird dieses Verfahren in der Praxis wenig angewendet. Häufig möchte der Entscheider auf Regeln zurückgreifen, die eindeutig sind, jedoch keine vorherige Parameterfestlegung erfordern. Natürlich bieten sich die Minimax- und die Maximax-Regeln an, die jedoch den Nachteil haben, dass sie pro Alternative jeweils nur ein Ergebnis (schlimmstes oder bestes) einbeziehen. Alle anderen Ergebnisse bleiben für die Entscheidung irrelevant.

Die Savage-Niehans-Regel (Regel des kleinsten Bedauerns) bezieht alle Ergebnisse mit in die Entscheidung ein und überwindet damit dieses Problem. Hierzu werden in einem ersten Schritt für jeden Umweltzustand die bestmöglichen Ergebnisse ermittelt, d.h., es werden die Spaltenmaxima gesucht. Für die Maximierungszielsetzung gibt dieser Wert an, welchen Ertrag der Entscheider bei Eintritt dieses Szenarios hätte maximal erzielen können. In einem zweiten Schritt werden für jeden Ertrag einer Umweltsituation die Abweichungen von die-sem bestmöglichen Wert berechnet, d.h., die Differenz von Ergebnis und dem jeweiligen Spaltenmaximum. Diese Differenz entspricht in der Maximierungszielsetzung dem Ertrag, den der Entscheider verloren hätte (bedauern müsste!), wenn er bei einem bestimmten Um-weltzustand Alternative a_i gewählt hätte. Im dritten Schritt wird für jede Alternative das maximale („schlimmste") Bedauern ermittelt, so dass der Entscheider weiß, was das „schlimmste Bedauern" wäre, das passieren kann, wenn er eine bestimmte Alternative wählt. Schließlich wird im vierten Schritt die Alternative mit dem geringsten Wert aus Schritt 3 gewählt, so dass das „schlimmstmögliche" Bedauern minimal wird.

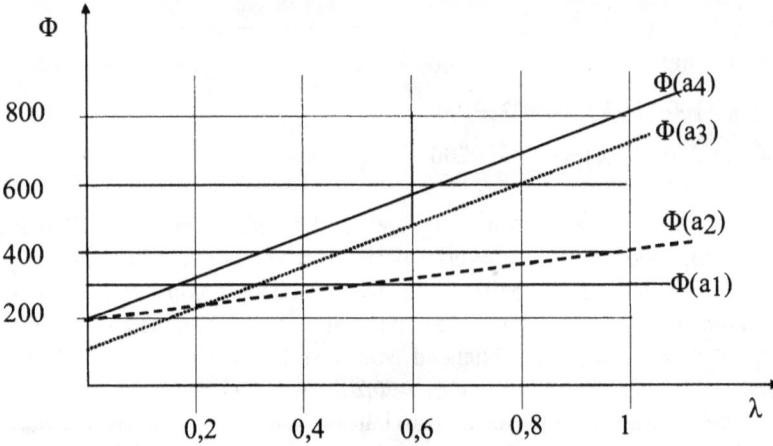

Abb. 3.11 Hurwicz-Regel, Sensitivitätsanalyse[91]

Zur Verdeutlichung dient wiederum das oben eingeführte Beispiel (Tab. 3.14, Tab. 3.15). Wenn Umweltszenario 1 auftritt, wäre das beste (Maximierungszielsetzung) Alternative 3, d.h., der Entscheider müsste Alternative 3 wählen, um einen maximalen Ertrag von 700 zu haben. Bei Umweltszenario 2 wäre hingegen Alternative 4 mit einem Ertrag von 800 besser, während in diesem Beispiel bei Umweltszenario 3 und 4 Alternative 2 die beste Wahl wäre (Ertrag 400).

In Schritt 2 wird jeweils die Differenz zwischen dem Spaltenmaximum und dem Ergebnis berechnet. Tritt beispielsweise Umweltzustand 1 ein und der Entscheider hat sich für Alternative 1 entschieden, so wird er einen Ertrag von 300 statt eines bei dieser Umweltsituation maximal möglichen Ertrags von 700 haben (Alternative 3), d.h. einen geringeren Ertrag von 400. Er „bedauert", dass er 400 weniger erlöst hat als wenn er sich bestmöglich entschieden hätte.

Tab. 3.14 Savage-Niehans-Regel, Schritt 1 und Schritt 2

	s_1	s_2	s_3	s_4			s_1	s_2	s_3	s_4
a_1	300	300	300	300		a_1	400	500	100	100
a_2	200	300	400	400		a_2	500	500	0	0
a_3	700	400	100	200		a_3	0	400	300	200
a_4	600	800	300	200		a_4	100	0	100	200
Maximum	700	800	400	400		Maximum	700	800	400	400

---

[91]   Quelle: Eigene Darstellung.

Im dritten Schritt wird pro Alternative das maximale Bedauern bestimmt, d.h., das Zeilen-maximum. So besagt der Wert 500 für die erste Alternative, dass das Schlimmste, was passieren kann, wenn der Entscheider Alternative 1 wählt, ist, dass Umweltzustand 2 eintritt. In diesem Fall wäre der Ertrag um 500 Einheiten geringer als wenn der Entscheider bei diesem Umweltzustand die bestmögliche Alternative 4 gewählt hätte. Hat der Entscheider Alternative 4 gewählt, so ist das schlimmste, was eintreten kann, der Umweltzustand 4. In diesem Fall würde der Entscheider 200 Einheiten weniger Ertrag haben als wenn er sich für Alternative 2 entschieden hätte.

Schließlich wird in Schritt 4 das Minimum des Bedauerns gesucht, d.h., das Spaltenmini-mum für die Spalte „Maximales Bedauern" aus Schritt 3. Der Entscheider wählt Alternative 4, da mit dieser Wahl das Schlimmste, das ihm passieren kann, ein Bedauern in Höhe von 200 ist.

Tab. 3.15 Savage-Niehans-Regel, Schritt 3 und Schritt 4

	s_1	s_2	s_3	s_4	Maximales Bedauern
a_1	400	500	100	100	500
a_2	500	500	0	0	500
a_3	0	400	300	200	400
a_4	100	0	100	200	200
Maximum	700	800	400	400	

Die Regel des kleinsten Bedauerns ist eine sehr pessimistische Regel, die jedoch im Gegen-satz zur Minimax-Regel alle Alternativen und Umweltzustände in die Entscheidung einbe-zieht. Sie ist immer dann gut geeignet, wenn der Entscheider vorsichtig ist und zahlreiche Umweltszenarien einbezogen werden müssen. In der Praxis wird sie allerdings relativ selten verwendet.

Die Laplace-Regel (Regel des unzureichenden Grundes) hingegen ist eine häufig angewen-dete Entscheidungsregel bei Ungewissheit, allerdings dürfte den meisten Entscheidern nicht bewusst sein, dass ihr Vorgehen diesen Namen trägt. Die Laplace-Regel geht davon aus, dass jede Alternative gleich wahrscheinlich ist, da in der Ungewissheitssituation keine weiteren Erkenntnisse über die Eintrittswahrscheinlichkeiten vorliegen und es deshalb auch keinen Grund gibt anzunehmen, dass der Eintritt der Umweltsituationen unterschiedlich wahrschein-lich ist. Damit ist der Nutzen von Alternative i $\Phi(a_i)$ einfach die Summe der Erträge e_{ij} über alle Umweltzustände, und der Entscheider wählt diejenige Alternative, bei der die Summe der Erträge maximal ist. Tab. 3.16 zeigt, dass diese neutrale Haltung gegenüber der Unge-wissheit im obigen Beispiel dazu führt, Alternative 4 zu wählen.

$$\Phi(a_i) = \sum_{j=1}^{n} e_{ij}$$

$$\Phi\left(a_{i*}\right) = Max\left\{\Phi\left(a_i\right)\middle| i = 1,..,m\right\}$$

Tab. 3.16 Laplace-Regel

	s_1	s_2	s_3	s_4	Summe
a_1	300	300	300	300	1200
a_2	200	300	400	400	1300
a_3	700	400	100	200	1400
a4	600	800	300	200	1900

Zusammenfassend kann man festhalten, dass die Anwendung unterschiedlicher Entscheidungsregeln für Entscheidungen bei Ungewissheit und einer Zielsetzung zu abweichenden Ergebnissen führt.

Bei Anwendung der Minimax-Regel stellt die erste Alternative das Optimum dar, bei der Maximax, der Savage-Niehans- und der Laplace-Regel die vierte Alternative. Die Hurwicz-Regel führt entweder zur Wahl der ersten oder der vierten Alternative, wobei die Entscheidung von der Wahl des Optimismusparameters abhängt. Je nach Beispiel kann die optimale Auswahl sogar noch stärker von der angewandten Entscheidungsregel abhängen. Entscheidungsregeln suggerieren damit eine Objektivität, der sie in der Regel nicht gerecht werden können. Der Algorithmus ist exakt, aber die Auswahl der Regel (sowie die Festlegung des Optimismusparameters) ist äußerst subjektiv. Man könnte auch verschiedene Regeln ausprobieren, bis das Ergebnis rauskommt, das man sich äußerst subjektiv bereits vor der Berechnung gewünscht hat.

Deshalb ist es bei jeder Entscheidung bei Ungewissheit sinnvoll, nicht nur eine Entscheidungsregel anzuwenden. Stattdessen soll im Sinne einer Sensitivitätsanalyse bestimmt werden, wie sich die Entscheidung ändert, wenn die Regel gewechselt wird. Nur dadurch erhält man eine verlässliche Aussage über eine Entscheidung bei Ungewissheit.

Diese wenigen Ausführungen sollten genügen um aufzuzeigen, dass Entscheidungen mit nur einem Ziel auch dann relativ einfach sind, wenn keine Sicherheit über den Eintritt zukünftiger Umweltzustände besteht. Viel schwieriger wird die Situation, wenn mehrere Ziele gleichzeitig verfolgt werden sollen. Die entsprechenden Entscheidungskalküle werden im Folgenden dargestellt.

3.3   Mehrdimensionale Zielsysteme

Wie in Kapitel 2.2.2 beschrieben, treten mehrdimensionale Zielsysteme[92] regelmäßig auf, wenn ein Entscheider mehrere Stakeholder und deren Zieldimensionen berücksichtigen

---

[92] Siehe wiederum insbesondere Bitz 1981; Eisenführ 2001; Eisenführ, Weber & Eisenführ 2003; Laux 2007.

muss. Bei Nonprofit-Organisationen ist dies praktisch immer der Fall, aber auch im kommerziellen Sektor müssen häufig neben dem Rentabilitätsziel weitere Ziele berücksichtigt werden. Darüber hinaus entstehen immer dann mehrdimensionale Zielsysteme, wenn mehrere Individuen gemeinsam eine Entscheidung fällen sollen. Die Entscheidungsfindung in Gruppen impliziert, dass ein Abgleich zwischen den Zielen der Gruppenmitglieder gefunden werden muss. Eindimensionale Zielsysteme in Gruppen sind in der Realität praktisch ausgeschlossen.

Im Folgenden werden zuerst die klassischen Verfahren der Lösung von Zielkonflikten diskutiert. Zur Vereinfachung kann man sich dabei vorstellen, dass ein objektiver Entscheider alle Informationen über die Zieldimensionen sammelt und die Entscheidung alleine trifft. Anschließend werden Verfahren für Gruppenentscheidungen diskutiert, bei denen jedes Mitglied seine eigenen Prioritäten einbringt und durchzusetzen versucht. Selbstverständlich können mehrdimensionale Zielsysteme bei Sicherheit, Risiko oder Ungewissheit auftreten, so dass eine Kombination mit den Verfahren aus Kapitel 3.2 möglich ist. Zur Vereinfachung soll hier jedoch die Entscheidung bei Sicherheit untersucht werden.

3.3.1   Lösung von Zielkonflikten

In Kapitel 2.2 wurde dargestellt, dass Ziele neutral, komplementär oder konkurrierend sein können. Von einem Zielkonflikt spricht man, wenn die Verfolgung eines Zieles eine negative Auswirkung auf die Erreichung eines oder mehrerer anderer Ziele hat. Für eine Entscheidung ist es notwendig, dass die konfligierenden Ziele mit einem geeigneten Verfahren in die Bestimmung des Gesamtnutzens einbezogen werden, so dass die optimale Alternative ausgewählt werden kann. Die gängigsten Verfahren sind die lexikografische Ordnung, die Zieldominanz, die Zielgewichtung sowie das Goal-Programming.

3.3.1.1   Lexikografische Ordnung

Eine lexikografische Ordnung setzt die Bildung einer Zielhierarchie voraus, d.h., der Entscheider muss festlegen, welches Ziel am wichtigsten, am zweitwichtigsten, am drittwichtigsten etc. ist. Der Abstand der Zielbedeutung (z.B. Ziel A ist doppelt so wichtig wie Ziel B) wird nicht beachtet, lediglich die Reihenfolge, d.h., die Ziele werden in eine Ordinalskala eingeordnet, nicht in eine Kardinalskala.

Die Lösung eines Zielkonfliktes erfolgt derart, dass das Entscheidungsproblem zuerst ausschließlich für das wichtigste Ziel gelöst wird, während zuerst alle anderen Ziele vernachlässigt werden. Ergibt sich eine einzige optimale Lösung, so bricht das Verfahren bereits nach diesem ersten Schritt ab. Unter Umständen ergeben sich jedoch alternative, d.h. bezüglich des wichtigsten Zieles gleichgute Lösungen. In diesem Fall wird in einem zweiten Schritt aus der Menge dieser gleichguten Lösungen diejenige Lösung ausgesucht, die bezüglich des zweitwichtigsten Zieles optimal ist. Gibt es wiederum alternative Lösungen, fährt das Verfahren entsprechend fort bis nur noch eine Lösung möglich ist oder alle Ziele berücksichtigt sind.

Das folgende Beispiel spannt ein Entscheidungsfeld aus acht Alternativen auf. Das erste Ziel ist die Maximierung des Gewinns, d.h., e_i^A (i=1..8) stellt den Gewinn dar. Das zweite Ziel ist die Maximierung der Kundenzufriedenheit, d.h., e_i^B (i=1..8) ist ein Index für die Zufriedenheit von 0 bis 100%. Schließlich verfolgt der Entscheider die Personalzufriedenheit, wobei wiederum e_i^C (i=1..8) ein Index von 0 bis 100% ist. Der Entscheider hat für sich festgelegt, dass Ziel Z_A wichtiger ist als das Ziel Z_B, welches wiederum wichtiger als das Ziel Z_C ist.

Tab. 3.17 Zielkonflikte: Ausgangsbeispiel

	Z_A	Z_B	Z_C			Z_A	Z_B	Z_C
a_1	70.000 €	75%	40%					
a_2	70.000 €	80%	90%		a_2	70.000 €	80%	90%
a_3	75.000 €	65%	50%					
a_4	80.000 €	60%	50%					
a_5	80.000 €	85%	45%					
a_6	100.000 €	80%	70%		a_6	100.000 €	80%	70%
a_7	100.000 €	95%	50%		a_7	100.000 €	95%	50%
a_8	100.000 €	95%	40%					

Zuerst fällt auf, dass Alternative 1 von den Alternativen 2, 5, 6, 7 und 8 dominiert wird. Alternative 3 wird von Alternativen 6 und 7, Alternative 4 von Alternativen 6 und 7, Alternative 5 von Alternative 7 und Alternative 8 von Alternative 7 dominiert. Damit bleibt nach der Dominanzanalyse ein Entscheidungsfeld von drei Alternativen. Grundsätzlich können nicht mehr Alternativen dominant sein als die Zahl der Ziele.

Im ersten Schritt werden nun diejenigen Alternativen ausgewählt, die den maximalen Zielfunktionswert für das höchstrangige Ziel A haben, d.h., a_6 und a_7. Da beide Alternativen den gleichen Zielfunktionswert für Ziel A haben, folgt als zweiter Schritt die Auswahl der besten Alternative (n) für Ziel B. Allerdings sind nun nur noch die Alternativen a_6 und a_7 relevant, da a_2 nicht in der Menge der optimalen Lösungen für Ziel A enthalten ist. In diesem Fall ist a_7 mit einem Wert von 95% die optimale Lösung.

Hätte man die Dominanzanalyse nicht durchgeführt, wären im ersten Schritt die Alternativen a_6, a_7 und a_8 und im zweiten Schritt die Alternativen a_7 und a_8 ausgewählt worden. Das Verfahren wäre somit in einen dritten Schritt gegangen, aus dem wiederum a_7 als optimale Alternative hervorgegangen wäre. Das Ergebnis hätte sich folglich nicht geändert. Die Dominanzanalyse erleichtert lediglich die Optimierungsaufgabe, weil bereits von Anfang an Lösungen ausgesondert werden, die niemals das Optimum sein können.

Die lexikografische Ordnung ist ein sehr einfaches Verfahren, das jedoch in der Praxis durchaus relevant ist. Häufig entscheiden sich Menschen so, dass sie ein primäres Ziel verfolgen. Nur wenn es für dieses Ziel alternative, gleichgute Lösungen gibt, wird ein weiteres Ziel hinzugefügt. Ein ähnliches Vorgehen ist aus der Linearen Programmierung bekannt. Stellt sich nach der Berechnung eines LP heraus, dass es alternative Lösungen gibt, so fügt man häufig noch einen weiteren Term in die Zielfunktion ein. Man muss allerdings sicherstellen, dass dieser Term zweitrangig behandelt wird. Dies wird häufig dadurch erreicht, dass man den Zielfunktionswert der ursprünglichen Zielfunktion als zusätzliche Gleichung in den Nebenbedingungen festschreibt.

3.3.1.2   Zieldominanz

Auch bei Zieldominanz muss zuerst festgelegt werden, welches Ziel am wichtigsten ist. Allein dieses bedeutende Ziel wird verfolgt, während alle anderen Ziele zu Nebenzielen werden. Diese Nebenziele fließen jedoch von Anfang an als Nebenbedingungen in die Optimierung ein. Eine optimale Lösung kann deshalb nur eine Strategie sein, die die Mindestanforderungen satisfiziert, die sich aus den anderen Zielen ergeben.

In der Praxis ergibt sich dabei das Problem, dass die Schranken für die Nebenbedingungen gewählt werden müssen. So muss z.B. eine Nonprofit-Organisation – wie in Kapitel 2.2.2 dargelegt – eine Mindestrendite erwirtschaften, um langfristig überleben zu können. Die Entscheidungsträger müssen festlegen, ob diese 1%, 5% oder 10% betragen soll.

Wenn man beispielsweise davon ausgeht, dass im Beispiel von Tab. 3.17 Ziel A dominant ist, die Kundenzufriedenheit mindestens 75% und die Mitarbeiterzufriedenheit mindestens 60% betragen soll, so reduziert sich das Entscheidungsfeld auf die Alternativen a_2 und a_6. In diesem Fall wäre Alternative 6 optimal. Beträgt hingegen die Mindestanforderung an die Personalzufriedenheit nur 50%, so würde sich das Individuum für Alternative 7 entscheiden. Bei einer hohen Anforderung von 80% käme nur Alternative 2 infrage.

Die Zieldominanz impliziert nicht – wie leider häufig angenommen – eine Vereinfachung der lexikografischen Ordnung in dem Sinne, dass nach der ersten Stufe das Verfahren abgebrochen wird. Vielmehr fließen alle Nebenziele unmittelbar und von Anfang an als Nebenbedingungen ein. Die klassische Unterscheidung zwischen Zielfunktion und Nebenbedingung, wie sie z.B. für die Lineare Programmierung maßgeblich ist, verwischt sich in der Praxis häufig. Es ist sinnvoll, eine Entscheidung mehrfach zu hinterfragen und die Abhängigkeit von den Grenzen in den Nebenbedingungen mit einer Sensitivitätsanalyse aufzuzeigen.

3.3.1.3   Zielgewichtung

Ebenfalls relativ einfach und weit verbreitet ist die Zielgewichtung, wobei meist vereinfachend angenommen wird, dass sich der Gesamtnutzen als die Summe der gewichteten Teilnutzen ergibt. Jedes Ziel h wird mit Faktor λ_h gewichtet, so dass jedes Ergebnis e_i^h der Alternative i (i=1..m) bezüglich Ziel h (h=1..k) mit dem jeweiligen Zielgewicht λ_h (h=1..k) bewertet wird. Damit ergibt sich der Nutzen $\Phi(a_i)$ für Alternative a_i als

$$\Phi(a_i) = \sum_{h=1}^{k} \lambda_h \cdot e_i^h$$

Häufig erfolgt eine Normierung, d.h., die Summe der Gewichte λ_h (h=1..k) soll eins sein.

$$\sum_{h=1}^{k}\lambda_h = 1$$

Wenn man für obiges Beispiel annimmt, dass das Ziel A doppelt so wichtig wie die Ziele B und C ist, so berechnen sich die Gewichte als ½, ¼ und ¼. Damit ergibt sich für obiges Beispiel die Entscheidungssituation, wie sie Tab. 3.18 darstellt. Alternative a_6 wäre optimal. Es ergibt sich die Reihung $a_1 \ll a_2 \ll a_3 \ll a_4 \ll a_5 \ll a_8 \ll a_7 \ll a_6$.

Tab. 3.18 Zielgewichtung

	Z_A	Z_B	Z_C	½·Z_A	¼·Z_B	¼·Z_C	$\Phi(a_i)$
a_1	70.000 €	75%	40%	35.000 €	0,1875	0,1	35.000,29
a_2	70.000 €	80%	90%	35.000 €	0,2	0,225	35.000,43
a_3	75.000 €	65%	50%	37.500 €	0,1625	0,125	37.500,29
a_4	80.000 €	60%	50%	40.000 €	0,15	0,125	40.000,28
a_5	80.000 €	85%	45%	40.000 €	0,2125	0,1125	40.000,33
a_6	100.000 €	80%	70%	50.000 €	0,2	0,175	50.000,38
a_7	100.000 €	95%	50%	50.000 €	0,2375	0,125	50.000,36
a_8	100.000 €	95%	40%	50.000 €	0,2375	0,1	50.000,34

Das Beispiel zeigt allerdings auch, dass die Skalierung der einzelnen Ziele einen erheblichen Einfluss auf die Entscheidung ausübt. Die Erträge bezüglich der Ziele B und C werden beide als Index zwischen 0 und 100% (d.h. zwischen 0 und 1) abgebildet, während die Erträge von Ziel A Gewinne im Tausenderbereich sind. Damit hat Ziel A eine erhebliche Dominanz. Für realistische Entscheidungen sollten die Ziele alle dieselbe Skala aufweisen. Dies könnte in diesem Beispiel dadurch erreicht werden, dass die Erträge der Z_A-Spalte durch den Maximalwert dieser Spalte geteilt werden (hier: 100.000 €), so dass wiederum eine 0-1 Skala entsteht. Tab. 3.19 zeigt das Ergebnis für eine entsprechende Normierung. Wiederum ist a_6 die optimale Lösung, aber die Reihung verändert sich deutlich: $a_1 \ll a_3 \ll a_4 \ll a_5 \ll a_2 \ll a_8 \ll a_7 \ll a_6$.

Die Zielgewichtung wird in der Praxis häufig verwendet, aber das Beispiel zeigt auf, dass auch bei dieser Methode ein Nachdenken über die richtigen Gewichte und Skalen erforderlich ist. Die Frage der Gewichtung von Zielen wird noch einmal in Kapitel 3.4.1 aufgegriffen werden.

Tab. 3.19 Zielgewichtung mit Normierung

	Z_A	Z_B	Z_C	$\frac{1}{2} \cdot Z_A$	$\frac{1}{4} \cdot Z_B$	$\frac{1}{4} \cdot Z_C$	$\Phi(a_i)$
a_1	0,7	0,75	0,4	0,35	0,19	0,10	0,64
a_2	0,7	0,8	0,9	0,35	0,20	0,23	0,78
a_3	0,75	0,65	0,5	0,38	0,16	0,13	0,66
a_4	0,8	0,6	0,5	0,40	0,15	0,13	0,68
a_5	0,8	0,85	0,45	0,40	0,21	0,11	0,73
a_6	1	0,8	0,7	0,50	0,20	0,18	0,88
a_7	1	0,95	0,5	0,50	0,24	0,13	0,86
a_8	1	0,95	0,4	0,50	0,24	0,10	0,84

3.3.1.4 Goal-Programming

Häufig hat der Entscheider eine Vorstellung davon, welches Ergebnis bezüglich der einzelnen Ziele er erreichen möchte. In diesem Fall kann für jedes Ergebnis e_i^h die Differenz zum gewünschten Ergebnis e^{-h} ermittelt werden. Da jedoch die Differenz positiv oder negativ sein kann, ist es meist sinnvoll, den Nutzen $\Phi(a_i)$ von Alternative a_i als Summe der Absolutabweichungen zu definieren. Die optimale Alternative ist diejenige, bei der die Summe der Abweichungen minimal ist. Wie oben beschrieben, kann es sinnvoll sein, die Ergebnisse vorher zu normieren, um die Auswirkungen unterschiedlicher Skalen zu eliminieren.

$$\Phi(a_i) = \sum_{h=1}^{k} \left| \overline{e}^h - e_i^h \right|$$

$$\Phi(a_i^*) = \underset{i=1..m}{Min} \left\{ \Phi(a_i) \right\}$$

In diesem Beispiel wäre das Goal-Programming nicht das Verfahren der Wahl, da sowohl der Gewinn als auch die Personal- und Kundenzufriedenheit einer Maximierungszielsetzung unterliegen. Lediglich zur Präsentation der Methode und Konsistenz mit obigem Fallbeispiel, sei hier angenommen, dass der Entscheider einen Gewinn von 80.000 €, eine Kundenzufriedenheit von 75% und eine Mitarbeiterzufriedenheit von 80% erstrebt. In diesem Beispiel ist Alternative a_2 zu wählen.

Das Goal-Programming findet eine breite Anwendung im technisch-naturwissenschaftlichen Bereich, wo häufig konkurrierende Ziele berücksichtigt werden müssen. Beispielsweise muss ein Mediziner die Bestrahlung eines Krebspatienten derart regeln, dass einerseits das Krebsgewebe vollständig zerstört, andererseits das umgebende Gewebe möglichst wenig geschädigt wird. Die Mechanik der Bestrahlungsapparatur lässt dabei Millionen von diskreten Alternativen zu, wobei eine hohe Zerstörung des Krebses regelmäßig eine große Schädigung des umliegenden Gewebes impliziert, während eine schonende Bestrahlung häufig wirkungslos ist. In diesem Fall ist es sinnvoll, wünschenswerte Strahlungsintensitäten in den beiden Zielpunkten zu definieren und die Abstände davon zu minimieren, d.h. ein Goal-Programming durchzuführen. Häufig muss jedoch das Goal-Programming mit einer Zielgewichtung und Nebenbedingungen kombiniert werden, z.B. indem festgelegt wird, dass bestimmte Strahlungsdosen im umliegenden Gewebe auf keinen Fall überschritten werden dürfen, und ansonsten die Bestrahlung des Krebses Priorität hat. Goal-Programming ist auch bei der Analyse von Konsumentenverhalten von Bedeutung, z.B. bei der Entscheidung zwischen verschiedenen technischen Geräten.

Tab. 3.20 Goal-Programming

	Z_A	Z_B	Z_C	$\left\|\bar{e}^A - e_i^A\right\|$	$\left\|\bar{e}^B - e_i^B\right\|$	$\left\|\bar{e}^C - e_i^C\right\|$	$\Phi(a_i)$
a_1	0,7	0,75	0,4	0,10	0,00	0,40	0,50
a_2	0,7	0,8	0,9	0,10	0,05	0,10	0,25
a_3	0,75	0,65	0,5	0,05	0,10	0,30	0,45
a_4	0,8	0,6	0,5	0,00	0,15	0,30	0,45
a_5	0,8	0,85	0,45	0,00	0,10	0,35	0,45
a_6	1	0,8	0,7	0,20	0,05	0,10	0,35
a_7	1	0,95	0,5	0,20	0,20	0,30	0,70
a_8	1	0,95	0,4	0,20	0,20	0,40	0,80

Wie dargestellt, können die Methoden für mehrdimensionale Entscheidungen mit dem Vorgehen bei Unsicherheit kombiniert werden. Damit erhöht sich die Komplexität und der Informationsbedarf, vor allem aber müssen die Ziele gewichtet (Artenpräferenz) und die Risikoeinstellung des Entscheiders (Risikopräferenz) abgebildet werden. Für theoretische Analysen ist es unabdingbar, zumindest grundlegende Annahmen über den Nutzen einzelner Ziele sowie den Umgang des Individuums mit unsicheren Umweltzuständen zu treffen. Dies verlangt aufwendige Erhebungsmethoden, die im Kapitel 3.4 diskutiert werden. In der Praxis ist es jedoch viel gebräuchlicher, Entscheidungen in Teams zu treffen. Zwar gelten hier grundlegend dieselben Methoden wie bei Individualentscheidungen, aber die Gruppenkohäsion verlangt eine weitergehende Betrachtung. Grundlegend ist hierbei die Aussage, dass Gruppenentscheidungen stets mehrdimensionale Zielsysteme berücksichtigen müssen, da jedes Gruppenmitglied seine eigenen Ziele und Präferenzen einbringt.

3.3.2   Gruppenentscheidungen

Die klassische Entscheidungstheorie geht von einer Gruppe aus, bei der jedes Mitglied seine eigenen Ideen, Ziele und Wertvorstellungen möglichst durchsetzen möchte. Sie entwickelt Entscheidungsregeln, wie dieser Abstimmungsprozess möglichst geordnet erfolgen kann und zeigt Wege auf, wie ein Individuum seine eigenen Vorstellungen bestmöglich durchsetzen kann. Andere Ansätze gehen hingegen davon aus, dass Gruppenentscheidungen im Diskurs erfolgen, bei dem nicht jedes Individuum seine eigene Wunschalternative erstrebt, sondern gemeinsam die bestmögliche Problemlösung gesucht wird, auch wenn dies eine ganz andere sein kann, als das Individuum am Anfang des Prozesses gedacht hat. Im Folgenden wird zuerst diskutiert, warum überhaupt Entscheidungen in Gruppen getroffen werden (sollten). Anschließend werden die klassischen Entscheidungsregeln vorgestellt. Das Kapitel schließt mit einer Darstellung der Möglichkeiten konstruktiver Gruppenarbeit.

3.3.2.1   Komitees und Entscheiden in Komitees

Die überwiegende Zahl von Entscheidungen wird heute nicht von einer Person allein getroffen, sondern es sind mehrere Personen beteiligt. Hierbei handelt es sich entweder um verteilte oder kollektive Entscheidungen. Eine verteilte Entscheidung liegt vor, wenn durch eine sachliche und zeitliche Dekomposition Teilentscheidungsprobleme entstehen, die von unterschiedlichen Personen gelöst werden. So stellt beispielsweise die Gründung einer Niederlassung ein komplexes Entscheidungsproblem dar, das jedoch in zahlreiche Teilentscheidungen zerlegt werden kann (z.B. Standortwahl, Anbindung, Personalbeschaffung, Umzugsplanung, Public Relations, etc.), die in der Regel nicht von einer Person und nicht alle zu einem Zeitpunkt getroffen werden. Eine verteilte Entscheidung ist allerdings keine Gruppenentscheidung im hier verwendeten Sinn.

Bei einer kollektiven Entscheidung ist eine Gruppe für die gemeinsame Lösung eines Entscheidungsproblems verantwortlich. Der Vorstand und Aufsichtsrat einer Aktiengesellschaft, das „Triumvirat" (Chefarzt, Pflegedirektor, Verwaltungsleiter) eines Krankenhauses, der Vorstand eines Vereins und ein Ehepaar stellen eine derartige Gruppe dar, die gemeinsam Probleme löst. Der überwiegende Teil strategischer Entscheidungen wird heute von Gruppen getroffen.

Eine Gruppe ist – sehr vereinfacht – eine Menge von Personen, die ein gemeinsames Gruppenverständnis aufweist. Dieses Zusammengehörigkeitsgefühl entsteht häufig durch eine gemeinsame Aufgabe, z.B. die Vorbereitung einer Weihnachtsfeier, die Erziehung von Kindern oder die Führung eines Unternehmens. In formalen Organisationen (d.h. im Unternehmen, Verein etc.) spricht man meist von Komitees (Ausschuss, Gremium). Es handelt sich um eine Personengruppe, der bestimmte, in der Regel nicht mehr unterteilte Aufgaben zur gemeinsamen Erledigung übertragen wurden. Es gibt verschiedene Arten von Komitees. Nach der Stellung des Komitees im Unternehmen unterscheidet man Komitees mit Linienautorität, Komitees mit Stabsautorität, Komitees mit funktionaler Autorität sowie Komitees ohne spezielle Autoritätsgrundlage. Komitees mit Linienautorität werden auch als Pluralinstanzen (in Abgrenzung zur Singularinstanz) bezeichnet. Der Vorstand der AG ist ein Beispiel hierfür. Komitees mit Stabsautorität sind Gruppen von Mitarbeitern, denen eine bestimmte Aufgabe übertragen wurde (z.B. Organisation der Weihnachtsfeier), die hierfür jedoch keine Autorität haben. Sie beraten die entsprechende Linienautorität. Komitees mit funktionaler Autorität hingegen haben Weisungsbefugnisse für ihre spezielle Aufgabe. So gibt es in vielen Unternehmen einen EDV-Ausschuss, der bezüglich EDV Entscheidungen treffen und diese als Anweisungen kommunizieren darf. Schließlich gibt es die Komitees, die selbst keine Autorität haben und auch nicht beratend als Stabsstellen agieren. So fordert § 106 Betriebsverfassungsgesetz für alle Unternehmen mit mehr als 100 ständig beschäftigten Arbeitsnehmern die Bildung eines Wirtschaftsausschusses, der wirtschaftliche Angelegenheiten (z.B. Finanzsituation, Rationalisierungsvorhaben, …) mit dem Unternehmer zu beraten und den Betriebsrat zu unterrichten hat. Dieser Ausschuss hat per se keine Autorität, er wird lediglich informiert und kann diese Informationen weiterleiten.

Nach der formalen Grundlage unterscheidet man freiwillige Komitees und gesetzlich vorgeschriebene Komitees. Beispiele für letztere sind der Vorstand und Aufsichtsrat der AG, der Betriebsrat oder der Wirtschaftsausschuss. Nach der Zeitdauer kann zwischen zeitlich be-

grenzten und dauerhaften Komitees unterschieden werden. Die meisten gesetzlich vorge-
schriebenen Komitees sind dauerhaft, während viele freiwillige Ausschüsse nur Projekte
bearbeiten und anschließend aufgelöst werden (z.B. Weihnachtsfeierkomitee). Grundsätzlich
gibt es jedoch auch sehr viele dauerhafte Komitees, die nicht gesetzlich vorgeschrieben sind.
In diesem Fällen hat man erkannt, dass eine Aufgabe in der Gruppe besser bearbeitet werden
kann als von einzelnen Individuen.

Die Festlegung, Entscheidungen einer Gruppe zuzuweisen, erfordert eine ausführliche Analyse der Vor- und Nachteile der Gruppenentscheidung. Die Nachteile liegen auf der Hand:
Erstens entstehen durch Komitees erhebliche Kosten. Dies sind primär die Zeit-, aber auch
die Fahrtkosten. Nicht selten kalkuliert jemand nach einer ausführlichen, relativ ergebnislo-
sen Sitzung, wie viel Geld diese Sitzung gekostet hat. Bei vielen Beiräten sind die Gruppenmitglieder mehrere Tage unterwegs und benötigen erhebliche Ressourcen für den Transport,
ohne dass scheinbar mehr dabei „rauskommt" als wenn ein Individuum die Entscheidung
alleine getroffen hätte. Ein zweiter Nachteil ist die Bindung der emotionalen Kapazitäten von
Führungskräften. Auch gut ausgebildete, effiziente Führungskräfte haben nur eine be-
schränkte mentale Kapazität. Aller Erfahrung nach führt eine Diskussion in einem Komitee
zu einer starken emotionalen Involvierung, die weit über das hinausgeht, was bei Individualentscheidungen üblich ist. Insbesondere können Streitereien in Komitees alle anderen Aktivitäten lähmen.

Drittens haben Entscheidungen in Komitees die Tendenz, länger zu dauern. Gerade bei eili-
gen Entscheidungen sind deshalb Komitees von Nachteil. Viertens besteht die Gefahr, dass
man sich im Komitee auf den kleinsten gemeinsamen Nenner einigt. Die Diskussion ist dann
nur ein „wertebewahrendes Palaver", das lediglich zu einem „faulen Kompromiss" führt
(vgl. 3.1.3). Schließlich impliziert eine Komiteeentscheidung eine geteilte Verantwortung, so
dass die Einzelperson nicht mehr die alleinige Verantwortung für eine Aufgabe hat. Daraus
können Verantwortungslosigkeit, schlechte Entscheidungen und eine Risikobereitschaft
folgen, die das Individuum selbst nie zeigen würde, wenn es alleine verantwortlich wäre.

Diesen Nachteilen stehen erhebliche Vorteile gegenüber. Der wichtigste Vorteil dürfte sein,
dass Gruppenentscheidungen die Erfahrungen und das Wissen verschiedener Mitarbeiter
aktivieren und nutzen können. In einer von hoher Dynaxity geprägten Welt kann niemand
allein als Sensor für alle Systemveränderungen agieren, alle Relationen vollständig erfassen
und alle Elemente kennen. Veränderungen müssen auf Grundlage eigener Erfahrungen interpretiert werden, aber jedes Individuum bringt nur seinen eigenen begrenzten Hintergrund in
die Entscheidungssituation ein. Das Sprichwort „Für den Mann mit dem Hammer sieht alles
nach einem Nagel aus" bringt zum Ausdruck, dass jeder Mensch die Informationen aus der
Umwelt auf Grundlage seiner eigenen Erfahrungen und Prägungen filtert. Umso wichtiger ist
es, dass Entscheidungen in Teams getroffen werden, die aus verschiedenen Personen mit
unterschiedlichen Prägungen, Erfahrungen, Wissen und Reaktionsmustern bestehen.

Zweitens dient die Entscheidungsfindung im Komitee der Verbesserung des Informations-
austausches und der Koordination. Da im Komitee bereits während der Entscheidungsfindung die Voraussetzungen, Umsetzungsstrategien und Anforderungen diskutiert werden,
sind die Beteiligten nach der Entscheidung besser in der Lage, die Umsetzung einzuleiten,
als für den Fall, dass eine Singularinstanz eine Entscheidung trifft und diese dann zur Umset-

zung anweist. Gerade die Koordination zwischen Abteilungen nimmt im Unternehmen sehr viel Zeit in Anspruch. Teilweise konkurrieren unterschiedliche Divisionen desselben Unternehmens miteinander („Kannibalismus"). Werden sie rechtzeitig in eine Gruppenentscheidung einbezogen, findet die Koordination bereits während der Entscheidungsphase statt.

Eng verbunden ist, drittens, die Repräsentation von Interessengruppen während der Entscheidung. Als Interessengruppe oder Stakeholder bezeichnet man jede Gruppe von Menschen, die mittelbar oder unmittelbar von den Entscheidungen einer Organisation betroffen sind. Häufig können Stakeholder auch auf die Organisation einwirken, so dass auch aus Eigeninteresse die frühzeitige Einbeziehung in die Entscheidungen sinnvoll ist. Aus diesem Grunde werden beispielsweise Vertreter von Bürgerinitiativen freiwillig in betriebliche Entscheidungsprozesse involviert.

Viertens wirkt die Möglichkeit der Mitarbeit in einem Komitee für viele Mitarbeiter motivierend. Aus der Führungslehre ist bekannt, dass Mitarbeiter vor allem dann effektiv arbeiten, wenn sie Einfluss nehmen können, sich als signifikanten Teil einer wichtigen Aufgabe erkennen und ihr kreatives Potenzial schöpfen können. Komitees bieten Mitarbeitern durch die Partizipation am Entscheidungsprozess eine sehr gute Möglichkeit, intrinsisch motiviert ihr Bestes zu geben und dadurch erneut Erfüllung in ihrer Arbeit zu finden.

Letztlich kann ein Komitee dazu beitragen, Machtkonzentration im Unternehmen zu reduzieren. Beispielsweise werden Krankenhäuser häufig von einer Pluralinstanz bestehend aus Chefarzt, Pflegedirektor und Verwaltungsleiter geführt. Dies hat unter anderem den Vorteil, dass die starke Konzentration auf eine Funktion und Berufsgruppe vermieden wird. Es hat sich beispielsweise gezeigt, dass ein ärztlicher Direktor als oberste Singularinstanz zu einer Unterdrückung der Pflege und zu einer geringen finanziellen Nachhaltigkeit führen kann.

Die Festlegung, ob eine Entscheidung einer Einzelperson oder einem Team anvertraut wird, muss folglich sehr genau bedacht werden. Es gibt hoch effiziente Teams, die Ergebnisse produzieren, die weit über die Leistungsfähigkeit des Einzelnen hinaus gehen. Und es gibt paralysierende Teams, die eine deutlich geringere Leistung als die Individuen bringen. Hierbei ist zu beachten, dass die Leistungsfähigkeit eines Teams auch von dessen Entwicklungsstand abhängig ist. Häufig können drei Phasen unterschieden werden.

Nach einigen organisatorischen Absprachen während der ersten Teamsitzung arbeiten die Teams zuerst meist sehr leistungsstark. Nach dieser „Honeymoonphase" kommt es jedoch zu den ersten Konflikten. Man merkt, dass man die anderen Mitglieder überschätzt hat, dass man sich falsch verstanden hat und sich selbst und den anderen etwas vorgemacht hat. Manche Teams kommen aus dieser Phase nicht heraus und bleiben damit unter der Leistung der Einzelarbeit. Hätte man die Entscheidung einer einzelnen Person gegeben, wären bessere Ergebnisse entstanden. Gelingt es dem Team jedoch, aus dieser Vertrauenskrise zu einem neuen Start mit realistischen Erwartungen zu kommen, so kann das Team deutlich effektiver arbeiten als der Einzelne.

Für die Entscheidungstheorie in Beruf und Alltag ist es wichtig festzuhalten, dass ein großer Teil von Entscheidungen in Teams getroffen wird. Hierbei muss die emotionale Situation in der Gruppe genau beobachtet werden, damit das Team erfolgreich sein kann. Für den Öko-

nomen ist Teamarbeit kein Wert per se, sondern sie muss zu einer höheren Leistungsfähigkeit führen als die Summe der Einzelarbeiten. Das Team muss als Teilsystem des Betriebes
seine Funktion erfüllen, in dem es Probleme löst und Entscheidungen fällt.

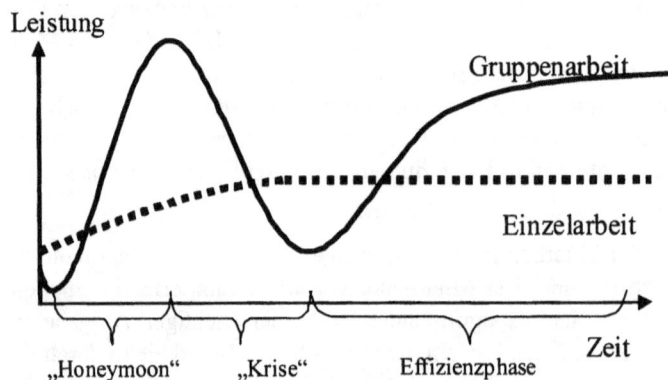

Abb. 3.12   Phasen der Teambildung[93]

Die Problemlösung in Gruppen erfolgt in der Regel in drei Phasen. Zuerst muss das Problem
gemeinsam strukturiert werden, d.h., die Gruppe muss sich auf das Entscheidungsfeld und
das Zielsystem einigen. In der zweiten Phase erfolgt die Präferenzbestimmung und Vorauswahl. Hierzu müssen die Einzelpräferenzen transparent dargestellt und dominierte Lösungen
ausgeschlossen werden. In der dritten Phase erfolgt der eigentlich Abstimmungsprozess nach
bestimmten Abstimmungsregeln.

Die gemeinsame Problemstrukturierung (Phase 1) setzt voraus, dass überhaupt eine Bereitschaft zur Zusammenarbeit existiert. Dies klingt banal, ist jedoch in der Praxis bereits ein
häufiges Hindernis für eine erfolgreiche Gruppenentscheidung. Die Gruppenbildung darf
deshalb nicht dem Zufall überlassen werden, sondern muss wohl durchdacht und geplant
sein, damit nur solche Mitglieder berufen werden, die auch ein echtes Interesse an der Auf-
gabenstellung und der Zusammenarbeit haben bzw. ein Entwicklungspotenzial derart zeigen,
dass sich ihnen die Bedeutung der Aufgabe schnell erschließen kann.

Weitere Voraussetzungen für Phase 1 sind eine gemeinsame Informationsbasis sowie eine
Vorstrukturierung des Problems. Es ist dabei die Aufgabe des Vorsitzenden, die Mitglieder
mit Informationen über das Problem, die möglichen Umweltszenarien und sonstige Rahmenbedingungen zu versorgen, damit diese sich ein eigenes Bild machen und zu einer gemeinsamen Problemstrukturierung beitragen können.

---

[93]   Quelle: Fleßa 2008, S. 64.

Die beiden wichtigsten Teilprobleme der ersten Phase einer Gruppenentscheidung sind die Festlegung des Entscheidungsfeldes sowie die Festlegung des gemeinsamen Zielsystems. Ersteres verlangt, dass bereits Alternativen generiert wurden, aus denen ausgewählt werden soll. Hier unterscheiden sich die klassische, betriebswirtschaftliche Entscheidungstheorie und die eher soziologische bzw. psychologische Entscheidungslehre. Die Betriebswirtschaftslehre geht in der Regel davon aus, dass die Entscheidungsalternativen bereits bestehen, während Soziologie und Psychologie starkes Interesse daran zeigen, wie Alternativen überhaupt entwickelt werden. In der Praxis von Beruf und Alltag ist beides gleichermaßen wichtig.

Häufig jedoch liegen bei einer Gruppenentscheidung die Alternativen auf dem Tisch und erfordern nur relativ wenige Abstimmungen. Viel schwieriger ist die Einigung auf ein gemeinsames Zielsystem. Dies ist insbesondere dann der Fall, wenn ein oder mehrere Mitglieder der Entscheidungsgruppe eine „Hidden Agenda" mitbringen, d.h., ein dominantes Ziel, das sie zwar nicht offen benennen möchten, das jedoch alle anderen Zielsetzungen überlagert. Häufig handelt es sich bei Hidden Agendas um Vorfestlegungen, die z.B. durch persönliche Beziehungen oder andere Emotionalitäten entstanden sind. In diesen Fällen sucht man nach logischen Argumenten für seine individuelle Optimalalternative (Rationalisierung) und artikuliert Ziele, die zwar nicht die persönliche Artenpräferenz widerspiegeln, jedoch diese Alternative als besonders positiv erscheinen lassen.

Damit die erste Phase gelingt, ist eine professionelle Moderation wichtig. Grundelemente der sozialen Intelligenz, die von frühester Kindheit an geübt werden müssen, entscheiden über den Erfolg oder Misserfolg der gemeinsamen Problemstrukturierung. Hierzu gehören Fairness, Konsistenz (d.h., das Verharren beim eigentlichen Thema) und Rationalität (Sachlogik versus Personallogik). Da nicht alle Gruppenmitglieder diese Fähigkeiten vollständig erlernt haben, muss die Gruppenmoderation trainiert werden. Entsprechende Kurse sind Grundbestandteil der Managementausbildung in vielen Unternehmen, aber auch in der privaten Sphäre (z.B. bei den Pfadfindern).

Ist das Problem in der Gruppe wohlstrukturiert, folgt die Phase der Präferenzbestimmung und Vorauswahl. Das Ziel dieser Phase ist eine Reduktion des gegebenen Entscheidungsfeldes auf die Menge der Pareto-effizienten Alternativen. Bei einer Gruppenentscheidung ist eine Alternative Pareto-effizient (=dominant), wenn es keine Alternative gibt, die von allen Gruppenmitgliedern mindestens so gut und von mindestens einem Gruppenmitglied besser eingeschätzt wird. Alternativen, die Pareto-ineffizient sind, d.h., bei der alle Gruppenmitglieder übereinstimmen, dass es bessere Alternativen gibt, können von der Alternativenmenge ausgeschlossen werden.

In seltenen Einzelfällen besteht eine Präferenzübereinstimmung zwischen den Gruppenmitgliedern, d.h., sie sind sich alle einig, welche Ziele verfolgt werden sollen, wie wichtig diese Ziele sind und wie gut die einzelnen Alternativen diese Ziele erfüllen. In diesem Fall entspricht die Gruppenentscheidung der Einzelentscheidung, d.h., es gelten die in Kapitel 3.2 und 3.3.1 diskutierten Entscheidungsregeln. In der Realität treten jedoch häufig Präferenzkonflikte auf, d.h., die Präferenzen der Gruppenmitglieder sind nicht identisch. Person A legt z.B. hohes Gewicht auf den Unternehmensgewinn, während Person B die Personalzufriedenheit für wichtiger erachtet. Auch im Alltag treten Präferenzkonflikte auf. Bedingt durch die eigene familiäre Prägung möchte ein Ehepartner z.B., dass seine Kinder vor allem gehorsam sind, während der andere Partner Kreativität und Freiheit als höchste Erziehungsziele ansieht. Eine Gruppenentscheidung verlangt in diesen Fällen, dass man entweder noch bessere Lösungen und Synergien findet, oder nach klaren Abstimmungsregeln vorgeht.

Präferenzkonflikte implizieren regelmäßig, dass die Erhöhung des Nutzens einer Person zur Reduktion des Nutzens einer anderen Person führt, d.h., setzt sich Person A durch, wird dies zu einem geringeren Nutzen für Person B führen. Dieser Konflikt kann – wie bereits angedeutet – kooperativ oder unkooperativ gelöst werden. Bei der unkooperativen Entscheidung werden Abstimmungsregeln angewandt, die auch die Überstimmung von einzelnen Entscheidern einschließen können. Mit diesen Regeln wird sich Kapitel 3.3.2.2 befassen. Kooperative Entscheidungen erfordern den Willen, dass alle Beteiligten ihre Präferenzen aneinander anpassen, so dass im Optimalfall schrittweise eine Präferenzübereinstimmung erfolgt.

In der 3. Phase erfolgt der Abstimmungsprozess. Bei kooperativen Entscheidungen ist dies unnötig, da alle dieselben Ziele verfolgen. Bei unkooperativen Entscheidungen hingegen müssen klare Regeln über die Abstimmung festgelegt sein. Zuerst muss determiniert werden, ob eine Abstimmung ein- oder mehrstufig erfolgt. Bei einer einstufigen Abstimmung stehen alle Entscheidungen zur Wahl, während bei mehrstufigen Entscheidungen zuerst Gruppen gebildet werden. In der ersten Stufe wird eine Gruppe determiniert, während in der zweiten Stufe innerhalb dieser Gruppe die optimale Lösung gewählt wird. Theoretisch können auch drei-, vier- oder x-stufige Entscheidungen getroffen werden, in der Praxis jedoch sind ein- oder zweistufige Entscheidungen üblich.

Weiterhin muss festgelegt sein, wer stimmberechtigt ist und wie viele Stimmen vergeben werden können. So kann z.B. bei einer Wahl entweder jeder Wahlberechtigte eine oder mehrere Stimmen haben. Auch eine Häufelung auf einen Kandidaten ist möglich.

Eine weitere Unterscheidungsmöglichkeit bezieht sich auf die Zahl der Präferenzen, die in die Entscheidung einfließen. Es gibt Entscheidungsregeln, bei denen nur eine Präferenz (z.B. Alternative mit maximalem Nutzen) einbezogen wird, während bei anderen Verfahren weitere Präferenzen berücksichtigt werden (z.B. auf keinen Fall die Alternative mit dem minimalen Nutzen).

Schließlich muss die Gleichheit der Gruppenmitglieder diskutiert werden. Dieses auf den ersten Blick demokratische Grundrecht wird in realen Entscheidungsprozessen durchaus zu Recht verletzt. So wird beispielsweise dem Ressortverantwortlichen häufig ein Vetorecht eingeräumt. Er kann Entscheidungen blockieren, soweit sie seine Funktion betreffen. In Komitees in Unternehmen gilt oft die Regel, dass die Stimme des Vorsitzenden bei Stimmengleichheit entscheidet.

Betriebswirte, Volkswirte, Mathematiker, Soziologen, Psychologen und andere Wissenschaftler haben sich schon frühzeitig mit den Entscheidungsprozessen in Gruppen auseinandergesetzt. Die betriebswirtschaftliche Entscheidungstheorie legte dabei einen Schwerpunkt auf die Entscheidungsregeln bei unkooperativem Entscheidungsverhalten. Einige dieser Regeln werden im Folgenden dargestellt.

3.3.2.2   Entscheidungsregeln

Regel der einfachen Mehrheit

Die schnellste Variante ist die Regel der einfachen Mehrheit. Es handelt sich um eine einstu-
fige Abstimmung, bei der jedes Gruppenmitglied eine gleichgewichtige Stimme hat. Die
Alternative mit den meisten Stimmen gilt als gewählt, und weitere Präferenzen bleiben unberücksichtigt.

Im folgenden Beispiel sollen acht Gruppenmitglieder aus fünf Kandidaten einen auswählen.
Jedes Gruppenmitglied hat die Kandidaten in eine Rangordnung gebracht, die seinen persön-
lichen Präferenzen entspricht (1=„Bester", 5=„Schlechtester"). Für das erste Gruppenmitglied (P1) ist beispielsweise Kandidat 1 der Beste, Kandidat 5 der Zweitbeste, Kandidat 4 der
Drittbeste, Kandidat 2 der Viertbeste und Kandidat 3 der Schlechteste. Bei Anwendung der
Regel der einfachen Mehrheit bringt jedes Gruppenmitglied nur seinen „Champion" in die
Abstimmung ein. Alternative a_1 wird von zwei Personen bevorzugt, Alternative a_2 von drei
und die Alternativen a_3, a_4 und a_5 jeweils von einer Person. Damit hat a_2 die höchste Anzahl
von Stimmen und ist gewählt.

Tab. 3.21 Regel der einfachen Mehrheit

	P1	P2	P3	P4	P5	P6	P7	P8
a_1	1	4	5	2	1	5	2	4
a_2	4	1	3	5	4	1	5	1
a_3	5	2	4	1	3	4	4	2
a_4	3	3	1	3	2	3	3	5
a_5	2	5	2	4	5	2	1	3

Die Regel der einfachen Mehrheit ist simplifizierend, da andere Präferenzen nicht berücksichtigt werden. Es zählt allein die jeweils beste Alternative. Im obigen Beispiel gibt es zwar
drei Personen, die diesen Kandidaten sehr schätzen, aber für zwei Personen ist er der
schlechteste und für zwei Personen der zweitschlechteste Kandidat. Diese Präferenzen gehen
jedoch vollständig verloren.

Regel der absoluten Mehrheit

Die Entscheidung für Alternative 2 befremdet auch deshalb, weil nur drei von acht Personen
sich für diesen Kandidaten entschieden haben. Häufig möchte man eine Alternative, für die
mindestens 50 % der Entscheider stimmen. Deshalb wird in einigen Ländern bei Wahlen die
Regel der absoluten Mehrheit angewandt.

Die Regel der absoluten Mehrheit ist ein mehrstufiges Verfahren, bei dem eine Alternative
als gewählt gilt, falls sie mehr als 50 % der abgegebenen Stimmen erhält. Falls es keine Alternative mit mehr als 50 % der Stimmen gibt, wird eine Stichwahl zwischen den beiden
besten Alternativen des ersten Wahlganges durchgeführt. Weitere Präferenzen bleiben jedoch auch hier unberücksichtigt.

In obigem Beispiel würde eine Alternative 5 von 8 Stimmen für die absolute Mehrheit benötigen. Im ersten Wahlgang erhält Alternative 2 drei Stimmen, Alternative 1 erhält zwei Stimmen, so dass es einen zweiten Wahlgang mit einer Stichwahl zwischen beiden Alternativen gibt.

Man geht normalerweise von konsistentem Wahlverhalten aus, d.h., im zweiten Wahlgang werden die Personen 1, 2, 5, 6 und 8 bei ihrer Entscheidung bleiben, weil sie bereits vorher für Alternative a_1 bzw. a_2 gestimmt haben. Diese Annahme ist nicht immer erfüllt, da Menschen häufig inkonsistent entscheiden und selbst innerhalb weniger Minuten ihre Meinung ändern können.

Person 3 wird sich neu entscheiden müssen, weil sein ursprünglicher Champion nicht mehr zur Wahl steht. Er wird sich für Alternative a_2 aussprechen, da diese Person bei ihm auf dem dritten Platz steht, während a_1 für ihn nicht akzeptabel ist. Entsprechend werden sich Person 4 und 7 für a_1 entscheiden. Dies bedeutet, dass vier Kandidaten Alternative a_1 bevorzugen und vier Kandidaten Alternative a_2.

Das Beispiel zeigt die Schwächen dieser Regel auf. Erstens besteht noch immer das Problem, dass nur die jeweils am höchsten priorisierten Alternativen in die Entscheidung einfließen, während z.B. die größte Ablehnung eines Kandidaten keine Rolle spielt. Weiterhin ist problematisch, dass die Regel der absoluten Mehrheit kein Tie-Break kennt, d.h., bei gerader Gruppenstärke kann es zu Pattsituationen kommen.[94] Aus diesem Grund werden in betrieblichen Komitees häufig ungerade Gruppenstärken bevorzugt. Im politischen Bereich, wo die Stichwahl in vielen Ländern verankert ist, ist die Gefahr eines vollständigen Patts in der Stichwahl jedoch relativ gering.

Regel der sukzessiven Paarvergleiche

Bei der Regel der sukzessiven Paarvergleiche handelt es sich um ein mehrstufiges Verfahren, bei der immer über zwei Alternativen nach einfacher Mehrheitsregel abgestimmt wird. Die Alternative mit der geringeren Stimmenzahl wird eliminiert, während die verbleibende Alternative mit einer weiteren verglichen wird. Dieses Verfahren wiederholt sich, bis nur noch eine Alternative übrig ist, die als Optimum befunden wird.

Das folgende Beispiel geht noch einmal von der Auswahlsituation gemäß Tab. 3.21 aus. Die gewählte, zufällige Startkombination sei der Paarvergleich zwischen Alternative a_2 und Alternative a_3. Das Abstimmungsverhältnis lautet fünf zu drei, d.h., Alternative a_3 wird eliminiert. Im nächsten Schritt wird der „Sieger" des letzten Schrittes (a_2) mit einer weiteren, zufällig gewählten Alternative verglichen, hier: Alternative a_4. Das Abstimmungsverhältnis lautet 3:5, d.h., drei Gruppenmitglieder finden Alternative a_2 besser als Alternative a_4, während fünf Gruppenmitglieder Alternative a_4 bevorzugen. Dementsprechend wird Alternative

---

[94] Ein häufiges Problem bei Gruppenentscheidungen ist das Patt, d.h., die Entscheidung zwischen zwei gleich guten Alternativen. In diesen Fällen wird ein „Gleichstandsdurchbrecher" gesucht, d.h. eine Tie-Break-Regel (Engl. tie = unentschieden). Dieser Begriff wird beispielsweise im Tennis für eine Regel verwendet, die dazu führen soll, einen unentschiedenen Satz möglichst schnell zu beenden. Der Gewinner des Tie-Break kann den Satz mit 7:6 für sich entscheiden.

a_2 eliminiert. Im nächsten Schritt wird Alternative a_4 mit Alternative a_1 verglichen, wobei wiederum die Alternative a_1 zufällig aus der Menge der verbleibenden Alternativen gewählt wird. Alternative a_1 wird hierbei fünfmal bevorzugt, während Alternative a_4 eliminiert wird. Schließlich bleibt der Vergleich von Alternative a_1 mit Alternative a_5, wobei sich hier ein Patt ergibt (4:4). Wiederum kennt die Regel der sukzessiven Paarvergleiche (zumindest in ihrer Grundform) keinen Tie-Break, so dass keine weitere Aussage möglich ist.

Problematisch an der Regel der sukzessiven Paarvergleiche ist insbesondere, dass die Reihenfolge der Paarvergleiche einen großen Einfluss auf die Wahl der optimalen Alternative hat. Wählt man beispielsweise im ersten Schritt den Vergleich von a_1 mit a_3, so wird a_1 eliminiert. Vergleicht man im zweiten Schritt a_3 mit a_2, so wird a_3 ausgesondert. Im dritten Schritt kann man a_2 mit a_4 vergleichen, wobei a_4 als „Sieger" hervorgeht. Schließlich bleibt das Patt zwischen Alternative a_4 und Alternative a_5 – eine Lösung, die von unserem ersten Optimum abweicht. Wählt man zufällig Alternative a_2 und Alternative a_3 als ersten Paarvergleich, ist Alternative a_1 Teil der Lösungsmenge. Wählt man zufällig Alternativen a_1 und a_3, so fällt Alternative a_1 heraus, jedoch erscheint Alternative a_5 als Teil der Lösungsmenge.

Die Theorie der Entscheidung hat aufbauend auf der Regel der sukzessiven Paarvergleiche Strategien entwickelt, wie ein Gruppenmitglied seinen eigenen „Wunschkandidaten" bestmöglich platzieren kann, indem die Reihenfolge der Paarvergleiche festgelegt wird. So erweist es sich häufig als zweckdienlich, eine favorisierte Alternative noch nicht zu früh „ins Rennen" zu schicken. Stattdessen sollen sich erst einmal die Konkurrenten gegenseitig aus dem Entscheidungsfeld werfen, so dass der eigene Wunschkandidat zum Schluss gute Chancen hat.

In der Politik, in der häufig eine große Zahl von Entscheidern für die Auswahl verantwortlich ist, mag dies eine sinnvolle Lösung sein. In kleineren Entscheidungsteams, die noch dazu auf Dauer angelegt sind, können derartige „Tricks" als unfaires Taktieren verstanden werden, so dass man zwar bei einer Entscheidung seine Wunschalternative durchsetzen kann, die zukünftige Zusammenarbeit jedoch gefährdet wird. Hier dürfte eine Entscheidung im Diskurs oder zumindest eine transparente Festlegung der Reihenfolge des Alternativenvergleichs mit Sensitivitätsanalysen unabdingbar sein, um ein interdependentes Team zu erhalten.

Borda-Regel

Viele Teams in Beruf und Alltag möchten vermeiden, dass Alternativen, die von den meisten als nicht erstrebenswert angesehen werden, letztlich doch gewählt werden. Wie oben gezeigt, führt beispielsweise die Regel der einfachen Mehrheit dazu, dass Alternative a_2 die höchste Anzahl von Stimmen erhält und damit als gewählt gilt. Drei Personen schätzen diese Alternative sehr, für zwei Personen ist es die schlechteste und für zwei weitere Personen die zweitschlechteste Alternative. Diese Präferenzen gehen jedoch vollständig verloren.

Die Borda-Regel berücksichtigt alle Ränge bei der Entscheidung. Hierzu hat jedes Mitglied nicht nur eine Stimme, sondern $\frac{m}{2}(m+1)$, wobei m die Zahl der zu wählenden Alternativen wiedergibt. Jedes Gruppenmitglied gibt seiner besten Alternative m Punkte. Die zweitbeste Alternative erhält $(m-1)$ Punkte, etc. Die schlechte Alternative erhält einen Punkt. Diejenige Alternative mit der größten Punktesumme wird gewählt. Tab. 3.22 zeigt die Punkte, die die einzelnen Entscheider den Alternativen geben. Alternative a_4 wird gewählt, da sie die meisten Punkte auf sich vereinen kann.

Tab. 3.22 Borda-Regel

	P1	P2	P3	P4	P5	P6	P7	P8	Σ
a_1	5	2	1	4	5	1	4	2	24
a_2	2	5	3	1	2	5	1	5	24
a_3	1	4	2	5	3	2	2	4	23
a_4	3	3	5	3	4	3	3	1	25
a_5	4	1	4	2	1	4	5	3	24

Der Vorteil dieses Verfahrens liegt auf der Hand: Alle Präferenzen fließen in die Wahlentscheidung ein. Da manchmal eine Alternative, die alle erträglich finden, besser ist als eine Alternative, die einige als optimal und einige als katastrophal einschätzen, ist die Borda-Regel ein gutes Verfahren, um tragfähige Kompromisse in dauerhaften Teams zu finden, insbesondere, wenn die Zahl und der Inhalt der Alternativen nicht veränderbar ist.

Approval-Voting

Das Approval-Voting kann als eine „Kompromissregel" interpretiert werden, bei der für jede Alternative ermittelt wird, ob die Gruppenmitglieder sie akzeptieren können oder nicht. Die Alternative mit der größten Zahl von Akzepten wird gewählt.

Tab. 3.23 gibt die Situation für obige Entscheidungssituation wieder, wobei das Akzeptanzkriterium nicht vollständig mit der Rangordnung übereinstimmt. Es kommt vor, dass ein Entscheider alle Alternativen für ausreichend gut hält, jedoch für die anderen Entscheidungsregeln trotzdem eine Reihenfolge festlegen muss. Andererseits gibt es Entscheider, die keinen der Kandidaten für akzeptabel halten. Für Tab. 3.23 ist angenommen, dass für Gruppenmitglied 1 Alternative 3 und 2 völlig inakzeptabel sind, für Person 8 sind alle akzeptabel, für alle anderen jeweils die schlechteste Alternative. Alternative a_4 wird gewählt, da sie für die größte Anzahl von Entscheidern akzeptabel ist. In diesem Fall wird sie sogar für alle akzeptiert, aber dies ist nicht notwendigerweise immer der Fall beim Approval-Voting.

Tab. 3.23 Approval-Voting

	P1	P2	P3	P4	P5	P6	P7	P8	Σ
a_1	1	1	0	1	1	0	1	1	6
a_2	0	1	1	0	1	1	0	1	5
a_3	0	1	1	1	1	1	1	1	7
a_4	1	1	1	1	1	1	1	1	8
a_5	1	0	1	1	0	1	1	1	6

Das Approval-Voting sichert den Kompromiss, mit dem alle oder zumindest die meisten leben können. Ob diese Alternative in einer dynamischen Welt tatsächlich immer die Beste ist, bleibt fraglich.

Bewertung

Grundsätzlich lässt sich festhalten, dass es keine optimale Regel für Gruppenentscheidungen gibt. Teilweise führt die Anwendung der Regeln zu unterschiedlichen Ergebnissen. Es ist deshalb in der Praxis immer anzuraten, mehrere Regeln zu kombinieren und Sensitivitätsanalysen durchzuführen.

Auf ein Problem, das unmittelbar mit der Wahl der Entscheidungsregeln in der Gruppe zu tun hat, macht der Volkswirt Kenneth Arrow aufmerksam. In seinem Allgemeinen Unmöglichkeitstheorem zeigt er auf, dass es nicht immer möglich ist, aus den Präferenzen der Gruppenmitglieder stets eine eindeutige Gruppenpräferenz abzuleiten. Dies trifft insbesondere dann zu, wenn naheliegende ethische und methodische Bedingungen zusätzlich erfüllt sein sollen (z.B. Verbot eines Diktators). Für ein politisches System kann man schließen, dass kollektive Entscheidungen nur bedingt auf der Basis individueller Präferenzen bzw. Wertvorstellungen zu treffen sind.

So zutreffend diese Analyse auch für politische und volkswirtschaftliche Systeme ist, so wenig greift sie für Entscheidungen in überschaubaren betrieblichen oder privaten Gruppen. In Entscheidungsteams von fünf bis acht Personen kann durchaus ein Geist von Synergie entstehen, der zu einer kollektiven Entscheidung auf Basis einer gemeinsamen Gruppenpräferenz führt. Die Individualpräferenzen müssen hierfür jedoch als wandelbar angesehen werden. Oder mit anderen Worten: Die Gruppenprozesse führen zu Lernprozessen beim Individuum. Eine Annahme, die in der Praxis unzählige Male bestätigt wurde.

In vielen Entscheidungen muss sich die Gruppe tatsächlich für eine Alternative entscheiden, z.B. bei der Auswahl eines neuen Mitarbeiters. Führt die Abstimmung zu einem Gleichstand von zwei oder mehreren Kandidaten, kann dieses Problem z.B. dadurch gelöst werden, dass weitere Kriterien in die Entscheidung aufgenommen werden. Alternativ könnte gelost werden. Oder man lässt die Kandidaten noch einmal gegeneinander antreten, z.B. in einem Assessment Centre. In jedem Fall müssen die Tie-Break-Regeln vorher genau definiert und transparent sein.

Die hier dargestellten Entscheidungsregeln dienen der Auswahl einer bestmöglichen Alternative aus einer vorgegebenen Alternativenmenge. In der Theorie geht jedes Individuum mit festen Präferenzen an die Entscheidung heran. Lerneffekte, Überzeugung oder gar eine Entwicklung noch besserer Alternativen sind nicht vorgesehen. Dies müsste im gegenseitigen Austausch, im Verstehen und Artikulieren erfolgen – im Diskurs.

3.3.2.3   Entscheiden im Diskurs

Funktionsfähige Arbeitsgruppen und insbesondere emotional stabile Teams im privaten Bereich zeichnen sich durch ein Win-Win-Denken aus.[95] Kennzeichnend hierfür ist, dass alle Beteiligten Lösungen anstreben, mit denen alle zufrieden sind, da sie für jeden einen Vorteil darstellen. Selbstverständlich impliziert dieser Win nicht nur monetäre Ergebnisse, sondern vor allem im privaten Alltag auch emotionale Stabilität, Zufriedenheit, Kreativitätspotenziale, etc. Aus dieser Sicht ist eine Alternative erst gut, wenn alle damit besser gestellt sind als vorher. Win-Win ist kein fauler Kompromiss, kein Weg des kleinsten Widerstandes oder schieres Nachgeben, sondern das aufrichtige Streben nach kreativen Lösungen, die auf einer höheren Ebene liegen als die bisherige Systemlösung.

Wenn man feststellt, dass mit den bisherigen Alternativen kein Win-Win erreicht werden kann, so kann ein Win-Win-Denken auch implizieren, dass die Gruppenmitglieder sich auf die Suche nach neuen, besseren und innovativeren Alternativen machen. Die traditionelle Annahme der Entscheidungstheorie, dass aus einer fest vorgegebenen Menge von Alternativen eine auszuwählen ist, wird damit aufgegeben. Stattdessen macht sich die Gruppe auf die Suche nach neuen Alternativen, die ein Win-Win ermöglichen.

Grundsätzlich kann man verschiedene Denkhaltungen in Teams und in jeder Form der Zusammenarbeit unterscheiden. Ein Win-Denken geht davon aus, dass das Individuum selbst einen Vorteil von der gewählten Alternative haben möchte. Ob die anderen damit zufrieden sind oder nicht, spielt für die Entscheidung des Individuums keine Rolle. Ein Lose-Denken ist überwiegend reaktiv und impliziert, dass das Individuum (häufig auf Grundlage zahlreicher negativer Erfahrungen) immer davon ausgeht, dass alle anderen ihm schaden werden und er sich ohnehin nicht durchsetzen kann. Der Lose-Denker wird sich selbst als Opfer sehen und sofort nachgeben, teilweise auch wider besseres Wissen.

Win und Lose können in Konstellationen auftreten. Neben dem Win-Win, bei dem beide Partner fest entschlossen sind, erst eine Entscheidung zu treffen, wenn die Lösung für beide einen Vorteil bringt, können Win-Lose, Lose-Win und Lose-Lose Konstellationen auftreten. Win-Lose impliziert, dass das Individuum eine für ihn vorteilhafte Lösung anstrebt und dabei bewusst beabsichtigt, den anderen zu schädigen. Ein Teil seines „geheimen Lustgewinns"[96] basiert auf der Schädigung des anderen. Ein Lose-Win-Denken geht davon aus, dass es besser ist, selbst Nachteile zu erleiden, damit der Partner zufrieden ist und seine Vorteile hat. Man kann sich vorstellen, welche verheerenden Konsequenzen es für ein Team hat, wenn ein Win-Lose und ein Lose-Win Denker aufeinander stoßen. In einer Ehe führt dies unweigerlich zu Tyrannei, Unterwürfigkeit und Ausnutzung. Entscheidend ist jedoch, dass Win-Lose und Lose-Win meist keine dauerhaften Lösungen darstellen. Irgendwann wird sich der Lose-Win-Denker zurückziehen, innerlich kündigen bzw. sich scheiden lassen. Das kreative Potenzial bleibt ungenutzt, und die gewählte Alternative ist häufig nicht nachhaltig.

Die fatalste Form der Kooperation ist eine Lose-Lose-Beziehung. Hier ist das Individuum bereit, eigene Nachteile zu erleiden, nur um den Partner zu schädigen. Dies kann bis zur

---

[95] Vgl. Covey 2004.

[96] Der Term wurde von Rieckmann geprägt und umschreibt umgangssprachlich einen emotionalen Nutzen.

gegenseitigen emotionalen oder physischen Vernichtung führen – ein Grabenkrieg, wie er in vielen Vereinen und Unternehmen bekannt ist.

Diese unterschiedlichen Denkhaltungen können auch als Stufen von Konflikten interpretiert werden. Für das Konfliktmanagement wurden verschiedene Modelle der Konfliktstufen entwickelt. Häufig verwendet wird das Modell von Glasl[97]. Er unterscheidet neun Stufen. Ausgangspunkt ist das interdependente Team, so wie es in Kapitel 3.1.3.2 beschrieben wurde. Die Atmosphäre ist von hoher Wahrhaftigkeit, Vertrauen und emotionaler Nähe geprägt. Alle Beteiligten sind auf Win-Win-Lösungen ausgerichtet. Eine erste Stufe des Konflikts entsteht, wenn auf Grund von Enttäuschungen oder Missverständnissen eine Verhärtung eintritt, so dass die Gespräche nur noch sachbezogen sind, aber die emotionale Nähe verloren geht. Verschärft sich der Ton und werden die Positionen härter, so ist die zweite Stufe erreicht, die Stufe der Debatte und Polemik. In der dritten Stufe nimmt der Konflikt zu, so dass nicht mehr diskutiert wird, sondern die Gruppenmitglieder beginnen, unabhängig voneinander und ohne Rücksprache zu handeln. Sie grenzen sich ab und schaffen vollendete Tatsachen. Trotzdem sind sie im Prinzip noch überzeugt, dass eine Win-Win-Lösung für alle Beteiligten das Beste ist, und sie streben danach, in die Atmosphäre des interdependenten Teams zurückzukehren. Entscheidend ist dabei, dass ihre Integrität noch nicht verletzt ist. Sie sind noch jenseits der Integritätslinie aus Abb. 3.4, so dass sie auf Grund ihrer individuellen Reife noch zu einer konstruktiven Lösung in Wahrhaftigkeit und Vertrauen zurückkehren können.

Diese unsichtbare Linie wird übersprungen, wenn innerhalb der Gruppe Koalitionen gebildet werden und ein binäres Denken (gut versus böse) entsteht. Die jeweils andere Position wird (verletzend) abgewertet, und mit ihr der Vertreter der anderen Meinung. Dies kann in der nächsten Stufe dazu führen, dass einzelne Mitglieder ihr Gesicht verlieren. Sie haben Angst, ihre Meinung offen kundzutun, da sie die Fanatisierung der anderen perzipieren. Nach diesem Gesichtsverlust kann es zu der Stufe der Drohstrategien kommen, indem Gruppenmitglieder bewusst eingeschüchtert bzw. Ängste geschürt werden. Die Unterlegenen fühlen sich als Opfer, resignieren und verlieren jegliche Kraft, die Situation noch zu ändern. Diese drei Stufen sind von einer Win-Lose-Haltung geprägt, bei der der eigene Vorteil bzw. die Durchsetzung der eigenen Meinung bewusst auf Kosten der anderen Gruppenmitglieder gesucht wird. Einige Teilgruppen streben hingegen noch Lose-Win-Haltungen, d.h., sie gehen jeden faulen Kompromiss ein, um nur nicht den Verletzungen der anderen Gruppenmitglieder ausgesetzt zu sein.

Die letzten drei Stufen sind von einer Lose-Lose-Denke geprägt. Die Gruppenmitglieder sind bewusst bereit, eigene Nachteile zu erleiden, solange sie nur den anderen Gruppenmitgliedern schaden können. In der siebten Stufe sind es noch begrenzte Vernichtungsschläge, während in der achten Stufe bereits umfangreiche Sabotage betrieben wird. Das Team zersplittert vollständig in feindselige Lager. Selbst eine neutrale Position innerhalb des Teams wird als Feindseligkeit gewertet. Dies kann in eine „Gemeinsam in den Abgrund" Haltung münden,

---

[97] Vgl. Glasl 2004.

bei der sogar die Selbstvernichtung einkalkuliert wird, solange nur die andere Teilgruppe vernichtet wird.

Die Stufen der Konflikteskalation sind in der Literatur ausführlich beschrieben und mit zahlreichen Praxisbeispielen belegt. Tatsächlich gibt es Gremien in deutschen Unternehmen, deren Mitglieder nur noch über ihre Rechtsanwälte miteinander kommunizieren. Viele Kooperationsformen sind letztlich an fehlender sozialer Intelligenz der Gruppenmitglieder gescheitert, die die Zeichen drohender Eskalation nicht erkannt haben. Hierbei ist wichtig zu erkennen, dass die einzelnen Stufen abweichende Formen der Deeskalation benötigen. In der Win-Win-Ebene (Stufen 1-3) genügt in der Regel eine interne Moderation, z.B. durch den Vorsitzenden des Komitees. Da alle Gruppenmitglieder noch an eine gute Win-Win-Lösung glauben und ihre Integrität noch nicht Schaden genommen hat, kann er die Spirale der Eskalation zurückdrehen.

In der Win-Lose-Ebene (Stufen 4-6) hingegen ist eine externe Konfliktberatung angeraten. Hierfür gibt es speziell ausgebildete Mediatoren, die den Gruppenprozess begleiten können. Hier findet auch Supervision und Coaching von außen statt. Beiden ist gemeinsam, dass sie keine Lösungen vorgeben, sondern den Gruppenmitgliedern helfen, ihre Situation realistisch zu sehen und zu erkennen, was sie letztlich wirklich wollen. Auf dieser Grundlage können die Gruppenmitglieder zu einem konstruktiven Arbeitsstil zurückfinden. Abb. 3.13 fasst die Stufen nach Glasl noch einmal zusammen.

Insbesondere in der Win-Lose-Ebene wird häufig ein Vermittler (Mediator) eingesetzt, der den Gruppenmitgliedern hilft, an den unterschiedlichen Konfliktursachen zu arbeiten. Die Ursachen für Konflikte können sachorientiert (z.B. Ressourcenkonkurrenz, Ergebniskonkurrenz, Verantwortungsüberschneidung, Umweltveränderungen), individuell (z.B. individuelle Wahrnehmungsunterschiede, Rollenkonflikte) oder beziehungsorientiert (z.B. Vorurteile, Unfairness, Verletzung) sein. Häufig sind Konflikte das Ergebnis unterschiedlicher Faktoren, die sich im Zeitablauf gegenseitig verstärken, so dass die Konfliktvermittlung die einzelnen Parameter herausarbeiten und trennen muss, um an ihnen arbeiten zu können.

Häufig wird hierbei das so genannte Harvard-Konzept verwendet, das die Funktion bzw. das Ergebnis des Gruppenprozesses in den Mittelpunkt stellt und aus der juristischen Mediation stammt. Es unterscheidet zwischen der Ebene des Sachinhaltes und der Ebene der Verhandlungsführung und definiert vier Kernprinzipien, die – ohne dass das Harvard-Konzept dies explizit so nennt – eine Win-Win-Situation herbeiführen sollen.

- Trennung von Person und Sachfrage, d.h., man kann in Sachfragen divergieren und trotzdem respektvoll miteinander umgehen.
- Konzentration auf die wahren Interessen der Beteiligten, die hinter den vertretenen Positionen stehen.
- Entwicklung von Auswahlmöglichkeiten.
- Definition objektiver Beurteilungskriterien.

Eskalations-
niveau

Win-Win → | ← Win-Lose → | ← Lose-Lose →

Gemeinsam in den
Abgrund

Sabotage

Begrenzte
Vernicht-
ung

Drohstra-
tegien

Gesichts-
verlust

Gut-
Böse-
Denken

Interne Moderation möglich

Taten statt
Worte

Externe Konfliktberatung
nötig

Schlichtung, Machteinsatz

Polemik

Verhär-
tung

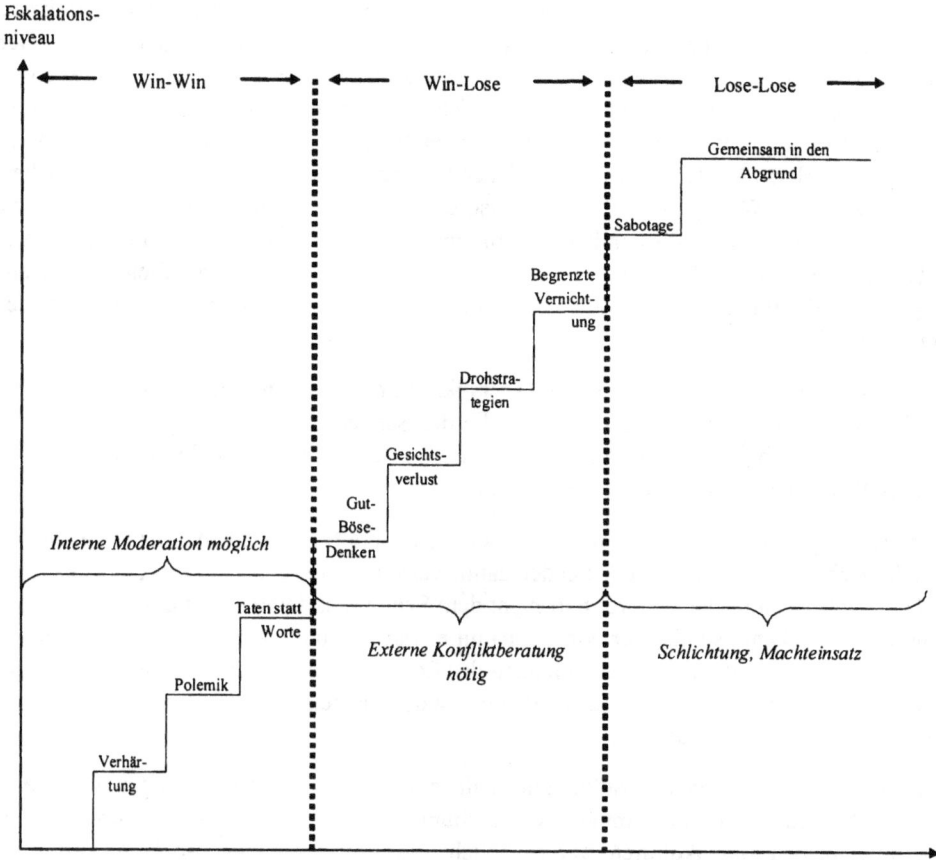

Abb. 3.13   Konfliktstufen nach Glasl[98]

Die Konfliktlösung erfordert hierbei regelmäßig, dass die Partner zuerst versuchen, die anderen vollständig zu verstehen, bevor sie selbst ihren Standpunkt vertreten. Hierbei ist zu bemerken, dass es zwar zur Grundausbildung der Manager gehört, ihre Redekunst in Rhetorikseminaren zu schulen, die Kunst des effektiven Zuhörens jedoch kaum geübt wird. Man kann auch hier verschiedene Stufen unterscheiden. Auf der ersten Stufe steht das passive Zuhören. Der Hörer nimmt die Schallwellen wahr und übersetzt sie mit seiner eigenen Dekodierung auf Grundlage seines eigenen Bewertungsmaßstabes in Fakten. Die große Fülle weiterer Informationen, die der Sender übermittelt, entgeht ihm allerdings: Stimmklang, Körperhaltung, Gesichtsausdruck etc. könnten Aufschluss darüber geben, was der Sender eigentlich sagen möchte. Der passive Zuhörer hingegen nimmt nur die Schallwellen wahr – nach Schätzungen weniger als 10 % der kompletten Information.

---

[98]   Quelle: Glasl 2004, S. 236.

Der aktive Zuhörer perzeptiert bewusst alle weiteren Informationen und versucht, auf dieser Grundlage den Inhaltsgehalt zu verstehen, so wie ihn der Sender wirklich gemeint hat. Der einfache Satz „Besuchen Sie Herrn Müller und zeigen Sie ihm unsere neue Kollektion!" könnte sowohl „Herr Müller ist ein besonders wichtiger und anspruchsvoller Kunde. Sie sind unser bester Vertreter, wir brauchen Sie dort dringend!" als auch „Nun haben Sie schon wieder vergessen, Herrn Müller zu besuchen! Gehen Sie endlich und machen Sie mal Ihre Arbeit richtig!" bedeuten. Was tatsächlich gemeint ist, erkennt der Empfänger nicht primär an den Worten, sondern indem er alles andere wahrnimmt, das der Sender noch kundtut: Artikulation, Gestik und Mimik drücken unter Umständen mehr aus als die Worte allein. In diesem Beispiel wäre der Inhalt wahrscheinlich durch die Lautstärke und Lieblichkeit bzw. Härte der Sprache zu erfühlen.

Das aktive Zuhören nutzt auch die Echo-Technik, um den wahren Inhalt zu verstehen. Der Empfänger wiederholt echoartig die Worte, die der Sender gesagt hat. Teilweise paraphrasiert er sie auch, d.h., er gibt sie in seinen eigenen Worten wieder, um sicher zu sein, dass er auch verstanden hat, was der andere gemeint hat.

Wenn der Empfänger bemüht ist, nicht nur den Sachverhalt zu erkennen, sondern auch alle Gefühle nachzuvollziehen, die der Sender damit verbindet, spricht man von empathischem Zuhören. Der empathische Zuhörer hört nicht dem Sender zu, damit er auf dessen Statement etwas antworten kann, sondern er hört zu, damit er ihn im vollen Umfang verstehen kann – kognitiv wie emotional. Hierzu gehören auch das Echoing und die Paraphrasierung, aber sie beziehen sich nicht nur auf die Sachverhalte, sondern geben wieder, welche Gefühle der Sender mit der Botschaft verbindet.

In einigen Kulturen gibt es die Tradition des Palavers. Der Begriff wurde von den portugiesischen Seefahrern für die langatmigen Verhandlungen mit den afrikanischen Ältestenräten verwendet. In den Bantukulturen war es üblich, dass Entscheidungen so lange diskutiert wurden, bis jedes Mitglied des Ältestenrates vollständig hinter der Lösung stehen konnte. Hierzu gehört auch die Tradition, dass ein Mitglied dieses Gremiums das Rederecht erst weitergegeben hat, wenn es überzeugt war, dass alle anderen ihn wirklich vollständig in der kognitiven und emotionalen Dimension verstanden hatten.

Das empathische Zuhören ist die Voraussetzung für Synergie, d.h., die Entwicklung neuer, innovativer und besserer Lösungen, bei denen erst ein Win-Win in vollem Umfang möglich ist. Dies erfordert Zeit, aber auch Selbstdisziplin und Selbsterkenntnis. Beispielsweise müssen die Gruppenmitglieder ihr eigenes Gruppenverhalten (z.B. Vielredner, große Schweiger) immer wieder reflektieren und eigenverantwortlich gegensteuern. Die gefundene Lösung, bei der alle Beteiligte einen Vorteil haben und die Gesamtaufgabe bestmöglich erfüllt wird, lohnt jedoch die Investition.

Grundsätzlich sind Entscheidungen weniger geeignet für Gruppenentscheidungen, wenn sie wenige Teilbereiche betreffen, wenn sie von geringer Relevanz für den Existenzgrund der Organisation sind, wenn sie leicht verständlich bzw. durchsetzbar sind und wenn sie nur einen kurzen Zeithorizont haben. In diesen Fällen ist es effizienter, die Entscheidung einer Singularinstanz zu überlassen. In der zunehmenden Dynaxity hingegen wird die Zahl der komplexen, interdependenten und das Gesamtsystem betreffenden Entscheidungen immer größer. Deshalb nimmt auch die Zahl der Entscheidungsgremien zu. Allerdings stellt dies Anforderungen an die Gruppenmitglieder, die weit über die Kenntnis der klassischen Entscheidungsregeln hinausgehen. Konfliktmanagement, Mediation, Coaching und empathisches Zuhören sind Techniken, die heute zum Handwerkszeug des Entscheiders gehören. Viel wichtiger ist jedoch die emotionale Reife aller Gruppenmitglieder, damit die Wertschätzung, die sie den anderen entgegen bringen, keine leere Technik, sondern echte Emotion ist. Kein Team lässt sich auf Dauer durch reine Technik leiten. Deshalb gehört die Persönlichkeitsentwicklung zu den Grundlagen effektiver Planung und Entscheidung in Beruf und Alltag.

Die Entscheidung in Gruppen wurde früh wissenschaftlich untersucht. Den Schwerpunkt bildeten hierbei die Auswahlregeln bei einer fixen Zahl von Alternativen, insbesondere die Wahl von Parlamentsabgeordneten. So stellten Jean-Charles Chevalier de Borda (1733-1799) und Marquis de Condorcet (1743-1794) bereits im 18. Jahrhundert Wahlregeln auf – beklagten aber auch die Möglichkeit, dass trotz aller Regeln derjenige Kandidat letztlich nicht gewählt wird, der ganz offensichtlich für alle Beteiligten der Beste wäre. So können „Spaßkandidaten" bei Borda zur völligen Verzerrung und zur letztlichen Einigung auf einen suboptimalen Kandidaten führen. Dies führt über eine lange Tradition der Kritik an den unterschiedlichen Entscheidungsregeln schließlich zum Allgemeinen Unmöglichkeitstheorem von Arrow.

Bei Wahlen in Volksgemeinschaften ist es zweifelsohne unabdingbar, die Zahl der Kandidaten festzulegen und die Präferenzen als gegeben (zum Zeitpunkt des Urnengangs!) anzunehmen. Für die Arbeit in kleineren Teams, z.B. in der Unternehmensführung, im Verein oder in einer Familie hingegen sind Lerneffekte und die Generierung neuer, besserer Alternativen viel wichtiger als die Bestimmung abstrakter Abstimmungsregeln. Deshalb muss die betriebliche Entscheidungslehre von den Wissenschaften lernen, die diese Entscheidungsprozesse aus ihrer Sicht analysieren, d.h. beispielsweise von der Soziologie, Psychologie und Kommunikationswissenschaft.

Zusammenfassend kann man folglich festhalten, dass eine Betriebswirtschaftslehre, die ihr Erkenntnisobjekt allein auf eine eindimensionale Rentabilitätsmaximierung reduziert ebenso verfehlt ist wie eine Entscheidungstheorie, die soziale Kernprozesse bei Gruppenentscheidungen ausschließlich mit Hilfe von mathematischen Entscheidungsregeln erfasst. Reale Entscheidungen setzen intensive individuelle Auseinandersetzung voraus, was insbesondere bedeutet, dass der Entscheider sich selbst über seine Prioritäten klar wird. Anschließend erfordern Entscheidungen regelmäßig einen genauso intensiven Diskurs in der Gruppe. Die Methoden der Entscheidungstheorie sind hilfreich, um Entscheidungen bei ein- und mehrdimensionalen Zielsystemen mit und ohne Unsicherheit vorzubereiten. Vor allem schaffen die mathematischen Verfahren eine Transparenz über Prioritäten der Entscheider, die sonst im Verborgenen bleiben würden. Aber sie ersetzen nicht die persönliche Interaktion der Entscheidenden. Dies trifft sogar auf Entscheidungsprozesse zu, die von einer Person allein verantwortet werden, da sie anschließend ihre Entscheidung in der Gruppe vertreten und z.B. an die Mitarbeiter „verkaufen" muss. Die Zeit ausschließlicher Anweisungen und blinden Gehorsams gegenüber Entscheidungen der Vorgesetzten ist vorbei, so dass auch die moderne Entscheidungstheorie dies berücksichtigen muss.

3.4   Nutzentheorie

In Kapitel 3.2 wurde bereits darauf hingewiesen, dass eine Entscheidung bei mehrdimensionalen Zielsystemen regelmäßig verlangt, dass der Entscheider sich über die Bedeutung der einzelnen Ziele klar werden muss, d.h., er muss zum Ausdruck bringen, welchen Anteil eine Zieldimension für seinen Gesamtnutzen ausmacht. Weiterhin wurde in diesem Kapitel aufgezeigt, dass viele Entscheidungen unter Unsicherheit nur getroffen werden können, wenn die Nutzenfunktion $\Phi(\mu, \sigma)$ bekannt ist. In Kapitel 3.3 wurde schließlich angenommen, dass die einzelnen Entscheider in der Gruppe bestimmte Präferenzen für einzelne Alternativen haben. Es muss folglich eine Nutzenfunktion geben, die den einzelnen Kandidaten Nutzen zuordnet, die dann wiederum in die Gruppenentscheidung einfließen. Damit wurden bereits in Kapitel 3.2 und 3.3 Grundlagen der Nutzentheorie verwendet, ohne hierauf explizit einzugehen. Dies soll im Folgenden nachgeholt werden.

Im folgenden Unterkapitel werden zuerst die Grundlagen der Nutzentheorie diskutiert. Die umfangreichen Lehrbücher der Entscheidungstheorie[99] legen hierauf sehr viel Wert und ordnen diesem Abschnitt deutlich mehr Inhalt zu, als dies in diesem Band geschehen kann. Die relativ knappe Darstellung der Nutzentheorie in diesem Lehrbuch hat zwei Gründe. Erstens handelt es sich um eine Einführung, die die Entscheidungstheorie in die Allgemeine Betriebswirtschaftslehre einbinden und insbesondere die Verknüpfung zur Managementlehre herstellen möchte, so dass Details vernachlässigt werden müssen. Zweitens liegt die überragende Bedeutung der Nutzentheorie in der Fundierung ökonomischer Theorien und weniger in der praktischen Anwendung. Das Verhalten der Konsumenten oder Anlieger am Kapitalmarkt kann ohne die Nutzentheorie nicht befriedigend erklärt und damit der ökonomischen Theorie zugänglich gemacht werden. In der Tat basieren sehr viele wirtschaftswissenschaftliche Modelle auf der Nutzentheorie. Dies bedeutet jedoch nicht, dass für konkrete Entscheidungen in Unternehmen oder Haushalten Nutzenfunktionen regelmäßig empirisch ermittelt werden. Da dieses Buch als Einführung überwiegend die praktische Anwendbarkeit der Entscheidungstheorie in Beruf und Alltag fokussiert, ist eine etwas geringere Gewichtung der Nutzentheorie vertretbar. Für ein umfassendes Verständnis der Betriebswirtschaftslehre als Wissenschaft ist jedoch eine Vertiefung durch die genannten Lehrbücher dringend zu empfehlen.

3.4.1   Grundlagen

Bislang gingen die Ausführungen davon aus, dass das Ergebnis e_{ij}^h einer Alternativenwahl a_i (i=1..m) bei Eintritt eines gewissen Umweltzustandes s_j (j=1..n) und bezüglich eines Zieles z_h (h=1..k) die Entscheidungsgrundlage ist. In der Realität ist dies jedoch häufig nicht der Fall. Menschen zielen nicht nach Ergebnissen, sondern nach der Befriedigung ihrer Bedürfnisse.

---

[99]   Siehe insbesondere Bitz 1981.

Dementsprechend ist auch nicht das Ergebnis einer Alternative entscheidungsrelevant, sondern der Nutzen, den diese Alternative stiftet.

Nach einer häufig verwendeten Definition ist ein Bedürfnis „das Gefühl eines Mangels, verbunden mit dem Streben, ihn zu beseitigen"[100] Güter haben die grundlegende Eigenschaft, Bedürfnisse zu befriedigen, d.h., den subjektiven Mangel zu reduzieren oder zu beseitigen. Der Nutzen eines Gutes ist somit das Ausmaß an Bedürfnisbefriedigung. Damit ist jedoch nicht das Ergebnis einer Handlungsalternative entscheidungsrelevant, sondern der Nutzen, den dieses Ergebnis stiftet. Es wird deshalb nötig, das Ergebnis in einen Nutzen zu transformieren.

Das Grundmodell der Entscheidungstheorie geht davon aus, dass eine optimale Alternative (a_i*) aus einer Menge von Handlungsalternativen $(a_1, a_2, ..., a_m)$ gewählt werden soll. In der Nutzentheorie geht man hingegen davon aus, dass das Entscheidungskriterium nicht das Ergebnis e_{ij}^h, d.h. der Wert, den Alternative a_i (i=1..m) bezüglich eines Zieles z_h (h=1..k) bei einer Umweltsituation s_j (j=1..n) annimmt, sondern der Nutzen u_{ij}^h, d.h. das Maß an Bedürfnisbefriedigung, den Alternative a_i (i=1..m) bezüglich eines Zieles z_h (h=1..k) bei einer Umweltsituation s_j (j=1..n) stiftet.

Die Transformation von Ergebnis e_{ij}^h in Nutzen u_{ij}^h ist nicht immer für Entscheidungen notwendig. Ist der Nutzen eine lineare Funktion des Ergebnisses durch den Ursprung, so ist das Ergebnis ein gutes Surrogat für den Nutzen, d.h., eine Transformation ist nicht nötig. So geht man in der ökonomischen Theorie grundsätzlich davon aus, dass der Unternehmensgewinn linear mit dem Nutzen verbunden ist.

Ist der Nutzen lediglich eine monotone Funktion des Ergebnisses, so ist das Ergebnis kein vollständiges Surrogat für den Nutzen, jedoch ein Anhaltspunkt. Beispielsweise wird in der Ökonomie häufig die Annahme des abnehmenden Grenzertrages getroffen. Diese Annahme impliziert, dass ein steigendes Ergebnis auch zu einem zusätzlichen Nutzen führt, der Nutzenzuwachs jedoch mit zunehmendem Ergebnis abnimmt. Je nach Entscheidungssituation kann dieser Anhaltspunkt bereits genügen, um eine Entscheidung zu treffen. Schließlich gibt es Entscheidungsprobleme, bei denen der Nutzen keine monotone Funktion des Ergebnisses ist. Dies ist insbesondere dann der Fall, wenn der Nutzen mit zunehmendem Ergebnis wieder sinkt (ertragsgesetzlicher Verlauf). In diesem Fall darf das Ergebnis nicht als Surrogat für den Nutzen verwendet werden.

Grundsätzlich ist eine Transformation unabdingbar, wenn das Ergebnis nur nominell gemessen werden kann. So stellt sich z.B. in der Gesundheitsökonomik das Problem, Phänomene wie Schmerzen oder soziale Einschränkung zu bewerten. Tab. 3.24 zeigt als Beispiel die so genannte Rosser-Matrix, die 32 Gesundheitszuständen Nutzwerte zuordnet. Es handelt sich um eine relativ stark vereinfachende Methode der Nutzenbewertung, die jedoch das Prinzip verdeutlicht.

---

[100] Hermann 1874.

Tab. 3.24 Rosser-Matrix[101]

Beeinträchtigung / Schmerz	A: schmerzfrei	B: leichte Schmerzen	C: mittlere Schmerzen	D : starke Schmerzen
I. Keine Einschränkung	1,00	0,995	0,990	0,967
II. Geringe soziale Beeinträchtigung	0,990	0,986	0,973	0,932
III. Stärkere soziale Beeinträchtigung	0,980	0,972	0,956	0,912
IV. Stärkere Beeinträchtigung der Arbeitsfähigkeit	0,964	0,956	0,942	0,870
V. Arbeitsunfähigkeit	0,946	0,935	0,900	0,700
VI. Bewegungsunfähigkeit ohne Hilfe Dritter	0,875	0,845	0,680	0
VII. Bettlägerigkeit	0,677	0,564	0	-1,486
VIII. Koma	-1,028	-	-	-

Wie die Nutzenkurve tatsächlich verläuft, ist individuell verschieden. Abb. 3.14 zeigt als Beispiel die Erholung (= Nutzen) in Abhängigkeit von der Länge eines Urlaubes (= Ergebnis). Der lineare Verlauf geht davon aus, dass die Erholung proportional zur Urlaubslänge steigt. Eine häufige Annahme zeigt der gestrichelte Graf. Die Erholung pro Tag ist am Anfang des Urlaubs am größten, nivelliert jedoch mit steigender Urlaubslänge. Dies entspricht der Vorstellung von einem abnehmenden Grenznutzen. Der dritte Graf repliziert einen ertragsgesetzlichen Verlauf. Am Anfang des Urlaubs ist der Erholungssuchende noch so gestresst, dass er den Urlaub noch nicht vollständig genießen kann. Nach einigen Tagen kann er sich immer besser entspannen, kommt dann jedoch in einen Bereich abnehmender Grenznutzen. Irgendwann wird es ihm jedoch so langweilig, dass der Erholungswert wieder sinkt.

Der Kern der Nutzentheorie ist folglich die Transformation eines Ergebnisses e_{ij}^h in einen Nutzen u_{ij}^h (i=1..m, h=1..k, j=1..n) bzw. einer Ergebnismatrix $\overline{E}^h$ in eine Nutzenmatrix $\overline{U}^h$ (h=1..k). Formal erfolgt die Transformation durch eine Nutzenfunktion (Präferenzfunktion) $U\left(e_{ij}^h\right)$. Damit kann die Nutzentheorie als die Lehre von der Entwicklung von Nutzenfunktionen beschrieben werden.

$$u_{ij}^h = U\left(e_{ij}^h\right), i = 1..m; j = 1..n, h = 1..k \text{, wobei}$$

e_{ij}^h Ergebnis bezüglich Ziel z_h (h=1..k) bei Wahl der Alternative a_i (i=1..m), wenn Umweltsituation s_j (j=1..n) eintritt

u_{ij}^h Nutzen bezüglich Ziel z_h (h=1..k) bei Wahl der Alternative a_i (i=1..m), wenn Umweltsituation s_j (j=1..n) eintritt

U Nutzenfunktion

---

[101] Quelle: Schöffski & Schulenburg 2007, S. 116.

Die Nutzenfunktion $u_{ij}^h = U\left(e_{ij}^h\right)$ ist für den Fall anzuwenden, dass mehrere Ziele existieren und Unsicherheit über die Umweltzustände besteht. Für den Fall von Unsicherheit und einem Ziel gilt die Transformation $u_{ij} = U\left(e_{ij}\right)$, für Sicherheit und mehrere Ziele die Transformation $u_i^h = U\left(e_i^h\right)$ und für den einfachsten Fall (Sicherheit und ein Ziel) $u_i = U\left(e_i\right)$. Wir werden uns im Folgenden zuerst dem einfachen Fall zuwenden und später einige Ansatzpunkte für komplexere Nutzenfunktionen aufzeigen.

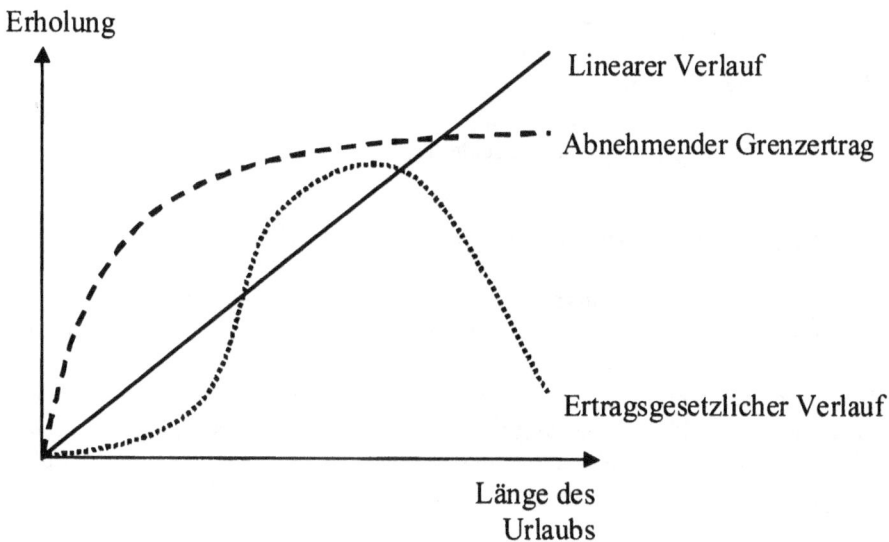

Abb. 3.14   Nutzenfunktionen: Beispiel Urlaubsplanung[102]

Die Ermittlung der Nutzenfunktion erfordert in der Praxis eine umfangreiche Datengrundlage, die nicht immer zur Verfügung steht. Als besonders schwierig erweist sich dabei die fehlende Präferenzkonstanz, d.h., das Maß an Bedürfnisbefriedigung, das ein bestimmtes Ergebnis erlaubt, ist stark zeit- und situationsabhängig. So hängt beispielsweise der Nutzen eines Gutes stark von den Lebensumständen ab. Plötzliche Veränderungen (z.B. neue Beziehungen, familiäre Änderungen, Krankheit, Wetterwechsel etc.) haben unter Umständen erhebliche Auswirkungen auf den Nutzen eines Gutes. Wenn beispielsweise der Nutzen ermittelt werden soll, den die Heilung von einer Krankheit für ein Individuum bedeutet, so hängt die Einschätzung von der jeweiligen Gesundheitssituation des Befragten ab. Leidet er selbst oder ein naher Angehöriger noch nicht an dieser Krankheit, so wird er den Nutzen der Heilung tendenziell niedriger einstufen als wenn er die Krankheit selbst erlebt. Nach der Heilung bzw. mit etwas Abstand kann der Nutzen der Heilung wieder geringer ausfallen. In der Theo-

---

[102]   Quelle: Eigene Darstellung.

rie geht man jedoch meist von konstanten Präferenzen aus, um überhaupt Aussagen über das Entscheidungsverhalten treffen zu können.[103]

Als Voraussetzung zur Ermittlung einer Nutzenfunktion wird – unabhängig von der Terminologie – in der Regel die Existenz einer vollständigen und transitiven Präferenzordnung genannt. Hierbei gilt eine Präferenzordnung als vollständig, wenn der Entscheider für jedes Paar möglicher Ergebnisse eines gegenüber dem anderen strikt präferiert oder beide als gleichwertig erachtet.

$e_i \gg e_j$: Ergebnis i ist besser als Ergebnis j

$e_i \sim e_j$: Ergebnis i ist gleichwertig mit Ergebnis j

Falls ein Entscheider ein Ergebnis e_i gegenüber Ergebnis e_j präferiert und Ergebnis e_j gegenüber Ergebnis e_k, so muss er auch Ergebnis e_i gegenüber Ergebnis e_k präferieren. In diesem Fall ist die Präferenzordnung transitiv, im gegenteiligen Fall inkonsistent.

3.4.2   Multi-Attributive-Nutzen-Theorie (MAUT)

Die Höhe des Ergebnisses einer Alternativenwahl stellt nicht den einzigen Faktor dar, der das Maß an Bedürfnisbefriedigung bestimmt. Wie in Kapitel 3.2 und 3.3 aufgezeigt, hat der Entscheider häufig auch bezüglich der Ziele und der Unsicherheit Präferenzen. Zum einen werden Ziele gewichtet, d.h., die Präferenz der Entscheider bezüglich der einzelnen Zieldimensionen in die Entscheidung einbezogen. Diese Präferenz wird als Artenpräferenz bezeichnet. Weiterhin ist die Risikoeinstellung des Entscheiders ein wichtiger Parameter einer Entscheidung bei Unsicherheit. Sie wird als Risikopräferenz bezeichnet.

Noch nicht berücksichtigt wurde bislang, dass die meisten Entscheidungen auch eine Auswirkung auf zukünftige Zeiträume haben. Regelmäßig fallen Nutzen über mehrere Perioden verteilt an. In dynamischen, d.h. mehrere Perioden betreffenden Entscheidungen müssen heutige und zukünftige Nutzen mit einander verglichen werden, wobei in der Regel davon ausgegangen wird, dass zukünftige Nutzen in der Gegenwart eine geringere Bedeutung haben als heutige, d.h., auch der Zukunftsnutzen muss abdiskontiert werden. Die so genannte Zeitpräferenz stellt folglich eine Abbildung der Gegenwartsorientierung des Entscheiders dar. Je höher die Zeitpräferenz, desto stärker gewichtet er die Gegenwart und desto weniger Bedeutung haben zukünftige Nutzen für die heutige Entscheidung.

Höhen-, Arten-, Risiko- und Zeitpräferenz müssen bei komplexen Entscheidungen gleichzeitig berücksichtigt werden. Hierfür benötigt man multiattributive Methoden (Multiattributive decision making; Multiattributive utility theory, MAUT) zur Ermittlung einer multidimensi-

---

[103] Hierbei ist zu beachten, dass die Terminologie nicht einheitlich ist. So unterscheiden beispielsweise Eisenführ und Weber eine Wertfunktion und eine Nutzenfunktion. Erstere ist die Abbildung der Höhenpräferenz bei einer Entscheidung unter Sicherheit, während letztere die Abbildung der Höhenpräferenz bei einer Entscheidung unter Unsicherheit ist. Klein und Scholl hingegen verwenden die Termini synonym, d.h., sie unterscheiden nicht zwischen Nutzenfunktion und Wertfunktion.

onalen Nutzenfunktion. Hierbei müssen gemäß den Präferenzarten vier Dimensionen erfasst werden. Erstens werden die Einzelnutzenfunktionen ermittelt, indem die Ergebnisse in Nutzen überführt werden (Höhenpräferenz). Zweitens werden (bei Zielkonflikt) Gesamtnutzenfunktionen generiert, indem die einzelnen Ziele gewichtet werden (Artenpräferenz). Drittens muss bei Unsicherheit eine Risikonutzenfunktion bestimmt werden, so dass der Erwartungswert der Nutzen bestimmter Ergebnisse mit den Streuungen verglichen werden kann (Risikopräferenz). Viertens wird bei mehrperiodigen Entscheidungen eine Zeitnutzenfunktion ermittelt, so dass zukünftige Nutzen mit heutigen verrechnet werden können (Zeitpräferenz).

Für den ersten Schritt (Ermittlung der Einzelnutzenfunktion) stehen verschiedene Verfahren zur Verfügung, die im Folgenden verdeutlicht werden. Am einfachsten sind das Direct Rating und kategoriebasierte Ansätze (z.B. Schulnoten). Etwas aufwendiger sind die Halbierungsmethode sowie die Methode gleicher Wertdifferenzen. Einen hohen Erhebungsaufwand verursacht der Analytic Hierarchy Process (AHP), der zwar deutlich exaktere Ergebnisse liefert, jedoch so komplex ist, dass dieses Verfahren eher in der Wissenschaft als in der Praxis angewendet wird.

Zielkonflikte führen dazu, dass eine multiattributive Gesamtnutzenfunktion gefunden werden muss. Hierzu eigenen sich neben den bereits erwähnten Direct Rating und AHP vor allem das Trade-Off-Verfahren sowie das Swing-Verfahren.

Die Bedeutung der Risikopräferenz wurde bereits in Kapitel 3.2.2 diskutiert. Es wäre rational, dass sich ein Entscheider am erwarteten Ergebnis (z.B. Gewinn) orientiert. Tatsächlich ist der Nutzen bei risikoreichen Alternativen jedoch geringer als bei risikoarmen, so dass das Individuum sich am Erwartungsnutzen orientierten sollte. Daniel Bernoulli (1700-1782) entwickelte 1738 das so genannte Sankt-Petersburg-Spiel, um das Problem des Erwartungsnutzens zu veranschaulichen.

Ausgangspunkt des Spiels ist, dass ein Spieler einen Einsatz in Höhe von A [Euro] zahlen muss, wenn er mitspielen möchte. Es wird eine Münze geworfen. Falls beim ersten Wurf „Zahl" oben liegt, erhält er zwei Euro, sonst geht das Spiel weiter. Falls beim zweiten Wurf „Zahl" oben liegt, erhält er vier Euro, sonst geht das Spiel weiter. Falls beim j-ten Wurf „Zahl" oben liegt, erhält er 2^j Euro, sonst geht das Spiel weiter. Bernoulli stellte die Frage, wie viel ein Spieler bereit ist zu setzen, d.h., wie hoch A ist. Tab. 3.25 zeigt, dass es rational wäre, einen sehr hohen Einsatz zu riskieren, da der Erwartungswert des Gewinnes bei diesem Spiel unendlich ist. In der Realität finden sich jedoch nur wenige Spieler, die bereit sind, mehr als zehn Euro zu setzen. Damit ist deutlich, dass der Nutzen unter Berücksichtigung des Verlustrisikos deutlich geringer ist als der erwartete Gewinn.

Die Erwartungsnutzentheorie zieht deshalb den erwarteten Risikonutzen als kombinierte Höhen- und Risikopräferenz zur Alternativenbeurteilung heran (Bernoulli-Prinzip). Dies ist für die Erklärung menschlichen Verhaltens (z.B. auf Kapitalmärkten) von großer Bedeutung. Eine konkrete Entscheidungsunterstützung in der beruflichen oder privaten Praxis scheitert häufig daran, dass die Ermittlung der Risikonutzenfunktion sehr schwierig ist. Die Literatur nennt hier insbesondere die Mittelwert-Kettungsmethode, Fraktilmethode, Methode der variablen Wahrscheinlichkeiten sowie die Lotterie-Vergleichsmethode, auf die wir im Folgenden nicht weiter eingehen werden.

Tab. 3.25 Sankt-Petersburg-Spiel

Würfe j	Auszahlung e [€]	Wahrscheinlichkeit p	p·e [€]	Kumuliert [€]
1	2	0,5	1	1
2	4	0,25	1	2
3	8	0,125	1	3
4	16	0,0625	1	4
5	32	0,03125	1	5
6	64	0,015625	1	6
7	128	0,0078125	1	7
8	256	0,00390625	1	8
9	512	0,00195313	1	9
10	1024	0,00097656	1	10
j	2j	$0,5^j$	1	j

Schließlich müssen zukünftige Nutzen auf heutige abdiskontiert werden. In der Literatur ist durchaus umstritten, ob dies überhaupt ethisch zu verantworten ist, wenn beispielsweise zukünftige Generationen systematisch schlechter gestellt werden, in dem der für sie relevante Nutzen abdiskontiert wird. Es gibt deshalb Autoren, die die Existenz einer Zeitpräferenz aus normativen Gründen ablehnen. In der Praxis werden meist Zeitpräferenzen von 3-5% verwendet, wobei häufig Sensitivitätsanalysen durchgeführt werden. Es ist auch nicht unüblich, sich am Kapitalmarktzins zu orientieren und Nutzen mit dieser Rate zu diskontieren. Eine empirische Ermittlung der Zeitpräferenzrate ist zwar möglich, jedoch selten. Eine gewisse Rolle spielt sie in der Lebensqualitätsforschung, da hier sehr lange Zeiträume (bis zum Lebensende) betrachtet werden, so dass individuelle Abweichungen von der durchschnittlichen Zeitpräferenz durchaus entscheidungsrelevant sein können.

Zusammenfassend lässt sich festhalten, dass die Entwicklung einer multiattributiven Nutzenfunktion, die Höhen-, Arten-, Risiko und Zeitpräferenz umfasst, ausgesprochen schwierig ist. Häufig begnügt man sich damit, ein oder zwei Aspekte (z.B. Höhen- und Risikopräferenz) zu erfassen oder das Gesamtproblem in eine Kette von sukzessiven Teilproblemen zu zerlegen. Allerdings besteht die Gefahr, dass die einzelnen Präferenzen einander stark beeinflussen, so dass die simultane Entwicklung einer Gesamtnutzenfunktion zu anderen Ergebnissen führen kann als die sukzessive.

3.4.3   Ausgewählte Verfahren

Aus der größeren Zahl von Methoden zur Bestimmung von Nutzenfunktionen sollen fünf Verfahren dargestellt werden, die in der Praxis eine gewisse Relevanz haben und leicht verständlich sind. Outranking, Direct Rating, Halbierungsmethode, Methode gleicher Wertdifferenzen sowie AHP werden in den Lehrbüchern der Entscheidungstheorie für Fortgeschrittene ausführlich dargestellt.[104] Auffällig ist, dass es für diese Verfahren kaum Standardsoftware

---

[104] Siehe wiederum insbesondere Bitz 1981; Eisenführ 2001; Eisenführ, Weber & Eisenführ 2003; Laux 2007.

gibt, da der Markt zu gering ist. Dies spricht dafür, dass die hier vorgestellten Verfahren deutlich häufiger in wissenschaftlichen Studien eingesetzt werden als in der Betriebspraxis. Allerdings ist ihre Bedeutung zur empirischen Fundierung ökonomischer Theorien unumstritten.

3.4.3.1   Outranking-Methoden

Der Begriff „outranking" bedeutet wörtlich „im Rang überragen", was z.B. beim Militär impliziert, dass die Entscheidung des höherrangigen die Meinung der unteren Ränge als irrelevant erscheinen lässt. Outranking Methoden generieren nicht wirklich eine Nutzenfunktion, sondern verwerfen bestimmte Alternativen, wenn der Abstand ihrer Merkmale einen bestimmten Grenzwert übersteigt. Typische Vertreter der Outranking-Methoden sind E-LECTRE und PROMETHEE.[105]

ELECTRE (ELimination Et Choix Traduisant la REalité) wurde Mitte der 1960er Jahre in der Praxis für die Praxis entwickelt und liegt in verschiedenen Versionen vor. PROMETHEE (Preference Ranking Organization Method for Enrichment Evaluations) wurde 1984 von Brans et al. vorgestellt und kann auch in verschiedenen Versionen angewendet werden. Beiden Verfahren ist gemeinsam, dass die Alternativen (oder Ziele) paarweise verglichen werden. Es sind Kriterien definiert, die eine Reihenfolgeermittlung erlaubt. PROMETHEE ist allerdings in der Praxis noch seltener anzufinden als ELECTRE.

3.4.3.2   Direct Rating

Beim Direct Rating wird eine Nutzenfunktion durch direkte Zuweisung von Nutzwerten ermittelt. Direct Rating ist damit grundsätzlich zur Ermittlung aller Nutzenfunktionen geeignet, vor allem jedoch für die Bestimmung von Einzelnutzenfunktionen und Zielgewichten. Es handelt sich um ein sehr einfaches Verfahren, dessen primärer Zweck darin besteht zu verdeutlichen, wie eine Nutzenfunktion grundsätzlich ermittelt werden kann. Meist läuft das Verfahren so ab, dass die beste und die schlechteste Handlungsalternative mit 100 bzw. 0 Punkten bewertet wird. Anschließend wird für jede Alternative (deren Ergebnisse nun dazwischen liegen müssen) ein direkter Nutzwert zwischen 0 und 100 abgefragt. Abschließend erfolgt eine [0,1]-Brandbreitennormierung, indem jeder Wert durch 100 geteilt wird.

Das Direct Rating ist ausgesprochen einfach, führt jedoch aller Erfahrung nach zu inkonsistenten Nutzenschätzungen. Abb. 3.15 zeigt als Beispiel eine Nutzenbewertung des Schokoladenkonsums. Das Individuum wurde zuerst gefragt, bei welchem Schokoladenkonsum sich der maximal mögliche Nutzen einstellen würde. Die Antwort lautete, dass bei einer Tafel Schokolade mit sechs Rippen der maximale Nutzen erzielt werden kann. Es wurde weiterhin angenommen, dass der Nutzen ohne Schokolade null sei. Anschließend wurde für jede Rippenzahl eine direkte Anfrage durchgeführt, wobei die einzige Auflage war, dass der Nutzen zwischen 0 und 100 liegen musste. Ob die Werte innerhalb dieses Intervalls konsistent sind, wurde nicht geprüft. Als Ergebnis ergab sich ein Nutzen von 25 Punkten für eine Rippe, von 45 Punkten für zwei Rippen, 65 Punkte für drei Rippen, 80 Punkte für vier Rippen und 90

---

[105] Zu ELECTRE und PROMETHEE siehe Figueira, Greco & Ehrgott 2005.

Punkte für fünf Rippen. Bei sieben Rippen gab der Entscheider einen Nutzen von nur noch 70 Punkten an, weil ihm schlecht werden könnte. Eine mögliche Konsequenz dieser Analyse könnte sein, dass Schokoladetafeln mit sechs Rippen angeboten werden sollten.

Nutzen

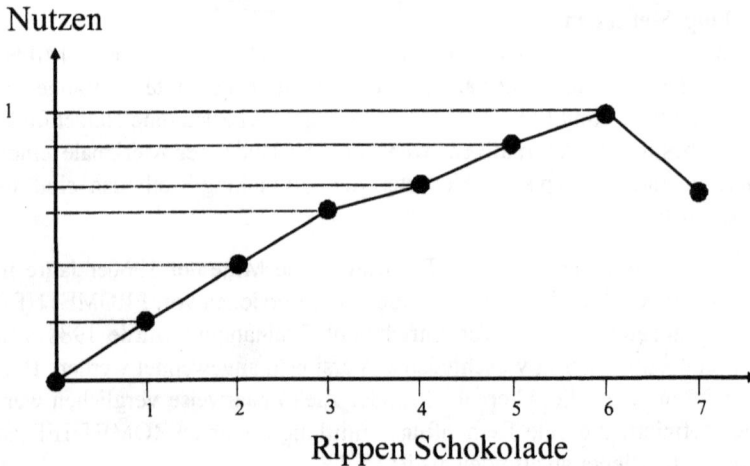

Abb. 3.15   *Direct Rating*[106]

3.4.3.3   Halbierungsmethode

Die Halbierungsmethode (Medianmethode) wird überwiegend zur Bestimmung einer Einzelnutzenfunktion eingesetzt. Durch einen direkten Bezug der Alternativen zueinander sollen inkonsistente Ergebnisse vermieden werden. Hierzu wird zuerst der schlechtesten Ausprägung des betrachteten Zieles ein Nutzen von null und der besten Ausprägung ein Nutzen von eins zugeteilt. Anschließend wird der so genannte Nutzenmedian geschätzt, d.h. der Wert, bei dem der Nutzen die Hälfte des Gesamtnutzens ist. Für jedes Teilintervall [0..0,5] sowie [0,5..1] erfolgt wiederum die Angabe des entsprechenden Medians. Dieses Verfahren wird fortgesetzt, bis eine ausreichende Genauigkeit erreicht ist.

Abb. 3.16 zeigt exemplarisch das Vorgehen für obiges Beispiel. Wiederum wird zuerst der Schokoladenkonsum erfragt, bei dem sich der maximale und der minimale Nutzen einstellen. Als nächstes wird der Proband gefragt, bei welchem Schokoladenkonsum er genau halb so viel Schokoladengenuss hat wie im Maximum. Als Antwort wollen wir hier von 2,5 Rippen ausgehen, d.h., 50% des maximalen Nutzens hat er bei 2,5 Rippen.

Anschließend wird der Proband gefragt, bei welchem Schokoladenkonsum er genau halb so viel „Freude" wie bei 2,5 Rippen empfindet. Wenn er „eine Rippe und ein Stück" antwortet,

---

[106]   Quelle: Eigene Darstellung.

ist der Punkt (1¼ Rippen; 25%) der nächste Stützpfeiler der Nutzenfunktion. Schließlich wird der Proband noch gefragt, welcher Schokoladenkonsum den Nutzenzuwachs von 2,5 auf 6 Rippen Schokolade genau in der Hälfte teilt. Mit der Antwort „4,5 Rippen" ergibt sich der Stützpfeiler (4,5 Rippen; 0,75).

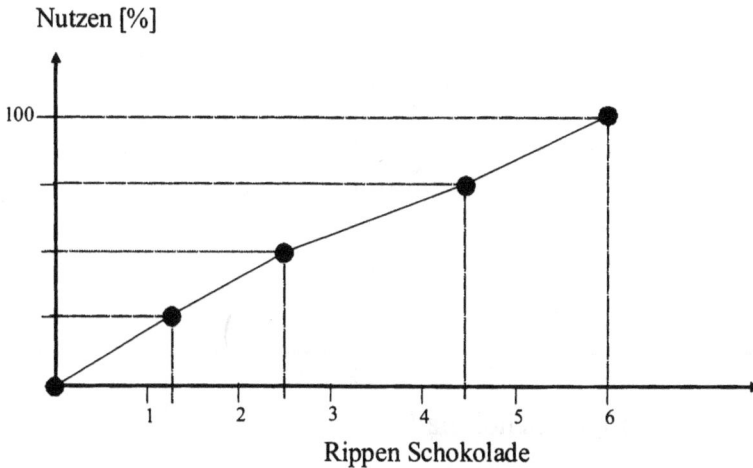

Abb. 3.16   Halbierungsmethode[107]

3.4.3.4   Methode gleicher Wertdifferenzen

Auch die Methode gleicher Wertdifferenzen dient primär der Bestimmung der Einzelnutzenfunktion. Hierfür wird zuerst das schlechteste Ergebnis bestimmt und ihm der Nutzen von null zugewiesen. Anschließend wird das Ergebnis um einen bestimmten Betrag erhöht (z.B. zwei zusätzliche Urlaubstage; eine Rippe Schokolade). Der Nutzen hiervon wird als eins definiert. Der Entscheider muss nun angeben, bei welchem Wert er eine Nutzenverdoppelung annimmt, d.h., gesucht ist x_3, so dass $U(x_3)=2$. Anschließend werden weitere x_i derart gesucht, dass jeweils gilt: $U(x_i)=i$. Abschließend erfolgt eine Bandbreitennormierung auf das [0..1]-Intervall.

Im Beispiel des Nutzens des Schokoladenkonsums würde man zuerst fragen, welche Menge den geringsten Nutzen impliziert. In der Regel wird dies der Konsumverzicht sein (0; 0). Als nächstes konfrontiert man den Probanden mit der Aussage, dass ein Konsum von einer Rippe Schokolade einen Nutzen von eins impliziert, und fragt ihn, wie viel Schokolade er konsumieren muss, um einen doppelt so hohen Nutzen zu haben. Antwortet er „2½ Rippen", so ist ein Stützpfeiler im Punkt (2½; 2) festgelegt. Anschließend fragt man den Probanden, wie viel Schokolade er essen müsste, um noch einmal denselben Nutzenzuwachs zu haben. Als Bei-

---

[107] Quelle: Eigene Darstellung.

spiel könnte er vier Rippen angeben, so dass sich der Stützpfeiler (4,3) ergibt. Die Frage „wie viel Schokolade müsstest Du essen, um den Nutzen noch einmal um denselben Betrag zu erhöhen" beantwortet der Kandidat mit „eine ganze Tafel". Abb. 3.17 zeigt das Ergebnis.

Nutzen

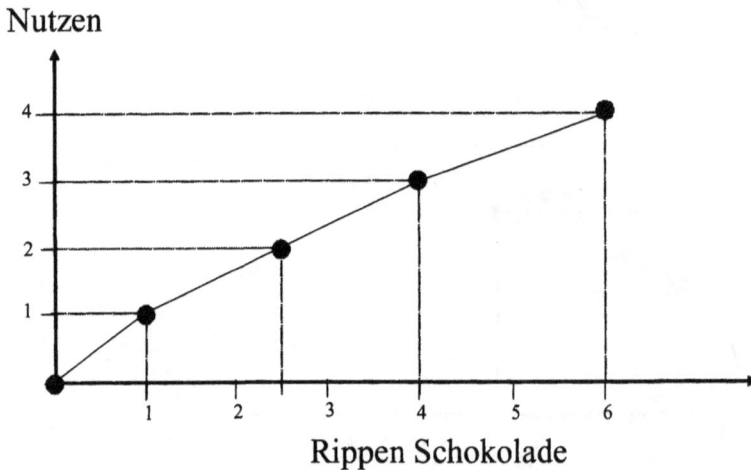

Abb. 3.17   Methode gleicher Wertdifferenzen[108]

3.4.3.5   Analytic Hierarchy Process

Die bislang vorgestellten Methoden zur Ermittlung von Nutzenfunktionen sind relativ einfach durchführbar, haben jedoch erhebliche Einschränkungen in der Genauigkeit. Vor allem führen sie zu Inkonsistenzen und Fehleinschätzungen. In der Wissenschaft werden deshalb häufig genauere Verfahren eingesetzt, die jedoch auch schwieriger in der Anwendung sind. Der Analytic Hierarchy Process (AHP), der von Thomas Lorie Saaty (*1926) entwickelt wurde, ist ein Beispiel für ein relativ exaktes Verfahren, mit dem sowohl die Höhen- als auch die Artenpräferenz gemessen werden kann.[109] Er berücksichtigt die komplette Zielhierarchie durch paarweisen Vergleich aller Ziele und Alternativen und ermittelt die Arten- und Höhenpräferenz in einem Schritt. Inkonsistenzen des Entscheiders können berücksichtigt werden und „stören" das Verfahren nicht.

Der methodische Kern ist ein (in der Regel) sehr umfangreicher Fragebogen, bei dem für jedes Paar von Alternativen bzw. Zielen jeweils eine Vergleichsfrage gestellt wird, für die mehrere Antwortmöglichkeiten gegeben werden. Im folgenden Beispiel soll mit Hilfe des AHP die Arten- und Höhenpräferenz verschiedener Stakeholder bezüglich der Wahl der

---

[108] Quelle: Eigene Darstellung.

[109] Vgl. hierzu insbesondere Saaty 2001.

Organisationsform einer Krankenhausapotheke analysiert werden.[110] Hierfür stehen grundsätzlich vier Alternativen zur Verfügung. Erstens kann ein Krankenhaus nur für sich selbst
eine eigene Apotheke betreiben. Dies ist die traditionelle Lösung. Zweitens kann ein Krankenhaus eine eigene Apotheke betreiben und andere Krankenhäuser mitversorgen. Drittens
kann die Arzneimittelversorgung durch die Apotheke eines anderen Krankenhauses erfolgen,
d.h., das Krankenhaus hat selbst keine Apotheke. Viertens kann das Krankenhaus ebenfalls
auf die eigene Apotheke verzichten, jedoch die Versorgung durch eine öffentliche Apotheke
(d.h. keine andere Krankenhausapotheke) durchführen lassen. Abb. 3.19 zeigt die Alternativen in der für AHP typischen Hierarchie.

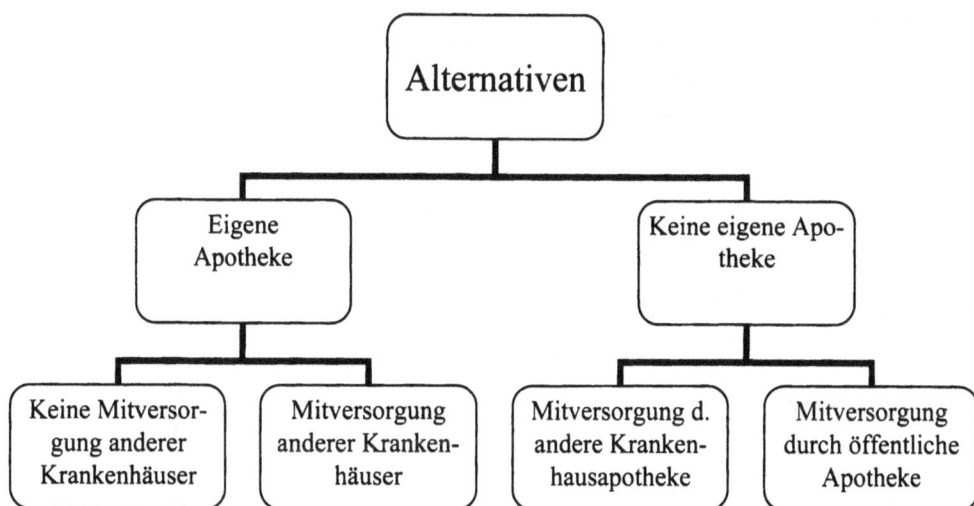

Abb. 3.18   Alternativenhierarchie AHP (Beispiel Krankenhausapotheke)[111]

Die Vorteilhaftigkeit dieser vier Alternativen soll bezüglich verschiedener Ziele ermittelt
werden. Abb. 3.19 zeigt die Zielhierarchie. Wirtschaftlichkeit und Ergebnisqualität im Sinne
einer schnellen und sicheren Heilung der Patienten sind die zwei Oberziele und stehen teilweise in Konflikt. Das Oberziel Wirtschaftlichkeit lässt sich auf der nächsten Zielhierarchie-
ebene in die Unterziele wirtschaftliche Therapien, kostengünstige Beschaffung und Minimierung der Apothekenkosten aufteilen. Ein Apotheker ist in der Regel in der Lage, aus einer
großen Zahl von Medikamenten mit ähnlicher Wirkung dasjenige auszuwählen, das am wirt-
schaftlichsten ist. Dabei ist zu beachten, dass das billigste Medikament nicht immer das
wirtschaftlichste sein muss, da beispielsweise ein teureres Medikament die Verweildauer im
Krankenhaus erheblich reduzieren kann, so dass der Falldeckungsbeitrag größer ist als beim
billigen Medikament mit langsamerem Heilungserfolg. Die Beratungsleistung des Apothe-

---

[110] Vgl. Henning & Mahringer 1996.

[111] Henning & Mahringer 1996.

kers ist deshalb ein wichtiger Kostenreduktionsfaktor. Bei der kostengünstigen Beschaffung sind unter anderem die Vorteile von Rabatten und Verbundbestellungen zu nutzen, wobei im Gegensatz zum Einzelhandel in öffentlichen Apotheken die Großhandelspreise von Arzneimitteln nicht der staatlichen Preisregulierung unterliegen. Bei den Apothekenkosten müssen die Anschaffungskosten der Apothekenausstattung, die Personalkosten sowie sonstige Kosten (Heizung, Miete, Reinigung etc.) berücksichtigt werden.

Das Oberziel Ergebnisqualität lässt sich wiederum in drei Unterziele aufteilen. Die Arzneimittelqualität entspricht der Eignung eines verabreichten Medikaments, die für die Therapie erforderlichen Eigenschaften mit möglichst geringen Nebenwirkungen zu erfüllen. Die Arzneimittelsicherheit beschreibt die Vermeidung von Gefährdung für das Personal (z.B. während der Eigenproduktion bzw. während der Ausgabe und Lagerung) und Patienten (z.B. falsche Verteilung von Arzneimittel, Zugänglichkeit für „verwirrte" Patienten). Die Arzneimittelquantität spielt ebenfalls eine gewisse Rolle, da Krankenhäuser auch für Katastrophen einen minimalen Lagervorrat halten müssen.

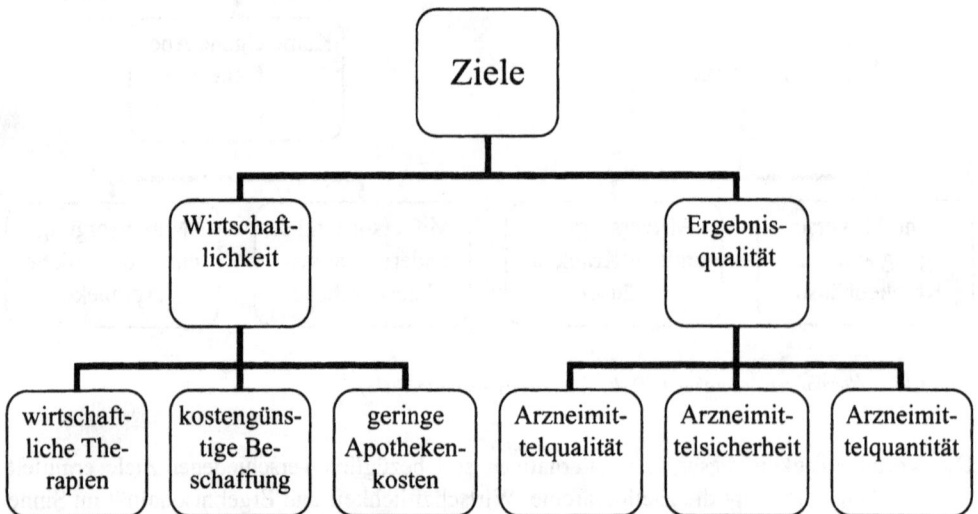

Abb. 3.19   Zielhierarchie AHP (Beispiel Krankenhausapotheke)[112]

Mit Hilfe einer Befragung sollen die Arten- und Höhenpräferenzen der Stakeholder (Verwalter, Pharmazeuten, Ärzte) bezüglich der verschiedenen Alternativen und Ziele erhoben werden. Die Höhenpräferenz drückt hierbei den Nutzen aus, den die einzelnen Stakeholder den Alternativen zuweisen, während die Artenpräferenz die Gewichte der einzelnen Ziele darstellt. Sehr einfach wäre ein Direct Rating, d.h. die direkte Befragung nach Nutzen und Gewichten. Das Problem hierbei ist allerdings, dass kaum jemand dieses komplexe, hierarchi-

---

[112] Henning & Mahringer 1996.

sche System vollständig durchschauen kann. Eine widerspruchsfreie (konsistente) Schätzung von Nutzen wäre damit unmöglich.

Das AHP-Verfahren ermöglicht eine konsistente Erhebung von Arten- und Höhenpräferenz durch den paarweisen Vergleich von Alternativen und Zielen. Hierzu wird zuerst ein umfangreicher Fragebogen entwickelt, in dem für alle Ziele und für alle Alternativen alle Kombinationen abgefragt werden. Beispielsweise könnte eine Frage lauten: „Wie beurteilen Sie das Verhältnis von Arzneimittelqualität und Arzneimittelsicherheit?"

- Arzneimittelqualität ist gleich wichtig wie Arzneimittelsicherheit: 1 Punkt
- Arzneimittelqualität ist etwas wichtiger als Arzneimittelsicherheit: 3 Punkte
- Arzneimittelqualität ist etwas unwichtiger als Arzneimittelsicherheit: 1/3 Punkte
- Arzneimittelqualität ist wichtiger als Arzneimittelsicherheit: 5 Punkte
- Arzneimittelqualität ist unwichtiger als Arzneimittelsicherheit: 1/5 Punkte
- Arzneimittelqualität ist viel wichtiger als Arzneimittelsicherheit: 7 Punkte
- Arzneimittelqualität ist viel unwichtiger als Arzneimittelsicherheit: 1/7 Punkte
- Arzneimittelqualität ist extrem wichtiger als Arzneimittelsicherheit: 9 Punkte
- Arzneimittelqualität ist extrem unwichtiger als Arzneimittelsicherheit: 1/9 Punkte.

Häufig wird die Frage noch einmal (mit etwas Abstand im Fragebogen) umgedreht, so dass Inkonsistenzen ermittelt werden können. Hier könnte die Frage z.B. lauten: „Wie beurteilen Sie das Verhältnis von Arzneimittelsicherheit und Arzneimittelqualität?"

- Arzneimittelsicherheit ist gleich wichtig wie Arzneimittelqualität: 1 Punkt
- Arzneimittelsicherheit ist etwas wichtiger als Arzneimittelqualität: 3 Punkte
- Arzneimittelsicherheit ist etwas unwichtiger als Arzneimittelqualität: 1/3 Punkte
- Arzneimittelsicherheit ist wichtiger als Arzneimittelqualität: 5 Punkte
- Arzneimittelsicherheit ist unwichtiger als Arzneimittelqualität: 1/5 Punkte
- Arzneimittelsicherheit ist viel wichtiger als Arzneimittelqualität: 7 Punkte
- Arzneimittelsicherheit ist viel unwichtiger als Arzneimittelqualität: 1/7 Punkte
- Arzneimittelsicherheit ist extrem wichtiger als Arzneimittelqualität: 9 Punkte
- Arzneimittelsicherheit ist extrem unwichtiger als Arzneimittelqualität: 1/9 Punkte.

Wenn ein Entscheidungsproblem aus sechs Zielen und vier Alternativen besteht, so müssen zuerst die sechs Ziele miteinander verglichen werden, d.h., es müssen 30 Paarvergleiche durchgeführt werden (Z_1-Z_2, Z_1-Z_3, ..., Z_1-Z_6, Z_2-Z_3, ..., Z_2-Z_6, ..., Z_5-Z_6, Z_2-Z_1, Z_3-Z_1, ..., Z_6-Z_5). Tabelle 1 zeigt ein Beispiel für eine perfekte Konsistenz, d.h., die Vergleichsmatrix ist symmetrisch (z_{ij}=z_{ji}). Zur Vereinfachung wurden nur drei Ziele aufgezeigt. Anschließend müssen für jedes Ziel die drei Alternativen miteinander nach derselben Methode verglichen werden, um für jedes Ziel eine Vergleichsmatrix zu ermitteln. Bei vier Alternativen ergeben sich zwölf Vergleiche pro Ziel bzw. 72 Paarvergleiche. Damit ergeben sich bei sechs Zielen und vier Alternativen 102 Paarvergleiche.

Tab. 3.26 AHP: Vergleichsmatrizen (Beispiel 3 Ziele, 3 Alternativen)

	Z_1	Z_2	Z_3
Z_1	1	5	3
Z_2	1/5	1	2
Z_3	1/3	1/2	1

	A_1	A_2	A_3
A_1	1	3	½
A_2	1/3	1	1/9
A_3	2	9	1

Wichtig ist, dass die Vergleichsmatrizen nicht durch die direkte Abfrage konkreter Zahlen gewonnen werden, sondern durch das Ankreuzen unscharfer Aussagen in einem Fragebogen. Im dritten Schritt werden aus den Vergleichsmatrizen Gewichte und Präferenzen gewonnen. Die Variable a_{ij} steht hierbei für die relative Bedeutung von Ziel i zu Ziel j bzw. den relativen Nutzen von Alternative i zu Alternative j, während die Variable w_i das Gewicht von Ziel i bzw. den Nutzen von Alternative i darstellt. Damit gilt:

$$a_{ij} = \frac{w_i}{w_j}$$

Wenn beispielsweise das Gewicht der wirtschaftlichen Therapie 0,2 und das Gewicht der kostengünstigen Beschaffung 0,6 ist, so ist die relative Bedeutung der wirtschaftlichen Therapie im Verhältnis zur kostengünstigen Beschaffung $a_{ij} = 0,2/0,6 = 1/3$, d.h., die wirtschaftliche Therapie ist etwas weniger wichtig als die kostengünstige Beschaffung

Wenn A die Matrix aller a_{ij} und $\underline{w}$ der Vektor aller w_i ist, muss bei vollständiger Konsistenz gelten

$$A \cdot \underline{w} = \lambda \cdot \underline{w}$$

λ wird hierbei als Eigenwert von A bezeichnet. Mit einer Normierung auf die Summe aller Gewichte auf eins ergibt sich damit formal:

$$A \cdot \underline{w} = \lambda \cdot \underline{w}; \quad \sum_{i=1}^{n} w_i = 1$$

$$\Leftrightarrow$$

$$\begin{pmatrix} a_{11} & a_{12} & \cdots & a_{1n} \\ a_{21} & a_{22} & \cdots & a_{2n} \\ \vdots & \vdots & \ddots & \vdots \\ a_{n1} & a_{n2} & \cdots & a_{nn} \end{pmatrix} \begin{pmatrix} w_1 \\ w_2 \\ \vdots \\ w_n \end{pmatrix} = \lambda \cdot \begin{pmatrix} w_1 \\ w_2 \\ \vdots \\ w_n \end{pmatrix};$$

$$\sum_{i=1}^{n} w_i = 1$$

wobei

a_{ij}	relative Bedeutung von Ziel i zu Ziel j bzw. den relativen Nutzen von Alternative i zu Alternative j
w_i	Gewicht von Ziel i bzw. den Nutzen von Alternative i
A	Matrix der a_{ij}, i=1..n, j=1..n
n	Anzahl der Ziele bzw. Alternativen
$\underline{w}$	Vektor aller w_i
λ	Eigenwert von A

Häufig treten Inkonsistenzen bei den Antworten auf. So könnte jemand zuerst antworten „Ziel A ist deutlich wichtiger als Ziel B", und kurze Zeit später ankreuzen „Ziel B ist geringfügig unwichtiger als Ziel A", d.h., die Antworten passen nicht vollständig zusammen. Bei Inkonsistenzen ist die Lösung deutlich komplexer, jedoch möglich. Das folgende mathematische Programm zeigt eine Lösungsvariante. Bei Inkonsistenzen ist die Gleichung

$$a_{ij} = \frac{w_i}{w_j} \Leftrightarrow w_i - a_{ij} \cdot w_j = 0$$

nicht erfüllt. Es wird die Abweichungsvariable ε_{ij} definiert, die die Differenz aufnimmt, d.h.,

$$\left| w_i - a_{ij} w_j \right| \leq \varepsilon_{ij}, \quad \textit{für } i = 1..n; j = 1..n$$

Damit wird diejenige Lösung gesucht, bei der die Summe der Inkonsistenzen minimiert wird, d.h.

$$\left| w_i - a_{ij} w_j \right| \leq \varepsilon_{ij}, \quad \textit{für } i = 1..n; j = 1..n$$

$$\sum_{i=1}^{n} w_i = 1$$

$$Z = \sum_{i=1}^{n} \sum_{i=1}^{n} \varepsilon_{ij} \rightarrow \textit{Min!}$$

Eine Befragung von Krankenhausapothekern, Verwaltern und Ärzten brachte das empirische Ergebnis, dass die eigene Apotheke einen sehr hohen Nutzen hat und bei Apothekern besonders beliebt ist. Die Alternative eigene Apotheke und Mitversorgung anderer Häuser hat den höchsten Nutzen und wurde von allen Berufsgruppen hoch eingestuft. Die Versorgung durch die Apotheke eines anderen Hauses gilt als schlechte Alternative, wobei insbesondere die Apotheker diese Alternative als besonders schlecht ansehen. Die Versorgung durch eine öffentliche Apotheke erscheint den Befragten als schlechteste Alternative, wobei die Mitarbeiter der Verwaltung diese Alternative besser beurteilen als die Apotheker und Ärzte.

Der Analytic Hierarchy Process sowie seine Weiterentwicklung (Analytic Network Process) werden in strategischen, stärker wissenschaftlichen Untersuchungen häufig verwendet, da sie relativ verlässliche und vor allem konsistente Schätzungen über die Arten- und Höhenpräferenz erlauben. Das Verfahren nutzt den paarweisen Vergleich von Alternativen,[113] wie ihn z.B. auch die im Marketing gebräuchliche Conjoint Analysis (CONsidered JOINTly) von John W. Tukey (1964). Da der AHP jedoch einen vollständigen Vergleich aller Alternativen voraussetzt und nicht nur ausgewählte Ausprägungen vergleicht, ist seine Durchführung sehr aufwendig. Für schnelle, operative und stark praxisorientierte Anwendungen dürfte das Verfahren zu aufwendig sein. Darüber hinaus zeigt obiges Beispiel, dass mit Hilfe des AHP nicht notwendigerweise überraschende Einsichten gewonnen werden. Vielmehr hätten Experten die mit aufwendigen Befragungen erhobenen Präferenzen wahrscheinlich ähnlich eingeschätzt. Lediglich die Quantifizierung wäre ihnen nicht so widerspruchsfrei gelungen. Der Zugewinn an Wissen durch die aufwendigen Methoden der Nutzentheorie steht deshalb nur bei tragweiten, teuren und strategischen Entscheidungen in einem sinnvollen Verhältnis zum Aufwand.

3.4.4   Bewertung der Nutzentheorie

Die kurze Bewertung des AHP skizziert bereits die generelle Bewertung der Nutzentheorie. Ihre Bedeutung im Rahmen der Allgemeinen Betriebswirtschaftslehre ist nicht zu unterschätzen, da sie insbesondere als fester Bestandteil von Erklärungsmodellen eine theoretische Grundlage des rationalen Verhaltens des wirtschaftlich handelnden Individuums gibt. Eine Verkürzung der Betriebswirtschaftslehre auf ein einziges Ziel (meist Gewinnmaximierung), statische Modelle der Gegenwart und die Ausklammerung der Unsicherheit kann weder den Theoretiker noch den Praktiker befriedigen. Für realistische Erklärungen menschlichen Verhaltens in Beruf und Alltag sind neben den Alternativen auch unterschiedliche Ziele (Artenpräferenz), die Abwägung zwischen Sicherheit und Risiko (Risikopräferenz) sowie die Bedeutung der Zukunft (Zeitpräferenz) zu berücksichtigen. Deshalb basieren beispielsweise die moderne Finanzierungstheorie oder die Gesundheitsökonomie auf der Nutzentheorie.

Als Instrument zur Entscheidungsfindung in der Praxis ist die Nutzentheorie jedoch deutlich weniger geeignet. Dies hat – wie bereits mehrfach angedeutet – mehrere Gründe. Erstens sind die Annahmen der Nutzentheorie relativ strikt und werden in der Praxis nicht immer erfüllt (z.B. Transitivität). Der Mensch ist nicht so konsequent und konsistent, wie es die Anwendung der Konzepte der Nutzentheorie voraussetzt. Zweitens neigen Menschen zu unscharfen Aussagen, während die meisten Konzepte der Nutzentheorie klare, eindeutige Stellungnahmen erfordern. Drittens erfordert die Anwendbarkeit der Nutzentheorie für praktische Entscheidungen eine zeitliche Stabilität voraus. In der Realität ändern Menschen ihre Meinungen und vor allem Prioritäten sehr schnell. Schließlich zeigt die Erfahrung, dass Erhebungen der Präferenzen in so genannten Laborsituationen („Würden Sie das kaufen?") nur eine geringe Bedeutung für die reale Entscheidung haben. Beispielsweise „floppen" sehr viele Konsumgüter, obwohl Marktstudien vor der Einführung des neuen Produktes sehr erfolgsversprechend waren. Es ist eben etwas anderes, einen Schokoriegel an einem kostenlosen Probenstand lecker zu finden, als ihn später in der realen Situation im Supermarkt wirklich zu kaufen.

---

[113] Vgl. z.B. Brocke 2006.

Ein guter Hinweis darauf, welches Verfahren der Entscheidungstheorie in der Praxis relevant ist, gibt die Software. Hierbei ist zu beachten, dass die meisten „einfachen" Analysen (z.B. Nutzwertanalyse, MiniMax, …) problemlos in Excel durchgeführt werden können, so dass hierfür keine speziellen Produkte notwendig sind. Komplexere Verfahren erfordern hingegen eigene Programme. Wenn die Verfahren angewendet werden, besteht hierfür ein Markt und entsprechende Software ist käuflich zu erwerben bzw. kann als Public Domain geladen werden. Auch zur Visualisierung gibt es entsprechende Gratis-Tools. Werden die Produkte hingegen in der Praxis nicht verwendet bzw. ist die Anwendung auf wenige Bereiche beschränkt, finden sich keine Standardprodukte.

Der größte Nachteil der klassischen Nutzentheorie besteht darin, dass ex ante die Präferenzen ermittelt werden müssen, anhand derer in einem zweiten Schritt Entscheidungen getroffen werden. Ein Feedback von Alternativen bzw. Alternativenauswahl auf die als statisch angesehenen Präferenzen ist ausgeschlossen. In der Realität hingegen führen die Befassung mit den Alternativen und die Gedankengänge während des Auswahlprozesses zu einer (teilweisen) Veränderung der Vorlieben. Deshalb gehen moderne Verfahren, die unter dem Begriff Multi-Attributive-Decision-Support (multikriterielle Entscheidungsunterstützung, MADS) bekannt sind, ganz ab von der Vorgabe eines Entscheidungskalküls. Sie sehen ihre Aufgabe vielmehr darin, die Entscheidungssituation transparent zu beschreiben und dem Entscheider Hilfestellung darin zu geben, die Entscheidungen gemäß seiner eigenen Prioritäten zu treffen.

Die Aufgabe des Entscheidungstheoretikers besteht folglich nicht mehr in der Entscheidung selbst, sondern in der Bereitstellung von Instrumenten, mit deren Hilfe der Entscheider intuitiv den für ihn optimalen Kompromiss wählen kann. Dazu definiert der Entscheidungstheoretiker in einem ersten Schritt die Menge der Pareto-optimalen Lösungen, d.h., er schließt dominierte Lösungen systematisch aus. Unter Umständen ist diese Menge jedoch sehr groß, so dass der Entscheidungstheoretiker im zweiten Schritt ein Instrument zur Erhöhung der Transparenz der Entscheidung bereitstellt. Dieses interaktive Werkzeug ermöglicht es dem eigentlichen Entscheider, Konsequenzen verschiedener Alternativen auf seine Ziele zu „erleben". Im dritten Schritt legt der Entscheider mit Hilfe dieses Werkzeugs intuitiv eine Entscheidungsalternative fest.

Abb. 3.20 zeigt ein entsprechendes Werkzeug für die Radiotherapieplanung. Es handelt sich um ein multikriterielles, komplexes Entscheidungsproblem bei der Bestrahlung von Krebszellen. Das erste Ziel ist es, die Bestrahlung des eigentlichen Krebses zu maximieren, um möglichst viele entartete Zellen zu zerstören. Das zweite Ziel ist die minimale Bestrahlung des umliegenden Gewebes. Da Krebszellen meist in gesundes Gewebe eingebettet sind, wird eine Bestrahlung der Krebszellen häufig auch das umliegende gesunde Gewebe schädigen. Diese Schädigung muss vermieden werden, wobei beide Ziele in Konkurrenz stehen. Je mehr das erste Ziel erreicht wird, desto weniger das zweite und vice versa. Das dritte Ziel ist vor allem aus Sicht des Patienten relevant, der sich eine minimale Bestrahlungsdauer wünscht, da die Prozedur nicht angenehm ist.

Moderne Bestrahlungsgeräte bieten eine fast unendliche Variation von Bestrahlungsmöglichkeiten. Dazu gehört erstens, dass die Einstrahlwinkel gewählt werden können, d.h., die Zahl der Positionen sowie der Bestrahlungswinkel in jeder Position ist festzulegen. In jeder

Position und für den gesamten Prozess muss die Bestrahlungsdauer festgelegt werden. Schließlich muss für jede Position sowie jede Bestrahlungsdauer die Bestrahlungsstärke determiniert werden. Insgesamt ergibt sich eine (fast) unendliche Zahl von Alternativen, aus der der Radiologe die für den Patienten bestmögliche aussuchen muss. Aus physikalischen Gründen können niemals alle Ziele gleichermaßen befriedigt werden.

In einem komplexen Rechenmodell wird zuerst die Menge aller Pareto-optimalen Kombinationen zwischen Tumor- bzw. Umgebungsbestrahlung sowie Bestrahlungsdauer ermittelt. Eine Lösung ist Pareto-optimal, wenn ein Wert einer Zielfunktion nur verbessert werden kann, wenn der Wert einer anderen Zielfunktion verschlechtert wird. Der Entscheider erhält ein grafisches Instrument, mit dessen Hilfe er die für ihn optimale Erreichung ausprobieren kann. Erhöht er den Bestrahlungswert des Tumors, so wird sich dies auf dem Bildschirm auch in einer Erhöhung der Dauer und der Bestrahlung des umliegenden Gewebes äußern. Er kann frei manövrieren, das System lässt jedoch weder unmögliche noch Pareto-suboptimale Lösungen zu. Er sieht sofort, was eine Veränderung für Konsequenzen hat.

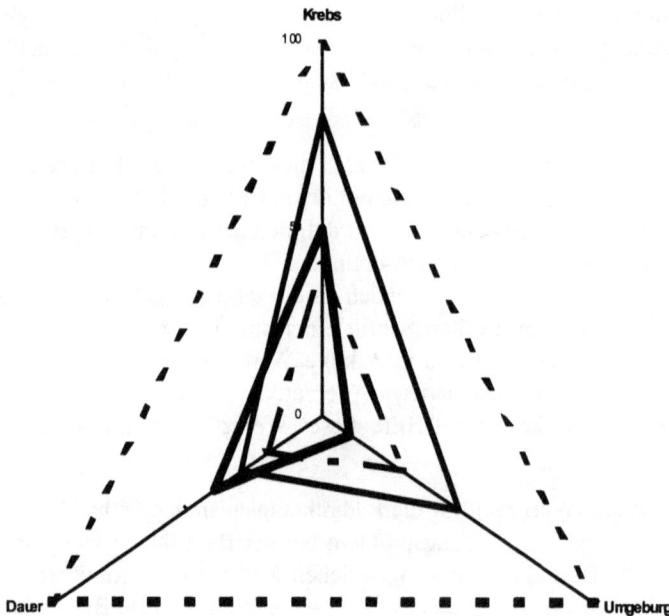

Abb. 3.20 Multikriterielle Entscheidungsunterstützung

Die multikriterielle Entscheidungsunterstützung verbindet die Elemente der Entscheidungstheorie, die in diesem Kapitel diskutiert wurden. Beispielsweise kann das Maß an Sicherheit als eine Zieldimension einbezogen werden. Weiterhin können die Entscheidungen mit Hilfe dieses Instruments in Gruppen getroffen werden. Letztlich ist es eine Entscheidung nach Nutzen, aber es entfällt die künstliche und äußerst problematische Festlegung von Präferenzen, da sich die Entscheider selbst intuitiv, aber hoch strukturiert für eine für sie optimale Lösung entscheiden. Die Ermittlung der Menge der Pareto-optimalen Lösungen bedarf häufig komplexer mathematischer Modelle, aber diese bekommt der Nutzer nie zu Gesicht. Stattdessen kann er sich auf die reine Anwendung konzentrieren. Es gibt nicht wenige Vertreter der Entscheidungstheorie, die den Multi-Attributive-Decision-Support als die Praxisvariante dieses Faches ansehen. Die Nutzentheorie bleibt selbstverständlich von höchster Relevanz für die betriebswirtschaftliche Theorie, während modellgestützte Entscheidungsunterstützung die Praxisvariante sein könnte.

3.4.5   Nutzentheorie als praktische Ethik

In Kapitel 2 wurde bereits darauf hingewiesen, dass die Analyse von Werten und Zielen als praktische Ethik definiert werden kann. Ethik wird allgemein als das Nachdenken über bzw. die Lehre von dem guten Verhalten definiert, während der Term Moral das sittlich gute Verhalten selbst beschreibt.[114] Seit Aristoteles hat sich die Ethik zu einem wichtigen Pfeiler der praktischen Philosophie entwickelt und es haben sich zahlreiche Varianten herausgebildet. Bedeutend ist hierbei die Unterscheidung zwischen der teleologischen und der deontologischen Ethik.

Die deontologische Ethik setzt den Schwerpunkt auf die Handlung selbst, während teleologische Ethikansätze die Folgen der Handlung fokussieren. Aus diesen Wurzeln entwickelt Max Weber die in der Ökonomik häufig anzutreffende Unterscheidung zwischen Gesinnungs- und Verantwortungsethik. Erstere zielt auf das Motiv des Akteurs, während letztere die Verantwortbarkeit und damit die Konsequenzen der Handlung als Entscheidungsgrundlage sieht. Das Motiv spielt eine deutlich geringere Rolle, es zählt das Ergebnis des Handelns.

Der wichtigste Vertreter der konsequentialistischen Ethik in den Wirtschaftswissenschaften ist der Utilitarismus (lat. utilitas, Nutzen), wie ihn der englische Ökonom und liberale Vordenker John Stuart Mill (1806-1873) in die Ethik und Wirtschaftswissenschaft eingeführt hat. In seiner grundlegenden Form wird diejenige Alternative als Optimum definiert, bei der das größte Maß an Glück (Maximum-Happiness-Principle) bzw. die größtmögliche Differenz von Glück (pleasure) und Unglück (pain) entsteht. Dies ist nicht mit Egoismus gleichzusetzen, da das größte Maß an Glück durch Aggregation des individuellen Glücks verstanden werden muss. Wichtig ist, dass der Nutzen nicht durch Motive, guten Willen oder „das reine Herz" entsteht, sondern durch die Folgen von Handlungen, weshalb der Utilitarismus eindeutig der konsequentialistischen Ethik zuzuordnen ist.

Die Nutzentheorie kann deshalb als praktische Ethik verstanden werden, wobei sie eben nur einen Zweig der Ethik abdecken kann. Teleologische Ethikansätze haben selbstverständlich ihre Berechtigung (insbesondere in der Individualethik), und es ist nicht die Aufgabe dieses Lehrbuchs, die komplexe Abgrenzung oder Überlappung diverser Ethikansätze auszuloten.[115]

---

[114] Zu den Grundlagen der Wirtschaftsethik siehe z.B. Horn 1996; Schirrmacher 2002; Homann & Lütge 2005; Ulrich 2008.

[115] Vgl. z.B. Ott 2005.

Vielmehr soll darauf verwiesen werden, dass sich utilitaristische Ethiker mit Fragestellungen beschäftigen, die eindeutig der Nutzentheorie zuzuordnen sind. Dies soll in gegebener Kürze auf Grundlage der Unterscheidung in Höhen-, Arten-, Risiko- und Zeitpräferenz erfolgen.

3.4.5.1   Höhenpräferenz

Eine ethische Bewertung kann nicht am Ergebnis einer Alternativenwahl selbst ansetzen, sondern muss den Nutzen betrachten. Wie oben dargestellt, ist die Bedürfnisbefriedigung das Ziel menschlichen Handelns, nicht die Erzeugung von Ergebnissen. Damit ergibt sich auch das größte Maß an Glück nicht durch das maximale Ergebnis, sondern durch den höchsten Nutzen. Eine zentrale Aufgabe der Ethik wie der Nutzentheorie ist damit die Zuordnung von Nutzen zu Ergebnissen.

Hierzu zeigt Abb. 3.21 ein Beispiel aus der Gesundheitsökonomik. Es ist hierbei kein Zufall, dass gerade in dieser Teildisziplin der Ökonomik zahlreiche ethische Fragestellungen auftauchen, da Gesundheit, Leben und Tod selbstverständlich Dimensionen menschlicher Existenz berühren, die nicht von der Ökonomik allein abgedeckt werden können.

Abb. 3.21 zeigt den Nutzen eines Lebensjahres bei unterschiedlichen Konzeptionen. Dieser Wert ist beispielsweise von Bedeutung, wenn knappe Ressourcen des Gesundheitswesens auf unterschiedliche Interventionsmaßnahmen zugeteilt werden müssen, die unterschiedlichen Jahrgängen zu Gute kommen. Beispielsweise sind Impfprogramme gegen Masern vor allem für Kinder relevant, während Interventionen gegen HIV/Aids vor allem Erwachsenen zu Gute kommen. Es ist deshalb von großer Bedeutung, ob ein gewonnenes Lebensjahr eines Kleinkindes denselben oder einen anderen Wert hat als das Lebensjahr eines Erwachsenen.

Die horizontale Linie gibt den Fall wieder, dass der Nutzen eines Lebensjahres nicht vom Lebensalter abhängt. Diesem Ansatz liegt die Überzeugung zu Grunde, dass jeder Mensch den gleichen Wert hat, unabhängig von seinem Alter. Die monoton abnehmende Linie impliziert, dass Kinder einen deutlich höheren Wert haben als Erwachsene, da sie noch viele Restlebensjahre vor sich haben, so dass eine lebensrettende Maßnahme ein deutlich höheres Gewicht hat als bei Älteren. Es liegt auf der Hand, dass Organisationen wie die UNICEF mit ihrer hohen Priorisierung der Kindergesundheit dieses Konzept verfolgen. Die DALY-Kurve (Disability Adjusted Life Year) wird von der Weltgesundheitsorganisation und der Weltbank für die Ressourcenallokation im Gesundheitswesen in Entwicklungsländern angewendet. Erwachsene mittlerer Jahrgänge, die eine hohe Bedeutung für die soziale und wirtschaftliche Entwicklung ihrer Länder haben und Kinder sowie Ältere ernähren, erhalten in diesem Konstrukt einen deutlich höheren Wert.

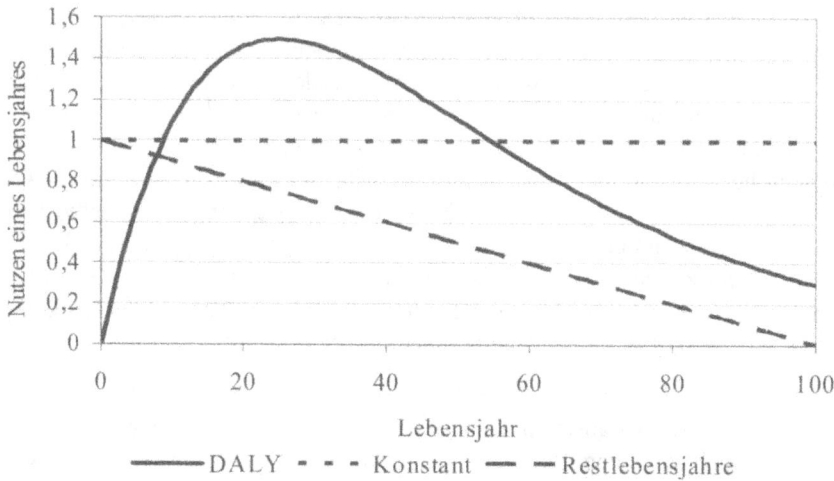

Abb. 3.21 Nutzen eines gewonnenen Lebensjahres[116]

Dieses Beispiel zeigt, dass die Höhenpräferenz sowohl den Kern der Nutzentheorie als auch der Ethik bildet.

3.4.5.2   Artenpräferenz

Die Reflexion von Werten, Normen und Zielen kann als Proprium der Ethik bezeichnet werden. Individuen, Familien, Teams, Unternehmen und Gesellschaften müssen ihre Ziele aus den grundlegenden Werten ableiten, um verantwortlich und effizient handeln zu können. Deshalb sind die Ausführungen aus Kapitel 2 als angewandte Ethik zu verstehen. In der Praxis zeigt sich allerdings häufig ein Bruch zwischen Werten und Zielen. Während die Ethiker relativ abstrakt die grundlegenden Prinzipien diskutieren, benötigt der Ökonom in der Praxis operationale Ziele, die spezifisch, messbar, realistisch und zeitlich determiniert sind. Hier besteht noch erheblicher Handlungsbedarf, um Ethik und Nutzentheorie einander näher zu bringen.

3.4.5.3   Risikopräferenz

Die Perzeption von Risiko ist individuell und kulturell höchst unterschiedlich,[117] wobei insbesondere die Erfahrungen in früheren Risikosituationen das Risikoverhalten beeinflussen.[118] Für den Ethiker wie den Ökonomen ergeben sich hierbei die Fragen, wie sich die Risikopräferenz bildet und ob es eine „optimale" Risikofreude gibt.

---

[116] Quelle: Murray 1994, S. 429-445.

[117] Vgl. Brachinger & Weber 1997, S. 235-250.

[118] Vgl. Weber & Hsee 1998, S. 1205-1217.

Psychologen weisen hierbei darauf hin, dass die Risikoneigung teilweise angeboren und teilweise erlernt ist, wobei insbesondere die frühkindliche Sozialisation von hoher Bedeutung ist.[119] Abb. 3.22 zeigt mögliche Entwicklungen der Risikofreude im Laufe eines Lebens auf, d.h., die Kurven entsprechen den Verläufen von vier verschiedenen Personen. Die Kurven A und B gehen von einer hohen angeborenen Bereitschaft aus, Risiko einzugehen. Allerdings wird dieses genetische Potenzial unterschiedlich entwickelt. Bei Person A wird die Risikoneigung in der Kleinkindphase erheblich gestärkt, so dass sie sich progressiv entwickeln kann. Interessanterweise scheint gerade die Bereitstellung von Sicherheit und Verlässlichkeit („der sichere Hafen") für kleine Kinder die Voraussetzung zu sein, dass sie im späteren Leben bereitwillig Risiken eingehen. Bei Person B hingegen fehlt diese Stärkung der Risikobereitschaft, so dass die angeborene Risikoneigung schnell abnimmt.

Die Personen C und D werden mit einer deutlich geringeren Risikoneigung geboren, wobei wiederum die frühkindliche Sozialisation von großer Bedeutung ist. Während Person C schnell an Vertrauen und Risikobereitschaft gewinnt, führen die ersten Lebenserfahrungen von Person D zu einer extrem geringen Risikoneigung. Die Abbildung zeigt schematisch, dass eine angeborene geringere Risikoneigung durch eine erfolgreiche Sozialisation überwunden werden kann, d.h., bereits nach wenigen Jahren ist Person C risikobereiter als Person B.

Auch die spätere Prägung kann erhebliche Auswirkungen auf die Risikoneigung haben, wobei die Verläufe der Kurven A, E und F auch auf die anderen Kurven übertragbar wären. A stellt den Standardfall dar, dass die Risikoneigung im Laufe des Lebens tendenziell abnimmt. Dies mag zum Teil neurobiologische Gründe haben, zum Teil ist die abnehmende Risikoneigung auch darauf zurückzuführen, dass der erwartete Verlust bei Wahl einer Risikoalternative im Laufe des Lebens steigt, weil man mehr (Geld, Prestige, Beziehungen etc.) akkumuliert hat und deshalb auch mehr verlieren kann. Ökonomisch bedeutend ist jedoch die Tatsache, dass Menschen auch im höheren Alter durchaus noch risikobereit sein können, wenn sie – privat wie beruflich – im Laufe ihres Lebens positive Erfahrungen mit dem Eingehen von Risiko gemacht haben. Negative Erfahrungen hingegen führen zu einem frühzeitigen und geradezu radikalen Rückzug in ein extremes Sicherheitsbedürfnis (Person E). Risikobereitschaft oder Risikoscheu sind folglich auch im Erwachsenenalter noch in einem gewissen Maß erlernbar.[120]

---

[119] Vgl. Goleman 2008, S. 31-49.

[120] Vgl. Goleman 2008, S. 271-287.

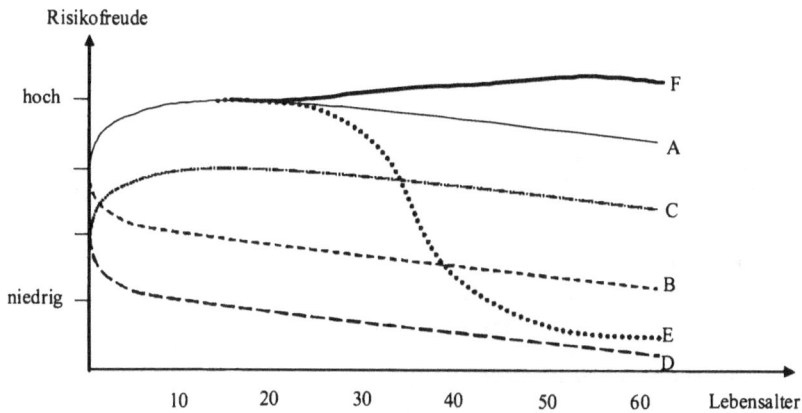

Abb. 3.22 Risikofreude[121]

Die Frage, ob es eine optimale Risikoneigung gibt, kann deshalb nicht grundsätzlich beantwortet werden. Die Antwort hängt von der Phase des Systemregimes ab. Organisationen, die
in einer diachronischen Phase bzw. im Zeitalter hoher Dynaxity (vgl. 1.1.3) ihre Ziele erreichen wollen, müssen bereit sein, Risiken einzugehen. In stabilen, statischen Umsystemen
hingegen sind risikoscheue Mitarbeiter und Teammitglieder ein Vorteil, da sie das alte Systemregime bewahren. In dynamischen Umsystemen impliziert die künstliche Stabilität auf
Grundlage von Risikoscheu häufig den Kollaps.

Es ist deshalb wichtig, dass Verantwortliche in Unternehmen, Teams und Familien das Lernen von Risikobereitschaft durch positive Erfahrungen stärken. Fehler, die auf Grundlage
von risikoreichen, aber verantwortlichen Ausprobieren entstehen, dürfen nicht bestraft werden, sonst wird das Individuum nicht mehr wagen, Alternativen zu erproben. Hierzu gehören
auch eine gewisse Arbeitsplatzsicherheit und eine Beteiligung am Erfolg. Die ethisch fun-
dierte Reflexion des Umgangs mit Mitarbeitern, Team- oder Familienmitgliedern steht deshalb in keinem Widerspruch zu rein betriebswirtschaftlichen Überlegungen.

3.4.5.4 Zeitpräferenz

Die Aussagen zur Risikoneigung können auf die Zeitpräferenz übertragen werden. Auch hier
ist eine Komponente angeboren, während andere Komponenten erlernt sind. Es zeigt sich
dabei, dass die Bereitschaft, auf Nutzen zum Zeitpunkt t zu verzichten, um zum Zeitpunkt t+i
(i>0) einen höheren Nutzen zu erzielen, von grundlegender Bedeutung für individuellen und
gesellschaftlichen Erfolg ist. Die Kontrolle des Impulses, den vollständigen Nutzen bereits in
der Gegenwart zu haben, und stattdessen für sich selbst oder sogar zukünftige Generationen
Nutzen zu generieren, zeigt sich in der Sparneigung ebenso wie in der Bereitschaft, für prä-
ventive Gesundheitsleistungen zu bezahlen. Man kann sogar zeigen, dass die Bereitschaft

---

[121] Quelle: Eigene Darstellung.

zum Gratifikationsaufschub, d.h. zum Konsumverzicht zu Gunsten späterer höherer Konsums, bei Vorschulkindern ein besserer Indikator für späteren schulischen und beruflichen Erfolg ist als der Intelligenzquotient.[122]

Die Bedeutung zukünftigen Nutzens und insbesondere des Nutzens für zukünftige Generationen wurde erst relativ spät in die Ethik eingeführt. Jonas bewertet deshalb die traditionelle Ethik als Gegenwartsethik, und fordert eine Zukunftsethik, die sich vor allem in einer Verantwortung für zukünftige Generationen äußert.[123] Birnbacher verbindet die ethische Konzeption Jonas' mit dem ökonomischen Instrumentarium der intertemporalen Substitution und zeigt, dass eine Zukunftsethik nur mit einer kleinen Zeitpräferenzrate möglich ist. Dementsprechend fordert er die Überwindung der Gegenwartspräferenz.[124]

Diese wenigen Ausführungen sollten genügen um aufzuzeigen, dass die Nutzentheorie von großer Bedeutung für die betriebswirtschaftliche Theorie ist und durchaus als angewandte Ethik verstanden werden kann. Für viele Ethiker endet ihr Interessenbereich allerdings mit der Entscheidung. Ökonomen hingegen verstehen Planung und Entscheidung nur als Teilgebiet des gesamten Managements, d.h., mit der Entscheidung beginnen erst die bedeutenden Phasen der Implementierung und Kontrolle. Eine Alternative als richtig zu erkennen, ist sicherlich eine notwendige Voraussetzung für ein erfolgreiches Management. Die Entscheidung umzusetzen und schließlich mit dem Unternehmen, dem Projekt oder im Leben Erfolg zu haben, erfordert jedoch weit mehr als nur eine gute Entscheidung. Es verlangt nach Selbstdisziplin, Durchhaltevermögen und Instrumenten, mit deren Hilfe die Zielerreichung laufend kontrolliert werden können. Diese Aspekte spielen in der ökonomischen Theorie (Behavioral Economics[125]) eine immer größere Rolle, beispielsweise in der Analyse mangelnder Selbstbindung. Für die Betriebswirtschaft in der Praxis endet hier die Sphäre der Planungs- und Entscheidungstheorie, und der viel größere Raum der persönlichen, organisatorischen und gesellschaftlichen Entwicklung wird geöffnet.

---

[122] Vgl. Eigsti, et al. 2006, S. 478-484.

[123] Vgl. Jonas 2003.

[124] Vgl. Birnbacher 2003.

[125] Vgl. Wilkinson 2008; Pelzmann 2009.

Ausblick

Abweichend von der klassischen Literatur zur Entscheidungstheorie wurden in dieser Einführung nicht nur Methoden dargestellt, sondern auch ihre Anwendbarkeit für Beruf und Alltag hinterfragt. Dies erfolgt insbesondere vor dem Hintergrund, dass die Dynamik, Komplexität und Unsicherheit in Unternehmen, Vereinen, Familien etc. ständig steigen, so dass einfache, lineare und statische Lösungen, wie sie häufig von den klassischen Modellen vorgegeben werden, nicht mehr zufriedenstellen können.

In der Führungslehre hat man erkannt, dass ein „complex man"[126] Subjekt der eigenen Wissenschaft ist – ein Sinnsucher, der eben nicht gemäß weniger linearer Funktionen reagiert und seinen Gewinn zu maximieren sucht. Der „complex man" ist auch ein komplexer Entscheider, dessen Nutzenfunktion zwar sinnvoll für die theoretische Analyse abgebildet werden kann, dessen reale Psyche jedoch kaum für praktische Entscheidungsvorbereitung in Betrieb und Alltag erfasst werden kann. Deshalb kommt als Kernkompetenz in der Dynaxity Zone III auch immer mehr das Vertrauen in den (Entscheidungs-)Partner in den Vordergrund.

Tab. 3.27 zeigt einige Vorteile von vertrauensbasiertem Management in Organisationen, wie sie insbesondere in dynamischen, komplexen und von großer Unsicherheit geprägten Situationen relevant sind.

Tab. 3.27   Vorteile von Vertrauen in Organisationen[127]

Offener Informationsaustausch	Gute Zusammenarbeit
Lernen aus Fehlern	Lob und Anerkennung als Motivationsinstrumente
Innovation und Kreativität	kaum „Besprechungen nach den Besprechungen"
Loyalität gegenüber Abwesenden	Transparenz
Direkte Ansprache von Problemen	Ehrlichkeit, Authentizität
Erfolgreiche Kommunikation	Verantwortlichkeit

Hierbei ist wichtig zu betonen, dass Führung durch Vertrauen nicht die analytischen Instrumente der Entscheidungstheorie ersetzt. Vielmehr erhält die Entscheidungssituation eine zusätzliche Dimension. Abb. 3.23 zeigt, dass „kluges Vertrauen" sich durch die Kombination von Vertrauensbereitschaft und wissenschaftlicher Analyse auszeichnet. Der Entscheider

---

[126] Kirchler 2008, S. 126-165.

[127] In Anlehnung an Covey & Merril 2009, S. 246-247.

sammelt alle nötigen Informationen, wägt Vor- und Nachteile ab und verwendet alle zur Verfügung stehenden Methoden. Aber er ist auch bereit, Vertrauen in andere Menschen zu setzen, insbesondere da er im Zeitalter hoher Dynamik und Komplexität gewohnt ist, dass er mit seinen Analysen nicht alle Aspekte vollständig erfassen kann.

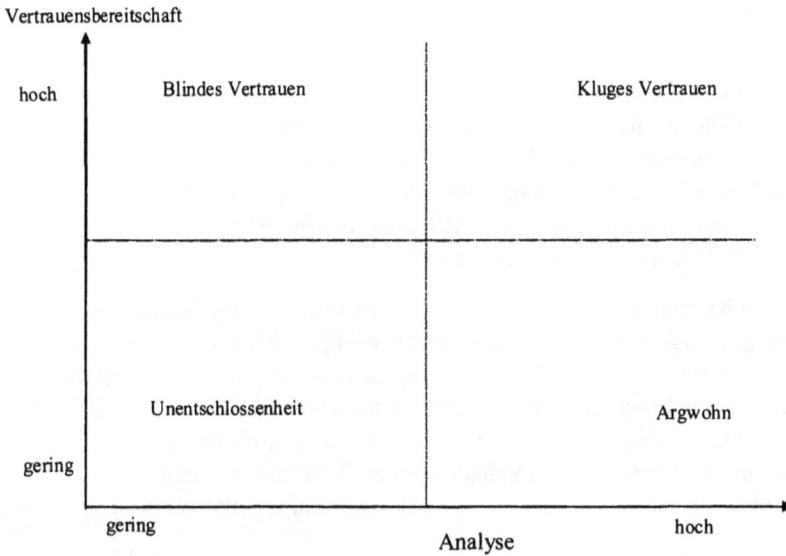

Vertrauensbereitschaft

hoch	Blindes Vertrauen	Kluges Vertrauen
	Unentschlossenheit	Argwohn
gering		

gering   hoch

Analyse

Abb. 3.23 Vertrauen und Analyse[128]

Dass Vertrauen ein rationales Führungsverhalten sein kann, wurde bereits mehrfach beschrieben. Traditionell modelliert man das Verhältnis von Führungskraft zu Mitarbeiter als Principal-Agent-Beziehung. Der Vorgesetzte (=Prinzipal) geht davon aus, dass der Mitarbeiter (=Agent) nicht das Wohl des Unternehmens, sondern seinen eigenen Nutzen zu maximieren trachtet. Ausgehend von dieser Grundhaltung des Misstrauens ist der Delegationsgrad gering und es werden intensive Kontrollmaßnahmen durchgeführt. Eine Integration des Zielsystems des Agenten (=Mitarbeiter) mit dem Zielsystem des Prinzipals (= Vorgesetzter) ist beispielsweise durch eine Abhängigkeit des Gehalts vom Erfolg des Unternehmens möglich. Aber auch hier sind intensive Kontrollmaßnahmen nötig, um kurzfristige Gewinnmanipulationen zu vermeiden.

Der Stewardship-Theorie liegt ein anderes Menschenbild zu Grunde: Der Haushalter (=Steward) empfindet große Zufriedenheit, wenn er sich kooperativ verhält, sich für ein gemeinsames Ziel einsetzt und mit andere zusammen etwas erreicht. Er wird deshalb intrinsisch motiviert die Ziele seines Krankenhauses verfolgen, ohne dass hierzu Fremdkontrolle

---

[128] In Anlehnung an Covey & Merril 2009, S. 299.

nötig ist. Die bestehenden Kontrollinstrumente dienen lediglich der Eigenkontrolle. Damit würde der Vorgesetzte von operativen Aufgaben entlastet und Kontrollkosten sparen. Tab. 3.28 gibt einen Überblick über die beiden Theorieansätze.

Tab. 3.28   Vergleich der Principal-Agency-Theorie und der Stewardship-Theorie[129]

	Principal-Agency-Theorie	**Stewardship-Theorie**
Menschenbild	Homo oeconomicus	Selbstverwirklicher
Verhalten	Selbstsüchtig	Kollektiv
Motivation	Primär Grundbedürfnisse	Primär Selbstverwirklichung
Autoritätsgrundlage	Legitimation, Bestrafung, Belohnung	Expertise, Persönlichkeit
Management Philosophie	Kontrollorientierung	Mitarbeiterorientiert
Kulturdifferenzen	Hoher Individualismus, hohe Machtdistanz	Kollektivismus, niedrige Machtdistanz

Die Entscheidung, einer der beiden Theorien zu folgen, kann als Gefangenendilemma abgebildet werden. Unter der Annahme, dass sowohl der Mitarbeiter als auch der Vorgesetzte risikoavers sind, werden sich beide für das erste Feld (Agency-Agency) entscheiden, d.h., es entsteht ein Nash-Gleichgewicht. Für beide Spieler wäre es irrational, das Feld zu wechseln, da sie ceteris paribus verlieren. Nur der Aufbau gegenseitigen Vertrauens kann dazu führen, dass beide gleichzeitig auf eine Stewardship-Relation überwechseln. Eine risikoreiche Vorleistung ist hierbei unumgänglich. Solange jedoch einer von beiden sich nicht kooperativ verhält, wird der andere auch seine Strategie nicht wechseln.

Tab. 3.29   Vertrauensmatrix

		Mitarbeiter	
		Agency-Relation	**Stewardship-Relation**
Vorgesetzter	**Agency-Relation**	Hohe Kontrollkosten, gutes Ergebnis	Hohe Kontrollkosten, Demotivation des intrinsisch motivierten Mitarbeiters
	Stewardship-Relation	Schlechtes Ergebnis, Demotivation des Vorgesetzten	Selbständige und motivierte Mitarbeiter, gutes Ergebnis, geringe Kontrollkosten

Wissenschaftler haben derartige Gefangenendilemma systematisch untersucht.[130] Sie veranstalteten einen Wettbewerb, um die langfristig optimale Strategie zu ermitteln. Es zeigt sich, dass „Tit for Tat" (Wie du mir, so ich dir) die besten Ergebnisse liefert, die Normstrategie muss lauten, beim ersten Spiel kooperativ zu sein, und anschließend immer genau das zu tun, was der Gegenspieler getan hat. Mit anderen Worten: Wage Vertrauen, denn es zahlt sich auf Dauer aus, das Risiko der Kooperation einzugehen! Diese Aussage wurde auch für den Fall

---

[129]   Davis, Schoorman & Donaldson 1997, S. 20-47.

[130]   Vgl. Axelrod 2009.

bestätigt, dass stochastische Störeinflüsse die reinen Strategien durchkreuzen. Vertrauen ist also auch in einer Welt der Zufälle, Unsicherheiten und Eventualitäten eine gute Führungsstrategie.

Dieses ermutigende Ergebnis hat drei Voraussetzungen. Erstens muss das Spiel langfristig angelegt sein, d.h., bei einmaligen Entscheidungen ist Vertrauen nur sehr bedingt angebracht. Seinen Gebrauchtwagen sollte man deshalb besser nicht auf ausschließlicher Vertrauensbasis kaufen, die Personalführung sollte jedoch darauf basieren. Zweitens muss der Vertrauensgeber bereit sein, auch eine kurzfristige Niederlage zu riskieren. Rückschläge müssen hingenommen werden. Und drittens müssen die Spieler bereit sein, schnell zu vergeben. Fehler und unkooperatives Verhalten des anderen dürfen nicht langfristig die Strategiewahl beeinflussen.

Unter diesen Voraussetzungen ist Vertrauen durchaus rational, und Führung durch Vertrauen wird möglich. Die erste Bedingung ist bei Arbeitsverhältnissen in der Regel gegeben. Eine Analyse der letzten beiden Bedingungen zeigt jedoch, dass Persönlichkeit und Charakter essenziell für die Führung sind. Die Bereitschaft, Vergangenes zu vergessen, Fehler zu entschuldigen und neu anzufangen ist essenziell für effizientes Management. Führungskräfte müssen ihren Mitarbeitern einen Vertrauensvorschuss entgegenbringen. Erst wenn dieses Vertrauen enttäuscht wird, sollten sie Gegenmaßnahmen ergreifen und die Mitarbeiter auf ihr Fehlverhalten hinweisen. Dies kann mit Bestrafung und schärferer Kontrolle einhergehen („Tit for Tat"). Es ist jedoch rational, einen neuen Versuch und Anfang zu wagen und die Mitarbeiter, die selbst aus der Situation gelernt haben, erneut mit Verantwortung zu betrauen.

Vertrauen ist damit eine Kernkompetenz für alle, die schnell und effektiv Entscheidungen in Beruf und Alltag treffen müssen. Entscheidungsfindung in komplexen Netzwerken ist relativ einfach, wenn das nötige Sozial- und Vertrauenskapital entwickelt wurde. Dabei erweisen sich Personen als besonders vertrauenswürdig, die sowohl in ihrem Charakter als auch in ihrer Kompetenz überzeugen, d.h., wir vertrauen weder einem Menschen, der zwar integer und gutmeinend ist, der jedoch völlig unfähig ist, seine Entscheidungen umzusetzen. Noch vertrauen wir jemandem, der höchst kompetent ist, jedoch böse Absichten hat oder inkonsequent ist.

Die Betriebswirtschaftslehre hat sich lange Zeit mit der Kompetenz beschäftigt, d.h. mit einer der beiden Voraussetzungen von Vertrauenswürdigkeit. Die Entscheidungsmodelle und alle weiteren Modelle der Betriebswirtschaftslehre sind damit auch eine essenzielle Voraussetzung für Vertrauen im Unternehmen mit all den Vorteilen, wie sie in Tab. 3.27 genannt wurden. Die andere Dimension, der Charakter bzw. die Persönlichkeit, muss jedoch von einer zukunftsfähigen Entscheidungstheorie mit bedacht werden, um für Beruf und Alltag wirklich hilfreiche Unterstützung zu liefern. Das vorliegende Lehrbuch soll deshalb nicht nur Appetit auf die weiterführende Literatur der Entscheidungstheorie machen, sondern auch eine Einladung an alle Studierenden der Betriebswirtschaftslehre sein, an ihrer Führungspersönlichkeit zu arbeiten – und zwar nicht nur an ihrer fachlichen Kompetenz, sondern gerade auch an ihrer Integrität und Charakterstärke.

Literatur

Albach, H. (2000). Allgemeine Betriebswirtschaftslehre: Einführung. Wiesbaden, Gabler.

Albach, H. (2005). Unternehmensethik und Unternehmenspraxis. Wiesbaden, Gabler.

Axelrod, R. (2009). Die Evolution der Kooperation. München, Oldenbourg.

Badelt, C. (2007). Handbuch der Nonprofit Organisation: Strukturen und Management. Stuttgart, Schäffer-Poeschel.

Birnbacher, D. (2003). Verantwortung für zukünftige Generationen: Reichweite und Grenzen. München, Ökom-Verl.

Bitz, M. (1981). Entscheidungstheorie. München, Vahlen.

Blum, U.; Dudley, L.; Leibbrand, F. (2005). Angewandte Institutionenökonomik. Theorie – Modelle – Evidenz. Wiesbaden, Gabler.

Bopp, K. (2005). Politik „guter Wohlfahrt" im Umbruch des „europäischen Sozialmodells": Theologische Argumentationen im Kontext des Sozialstaatsdiskurses. Solidarität und Markt. Die Rolle der kirchlichen Diakonie im modernen Sozialstaat. K. Gabriel and Ritter, K. Freiburg i.Br.: 105–123.

Brachinger, H. W.; Weber, M. (1997). "Risk as a primitive: a survey of measures of perceived risk." OR-Spektrum 19(4): 235–250.

Brocke, M. (2006). Präferenzmessung durch die Discrete Choice-Analyse. Wiesbaden, Deutscher Universitäts-Verlag.

Brockhoff, K. (2002). Geschichte der Betriebswirtschaftslehre: kommentierte Meilensteine und Originaltexte. Wiesbaden, Gabler.

Cooper, W.; Seiford, L.; Tone, K. (2006). Introduction to Data Envelopment Analysis and Its Uses. New York, Springer.

Covey, S. M. R.; Merril, R. R. (2009). Schnelligkeit durch Vertrauen. Offenbach, Gabal.

Covey, S. R. (2004). The 7 habits of highly effective people: powerful lessons in personal change. London, New York, Sydney, Toronto, Pocket Books.

Davis, J. H.; Schoorman, F. D.; Donaldson, L. (1997). "Towards a stewardship theory of management." Academy of Management Review 22(1): 20–47.

Diekmann, A. (2009). Spieltheorie: Einführung, Beispiele, Experimente. Hamburg, Rowohlt.

Domschke, W. (2005). Übungen und Fallbeispiele zum Operations Research. Berlin u.a., Springer.

Domschke, W.; Drexl, A. (2005). Einführung in Operations Research. Berlin u.a., Springer.

Domschke, W.; Scholl, A. (2008). Grundlagen der Betriebswirtschaftslehre: eine Einführung aus entscheidungsorientierter Sicht. Berlin u.a., Springer.

Doppler, K.; Lauterburg, C. (2005). Change Management. Frankfurt a.M., Campus.

Dörner, D. (2008). Die Logik des Misslingens: strategisches Denken in komplexen Situationen. Hamburg, Rowohlt.

Drucker, P. (2007). Was ist Management? Das Beste aus 50 Jahren. Berlin, Ullstein.

Efron, B.; Tibshirani, R. J. (1993). An introduction to the bootstrap. New York, Chapman & Hall.

Eichhorn, P. (2001). Konstitutive Merkmale der Non-Profit-Organisationen. Non-Profit-Management im Aufwind? Festschrift für Karl Oettle zum 75. Geburtstag. D. Witt;Eckstaller, C. and Faller, P. Wiesbaden: 45–52.

Eigsti, I. M., et al. (2006). "Predicting cognitive control from preschool to late adolescence and young adulthood." Psychol Sci 17(6): 478–484.

Eisenführ, F. (2001). Fallstudie zu rationalem Entscheiden. Heidelberg et al., Springer.

Eisenführ, F.; Weber, M.; Eisenführ, W. (2003). Rationales Entscheiden. Berlin u.a., Springer.

EKD (2006). Kirche der Freiheit. Perspektiven für die evangelische Kirche im 21. Jahrhundert. Hannover, Evangelische Kirche in Deutschland.

Figueira, J.; Greco, S.; Ehrgott, M. (2005). Multiple Criteria Decision Analysis: State of the Art Surveys. New York, Springer Science and Business Media.

Fleßa, S. (2003). Geistlich denken – rational handeln: Bausteine einer christlichen Betriebswirtschaftlehre. Frankfurt a.M., Lembeck.

Fleßa, S. (2007). Gesundheitsökonomik. Berlin et al., Springer.

Fleßa, S. (2008). Grundzüge der Krankenhaussteuerung. München, Oldenbourg.

Glasl, F. (2004). Konfliktmanagement: Ein Handbuch für Führungskräfte, Beraterinnen und Berater. Bern, Haupt.

Goleman, D. (2008). Emotionale Intelligenz. München, dtv.

Greenleaf, R. (2002). Servant Leadership. New York, Paulist Press.

Henning, S.; Mahringer, F. (1996). Wahl der geeigneten Organisationsform der Arzneimittelversorgung im Krankenhaus – Eine empirische Untersuchung mit Hilfe des AHP-Verfahrens. Forschungsgruppe Medizinökonomie am Lehrstuhl für Betriebswirtschaftslehre und Operations Research. Nürnberg, Universität Erlangen-Nürnberg. **96-2**.

Hermann, F. B. W. v. (1874). Staatswissenschaftliche Untersuchungen. München.

Holler, M. J.; Illing, G. (2006). Einführung in die Spieltheorie. Berlin et al., Springer.

Homann, K.; Lütge, C. (2005). Einführung in die Wirtschaftsethik. Münster u.a., Lit-Verlag.

Horak, C. (1995). Controlling in Non-profit Organisationen: Erfolgsfaktoren und Instrumente. Wiesbaden.

Horn, K. I. (1996). Moral und Wirtschaft. Tübingen, Mohr.

Jonas, H. (2003). Das Prinzip Verantwortung: Versuch einer Ethik für die technologische Zivilisation. Frankfurt am Main, Suhrkamp.

Kehl, M. (2000). „Kirche als Dienstleistungsorganisation. Theologische Überlegungen." Stimmen der Zeit 6/2000: 389–399.

Kirchler, E. (2008). Arbeits- und Organisationspsychologie. Wien, Facultas.

Klein, R.; Scholl, A. (2004). Planung und Entscheidung: Konzepte, Modelle und Methoden einer modernen betriebswirtschaftlichen Entscheidungsanalyse. München, Vahlen.

Koontz, H.; Weihrich, H. (1988). Management. New York et al., McGraw-Hill.

Kosiol, E. (1967). Zur Problematik der Planung in der Unternehmung. Nürnberg, University of Erlangen-Nürnberg: 39.

Krelle, W. (1991). „Ökonometrische Prognosemodelle: Erfahrungen und mögliche Weiterentwicklungen." In: RWI-Mitteilungen.

Küpper, H.-U. (2009). „Entscheidungsfreiheit als Grundlage wirtschaftswissenschaftlicher Forschung: Bezüge zwischen Betriebswirtschaftslehre, Ethik und Neurobiologie." Zeitschrift für Betriebswirtschaftslehre 79: 781–800.

Laux, H. (2007). Entscheidungstheorie. Berlin u.a., Springer.

Libet, B., et al. (1983). "Time of conscious intention to act in relation to onset of cerebral activity (readiness-potential). The unconscious initiation of a freely voluntary act." Brain 106 (Pt 3): 623–642.

Matschke, M. J.; Schellhorn, M. (2004). Allgemeine Betriebswirtschaftslehre I. Greifswald, Papierflieger.

Meyer, M. (1996). Operations Research, Systemforschung. Stuttgart, Jena, Gustav Fischer Verlag.

Meyer, M.; Hansen, K. (1985). Planungsverfahren. München, Vahlen.

Murray, C. (1994). Quantifying the burden of disease: the technical basis for disability-adjusted life years. Global comparative assessments in the health sector. C. Murray and Lopez, A. D. Genf, World Health Organisation. 3-20: 429–445.

Olfert, K.; Rahn, H.-J. (2008). Lexikon der Betriebswirtschaftslehre. Ludwigshafen, Kiehl.

Ott, K. (2005). Moralbegründungen zur Einführung. Hamburg, Junius.

Patak, M.; Simsa, R. (2008). Leadership in Non-Profit-Organisationen. Die Kunst der Führung ohne Profitdenken. Wien, Linde.

Pelzmann, L. (2009). Wirtschaftspsychologie: Behavioral Economics, Behavioral Finance, Arbeitswelt. Wien, Springer.

Rieckmann, H. (2000). Führungs-Kraft und Management Development. München, Berling Akademie Verlag.

Rieckmann, H. (2005). Managen und Führen am Rande des 3. Jahrtausends: Praktisches, Theoretisches, Bedenkliches. Frankfurt a.M. et al., Peter Lang.

Rieckmann, H. (2007). Managen und Führen am Rande des 3. Jahrtausends: Praktisches, Theoretisches, Bedenkliches. Frankfurt a.M. et al., Peter Lang.

Rigos, A.; Mutter, A. (2009). „Was glücklich macht." GEO Wissen 43: 160–169.

Roth, G. (2005). Das Gehirn und seine Wirklichkeit: kognitive Neurobiologie und ihre philosophischen Konsequenzen. Frankfurt a.M., Suhrkamp: 383 S.

Roth, G. (2008). Persönlichkeit, Entscheidung und Verhalten. Stuttgart, Klett-Cotta.

Saaty, T. L. (2001). Decision Making for Leaders – The Analytic Hierarchy Process for Decisions in a Complex World. Pittsburgh, RWS Publishing.

Schirrmacher, T. (2002). Führen in ethischer Verantwortung. Giessen, Basel, Brunnen.

Schmalen, H.; Pechtl, H. (2009). Grundlagen und Probleme der Betriebswirtschaft. Stuttgart, Schäffer-Poeschel.

Schöffski, O.; Schulenburg, J. M. G. (2007). Gesundheitsökonomische Evaluationen. Berlin, Heidelberg, Springer.

Schreyögg, G.; Koch, J. (2007). Grundlagen des Managements : Basiswissen für Studium und Praxis. Wiesbaden, Gabler.

Schwarz, P.; Purtschert, R.; Giroud, C. (1999). Das Freiburger Management-Modell für Nonprofit-Organisationen. Berlin, Stuttgart und Wien, Haupt.

Schweitzer, M. (2005). Planung und Steuerung. Allgemeine Betriebswirtschaftslehre: Band 2: Führung. F. X. Bea;Friedl, B. and Schweitzer, M. Stuttgart, Lucius & Lucius: 16–139.

Steinmann, H.; Schreyögg, G. (1997). Management: Grundlagen der Unternehmensführung; Konzepte – Funktionen – Fallstudien. Wiesbaden, Gabler.

Tobler, P.; Kalis, A.; Kalenscher, T. (2008). "The role of moral utility in decision making: An interdisciplinary framework." Cognitive, Affective & Behavioral Neuroscience 8(4): 390–401.

Ulrich, P. (2008). Integrative Wirtschaftsethik: Grundlagen einer lebensdienlichen Ökonomie. Bern, Stuttgart, Wien, Haupt.

Weber, E. U.; Hsee, C. (1998). "Cross-cultural differences in risk perception, but cross-cultural similarities in attitudes towards perceived risk." Management Science 44(9): 1205–1217.

Wilkinson, N. (2008). An Introduction to Behavioral Economics. Basingstoke, Palgrave Macmillan.

Wöhe, G. (2002). Einführung in die Allgemeine Betriebswirtschaftslehre. München, Verlag Vahlen.

Index

Aktuelle Problematiken und ihre Ursachen

Hans Jung
Allgemeine Betriebswirtschaftslehre
12., aktualisierte Auflage 2010
1261 Seiten I gebunden I 49,80
ISBN 978-3-486-59211-5

Dieses Buch bietet eine übersichtliche Einführung in aktuelle Probleme der allgemeinen Betriebswirtschaftslehre. Langjährige Lehrerfahrungen des Autors in Industrie und an Hochschulen haben gezeigt, dass über das Betriebswirtschaftliche hinaus auch fächerübergreifende Fragen sowie gesamtgesellschaftliche Aspekte in ein Lehrbuch dieser Art einbezogen werden sollten. Die Neuauflage: In der 12. Auflage wurden wichtige Textteile überarbeitet und auf den neuesten Stand gebracht. Wegen der jüngsten Entwicklungen an den internationalen Kapitalmärkten (ausgelöst durch die Finanz- und Wirtschaftskrise) wurden verschiedene Finanzierungsinstrumente wie z.B. Private Equity, Hedgefonds und Finanztermingeschäfte (Derivate) aktualisiert bzw. neu aufgenommen. Die einzelnen Kapitel wurden so gestaltet, dass durch den modularen Aufbau ein selektives Lesen der einzelnen betriebswirtschaftlichen Funktionsbereiche möglich ist. Gleichzeitig wurde auf eine enge Verzahnung mit dem dazugehörigen Arbeits- und Übungsbuch geachtet.

Das Buch ist insbesondere an Studenten an Universitäten, Fachhochschulen und Akademien gerichtet, aber auch an die vielen Praktiker, die sich intensiv mit betriebswirtschaftlichen Fragen auseinandersetzen müssen.

Prof. Dr. rer. pol. Hans Jung lehrt an der Hochschule Lausitz Betriebswirtschaftslehre und Personalmanagement.

Bestellen Sie in Ihrer Fachbuchhandlung oder direkt bei uns: Tel: 089/45051-248, Fax: 089/45051-333
verkauf@oldenbourg.de

Oldenbourg

Vom Know-How zum »Do-How«

Christian Bleis I Antje Helpup

Management

Die Kernkompetenzen

2009 | 256 Seiten|gebunden | € 29,80
ISBN 978-3-486-58701-2

Wissen allein begründet noch keine Kompetenz, sondern erst die richtige Anwendung dieses Wissens. In diesem Sinne schlägt dieses Buch eine Brücke von der Management-Theorie (Know-How) zur praktischen Umsetzung (»Do-How«). Dies erfolgt mit Hilfe von Übungen, Fallbeispielen und Hinweisen zur Selbsteinschätzung und -steuerung.

Das Buch richtet sich an ambitionierte Mitarbeiter, Jungmanager, aber auch erfahrene Manager. Für sie bietet es einen aktuellen, prägnanten Überblick über die wichtigsten Aspekte rund um das Management. Dabei wird nicht nur Bekanntes kurz und knapp präsentiert, sondern es werden auch neue Blickwinkel gewährt. So bietet sich eine konsequente Betrachtung der Managementthematiken aus systemischer, kommunikativer und interaktiver Sicht. Das Werk richtet sich auch an Studierende in höheren Semestern, die hier einen aktuellen, praxisrelevanten Einblick in die Welt des Managements bekommen.

Aus dem Inhalt:
1. manum agere
2. Planungskompetenz
3. Organisationskompetenz
4. Führungskompetenz
5. Controllingkompetenz
6. Kommunikationskompetenz

Über die Autoren:
Prof. Dr. Christian Bleis ist Dozent für Internes Finanz- und Rechnungswesen an der Berufsakademie Berlin. Dr. Antje Helpup ist Professorin für Marketing an der Fachhochschule Braunschweig/Wolfenbüttel am Standort Wolfsburg.

Bestellen Sie in Ihrer Fachbuchhandlung oder direkt bei uns: Tel: 089/45051-248, Fax: 089/45051-333
verkauf@oldenbourg.de

Oldenbourg

www.ingramcontent.com/pod-product-compliance
Lightning Source LLC
Chambersburg PA
CBHW081527220326
41598CB00036B/6352